植民地近代という経験

植民地朝鮮と日本近代仏教

諸 点淑

法藏館

植民地近代という経験——植民地朝鮮と日本近代仏教＊目次

凡　例

一、資料を引用する場合、旧漢字は新漢字に改めているが、旧漢字表記の人名で現在もその表記が採用されているものについてはその限りではない。また文献を引用する際、仮名は原文のままとした。

二、植民地時代の朝鮮において、日本人は自国を「内地」、自らを「内地人」と称しており、資料上でもその表現が用いられている。これらの語について論じる場合は、混乱を避けるためそれぞれ「日本（あるいは日本本国）」、「日本人」という表現を使用した。

三、韓国語文献は、確定できるときは日本語訳で漢字を用いるが、漢字表記が不明の場合はカタカナで表記した。

四、数字は基本的に漢数字を用いた。データを提示する場合はわかりやすくアラビア数字を用いた。

五、年号（日本：明治・大正・昭和・平成、韓国：建陽・光武・隆煕）は、引用文を除いて用いないことにし、西暦で記述した。註・参考文献においても同様である。

六、一九世紀後半から二〇世紀前半における朝鮮半島の歴史は、李氏朝鮮末期（一八六〇〜一八九七年）、大韓帝国期（旧韓国、一八九七〜一九一〇年）、植民地朝鮮（一九一〇〜一九四五年）に区分される。しかし、本書ではこの時期にあたる韓国（人）・朝鮮（人）の用語をすべて「朝鮮（人）」とした。いうまでもなく今日の韓国は、大韓民国を指しているが、現在の観点から近代の朝鮮を指す場合、「韓国」という用語を用いた。

七、韓国語新聞の『東亜日報』『朝鮮日報』『中外日報』などの記事は、筆者の翻訳によるものである。

八、本書で用いた資料内において、現代の倫理観からみて不適切な表現が一部にみられるが、当時の歴史的事実を明らかにする意を込め、資料としてそのまま掲載した。

植民地近代という経験

——植民地朝鮮と日本近代仏教

序章

第一節　問題の所在

二〇一五年八月一五日は、日本では戦後七〇年の節目となる「終戦の日」であった。日本政府は全国戦没者の追悼式を開催し、天皇や首相を含む大勢の人々が参列、約三一〇万人の戦没者の冥福を祈りながら、平和への誓いを新たにした。追悼の対象は戦争で亡くなった軍人・軍属の人々・民間人であった。安倍晋三内閣総理大臣は式辞で、「皆様の尊い犠牲の上に、子、孫たちは平和と繁栄を享受しています」と、戦没者への哀悼の意を表明し、「歴史を直視し、常に謙抑を忘れない。戦争の惨禍を繰り返さず、今を生きる世代、明日を生きる世代のために国の未来を切りひらいていく」と誓った(1)。テレビの特集番組では、「戦没者の哀悼」「遺族の悲しみ」「平和」を主な内容とした放送が流れていた。そこには当時の「被害者」であった「旧植民地民」に関する話は、どこにも見当たらない。

一方、韓国における二〇一五年は、「光復」七〇年を迎えた節目であった。「独立」「光復」を記念する行事を行うため、国家レベルの「光復七〇年記念事業推進委員会」が組織された。韓国の朴槿恵大統領（当時）は、「今後、日本政府は、歴代内閣の歴史認識を継承するという公言を一貫するとともに、誠意ある行動で隣国と国際社会の信頼を得なければならない」というコメントを発表した(2)。韓国のテレビでは、始終「独立運動」「独立運動家」に焦点を当てた特集番組が流され、独立運動で亡くなった烈士やその家族についての放送がなされていた。ひたすら被害者として、日本への謝罪を要求するような番組が主に放送されていたのである。

以上のことから我々が考えられるのは、現在の日韓両国の異なる「近代」という歴史認識の問題であろう。「終戦」と「光復」という言葉の食い違いからも、両国の異なる歴史観はある程度推測できる。いわば、日本が認識してきた近代というのは、戦前の「帝国」「文明伝達」「東洋平和」という東アジアの担い手としての役割に、戦後の被害者の立場も加えたものであり、自国中心で他者不在の歴史認識が今日も継承されているといえよう。戦前、「東洋平和」のために必死に闘った戦争の主役たちが、戦後、原爆の被害を受けた被害者として戦争のない「平和」を訴えかけているのである。これは、歪んだ戦前と戦後を繋ぐ日本のナショナリズムが新たに創出される、一つの歴史的な過程ともいえよう。実際、そのことをよくみせてくれるのが、今日の日韓関係における懸案となっている「靖国神社参拝」の問題であるということは、想像に難くない。

では、韓国の近代における歴史認識はいかなるものであろうか。韓国の近代をめぐる歴史認識を考える際、最初に浮かぶのは、「民族（主義）」「抗日」「独立（運動）」「親日」「同化」「協力」「転向」といったレッテルである。そのうち、植民地期の「抗日」「独立」は他者（韓国以外の国）に向けて最も強調したいレッテルであり、その反面、「親日」「同化」「転向」といったものは、韓国国内においては国家に反するものと批判されている。ちなみに「抗日」「独立」を強調する被支配者の立場からは、宗主国の日本にはみせたくないのが「同化」「親日」というレッテルであろう。このような状況から読み取れるのは、韓国の近代史の中にも、日本と同じく捻れた両面の歴史認識が存在しているということである。このことは、「光復」七〇年記念の事業が、大部分「独立運動」に集約され行われた点からも理解できよう。金哲は、旧植民地の「民族ナショナリズム」という宗教が、韓国社会における〈親日

―抗日〉の二項対立の軸をさらに強化してきたと指摘しているが[3]、まさにその通りである[4]。このように、日韓の歴史構造は、自分たちが記憶したいところのみを強調し、それ以外のすべてのことは忘却させる仕組みとなっている。同じ時空間の近代を日韓ともに経験したにもかかわらず、異なる歴史認識を有しているのである。

さて、以上のように、韓国の歴史構図が〈親日―抗日〉から離れられない構造となっていることは、厳然とした事実である。このような構造が構築される過程において、韓国特有の「民族」という概念が生まれることとなり、そこに韓国の歴史学者たちも一役買ったことは否めない。しかしながら、これらの問題は韓国、韓国人のみの問題ではない。これは帝国／植民地の作り出した構造的な問題であり、被植民地の人間だけでなく、宗主国の人間もその問題を作り出した当事者であることに、留意する必要があるだろう。さらに、韓国の戦後の問題だけでなく、日本の戦後が抱える問題にも共通する構造となっている。今日の日韓関係における、いわゆる「従軍慰安婦」問題のごとく、いまだ解決できていない多様な歴史的諸問題が示しているように、日本は旧植民地民に対する反省の気持ちはあるとはいえ、それは現在の自分とは関係のない歴史、早く払拭したい歴史、後代には受け継ぎたくない歴史であるという認識が共有されているといえる。「謝ればよい」という被支配者に対する歴史認識の構造は、今日あまりにも自明なこととなって日本の社会システム全般に流れ込んでいるのである。

結局、日韓両国とも自国に有利なナショナリズムの追求が最優先のことであり、国家は国民がその仕組みに無自覚的に取り込まれるよう制度化し、一層強化されつつある。先ほど述べたように、戦後七〇年の節目となる行事が、韓国は「光復」、日本は「終戦」と規定されている点からもわかるように、各国の国民がそれしかみえなくなる仕組みによってシステム化され、それに同調する姿をみせるのも、同じ文脈で理解できる。そして、こうした行為が一国の国民としての重要な義務であるとされ、さらにその根幹となる「ナショナリズム」がたとえ虚構であったとしても、その仕組みは自明なものとされ、疑いの余地もないシステムとされている。他者を排除した歴史認識、あるいはそこから作り出される「ナショナリズム」がいかなる危険性を内包しているのか、今日生きている我々はわかるはずがないのである。そう考えると、戦争が終わってから七〇周年を迎える日韓両国が、各々異なる近代史を提示していることも、当然の帰結であろう。

現在、日本と韓国は、このような歴史認識の中から日韓両国における政治的・歴史的葛藤を解決しようとしている。こうした相異なる歴史認識を突破すること、そしてそこから脱却すること、これらの課題を今日生きている我々は深く考えなければならない。こうした他者不在の歴史認識、二項対立的な歴史認識から離れるためには、相互の歴史、つまり、「忘却」し、これまでみえてこなかった歴史を再生させ、自覚する必要がある。目を向けようとしなかった他者と向き合い、その立場に立つことで、ようやく現在の自分たち、いわゆる韓国人・日本人のアイデンティティというものを確認することができるのである。(5) 金哲は、韓国人と日本人の密接な関係について次のように述べている。

韓国ナショナリズムの永遠の敵であり、永遠のパートナーとしての「日本」、「親密なる敵（intimate enemy）」の概念をよく実証している事例もすくなくないだろう。(6)

つまり、日本という他者が韓国近代という歴史空間に投影された時、ようやく今日の韓国人の姿が反射されみえてくるということである。勿論、これは韓国のみならず、日本の場合においても同じく適用されることであろう。本書は、こうした問題意識に立っている。つまり、日本と韓国が忘却してきた歴史を自覚し、国境を超越するトランスナショナルで歴史的な観点から両国の「近代」という歴史をとらえ、その上で、ポストコロニアルの状況下にある現在の日韓における様々な問題群に正面から向き合い、そこから今日の韓国人・日本人のアイデンティティの問題を再確認することが本書の課題である。

このような作業を進めるため、本書では「仏教」という宗教に注目する。今日の韓国仏教は植民地期の日本仏教と不可分の関係にあり、今日に至っても「親日仏教」というレッテルが貼られていることから、先述の〈親日―抗日〉の構図を理解するのにふさわしい素材となりうると思われる。さらに、「仏教」を日韓の近代史の共通基盤として考察することで、〈親日―抗日〉という構図から韓国仏教を通して日本仏教を、日本仏教を通して韓国仏教をみることができる。言い換えれば、日本仏教、韓国仏教が忘却してきた歴史的な事実を相互確認することで、ようやく日韓仏教の近代史像が浮かんでくると思われる。また同時に、今日の韓国仏教や日本仏教の姿も確認することができるであろう。

一方、韓国仏教を「親日仏教」といった場合、その象徴的なものとして主に言及されるのが、「肉食妻帯」の問題である。植民地期以前の韓国仏教のイメージは、山中仏教といって、僧侶が世俗から離れ、山奥で座禅しながら修行するのが一般的な姿であった。結婚が禁じられているのは勿論のこと、肉食の禁や禁酒は最も重要な戒律の一つであった。しかし、植民地期に入ってからは日本仏教の影響を受け、韓国僧侶の過半数以上が結婚し、山中仏教ではなく都会仏教として、韓国仏教とその僧侶は変貌していった。日本の支配から解放され光復を迎えた一九四五年以降は、「日帝残滓の清算」という韓国政府のメカニズムの下で、妻帯僧侶は「親日仏教」のレッテルを貼られ、結婚せず座禅を重視していた別の宗派（曹渓宗）は「民族仏教」という衣を纏い、「親日仏教」追放のため先頭に立っていった。つまり〈親日―抗日〉構図がここからはじまったのである。

このような歴史を有している韓国仏教の姿は、現在いかなるものであろうか。皮肉な結果ではあるが、今日の韓国の代表的な宗派である曹渓宗を含む韓国仏教は、日本仏教の色彩（倭色宗教）を強く有している。韓国仏教教団の組織システムをはじめ、いまだに行われている僧侶の結婚など、払拭しようとしてもそれは不可能であることを韓国仏教界も認識している。教団内部では「親日」的な姿が残っており、外部では「抗日」を強調せざるを得ない仕組みとなっているのが、今日の韓国仏教の姿である。つまり、旧植民地で旧植民地の宗教として存在するためには、金哲が指摘した「親密なる敵」――ここでは日本仏教――と同居しなければならないのである。しかし今日の韓国仏教は、植民地期の日本仏教の影響を受けて成り立ったにもかかわらず、それをなかったことにしたい、ないしは「忘却」して「民族仏教」としての姿のみを自明な事実としてみせようとしている。

こうした歴史的な経緯の中では、日本仏教が韓国仏教に深く影響を及ぼしたということはいうまでもない事実であるが、そうであるからこそ逆にいえることは、日本仏教の近代化過程には韓国仏教との関わりがあったということであるだろう。こうした現状から考えるべき問題は、同じ時空間の「近代」を、日本仏教であれ、韓国仏教であれ、支配者であれ、被支配者であれ、これらが緊密な関係を有しつつ絡み合う形で、ともに経験したということである。いわば、韓国仏教にのみ当てはまるかのように思われる〈親日―抗日〉の構図は、実は日本仏教も無関係ではなく、共犯関係の中で今日もその関係は続いているということである。

本書は以上のような問題意識に基づき、日韓の近代史を問う共通基盤として有効である「仏教」を中心に、日韓両国が作り出した「ナショナリズム」の虚構からの脱却を試みようとするものである。ここで、この「ナショナリズム」の虚構自体が有する恐ろしいところは、植民地や（日本）帝国をみる外部からの視線を遮断するメカニズムいのだ。

を作ってしまうことである。この点にも注意しつつ、〈親日―抗日〉といった二項対立的な歴史構図について、「仏教」を通して探ってみることとする。こうした問いかけを通じて、我々は他者の立場から「忘却」していた歴史を正面からみつめ、韓国人、日本人というアイデンティティの問題に近づくことができるだろう。そうでなければ、無自覚のまま、我々は〈帝国／植民地〉関係を孕むポストコロニアル状況下の今日と永遠に同居しなければならないのだ。

第二節　近代「日本仏教」から韓国の近代史を読む

日韓両国が各々構築してきた「ナショナリズム」から脱し、〈親日―抗日〉の構図と向き合う素材として「仏教」に注目する本書は、近代という歴史空間に共存していた「日本帝国」「植民地朝鮮」を同時にとらえるという視点をとっている。つまり、一国史に偏らない韓国仏教の「近代」を考察するため、日本仏教との連環関係に注目するということである。それは〈親日―抗日〉の問題に接近する手がかりになると同時に、現在の日本仏教の近代化過程を探る作業ともなり得る。掻い摘んでいえば、韓国仏教の近代性は、植民地朝鮮における日本仏教のありようを踏まえずにはみえてこないものである。それゆえ「親日仏教」「民族仏教」といった韓国仏教の〈親日―抗日〉構図の解剖は、植民地朝鮮における日本仏教のありようから究明しなければならない。その作業の過程で、日本仏教の近代的な特質が、いかに韓国仏教あるいは韓国人との交錯関係の中で成り立っていったのかも窺えると思われる。かくして、本書では韓国仏教に重点を置くより、日本仏教に主に注目して論じることとする。他者の歴史を視野に入れることで、自己の歴史を理解すること、植民地朝鮮において日本仏教の活動が朝鮮人とどのように関わりあったかを検討することで、韓国仏教、韓国の近代史を読み取るということである。ここでいう他者とは、韓国（人）、日本（人）ということとは無関係である。この問いかけは、日本、あるいは日本仏教の近代性を追求することにも繋がるのである。そしてこれは、従来「近代仏教」として論じられてきた日本仏教の近代性に対しても、疑問を投げかける作業となるだろう。

あらためて論じると、本書は、韓国の近代史を読み取る素材として「日本仏教」に注目するものであり、その際、「帝国史」的な観点から日本仏教の「近代性」を植民地朝鮮という〈場〉、とくに日本仏教が行った活動に焦点を当てて考察を試みようとするものである。後で触れるが、ここでいう「帝国史」的な観点とは、先ほど述べた通り、一国史的な観点から離れ、宗主国あるいは植民地という境界の概念を有していない全体を指すということであり、時間的・空間的な概念を用いて「帝国」「植民地」を見据える立場である。このような立場から日本仏教の近代を探る作業は、日本（宗主国）の仏教が、他者である朝鮮人（被支配者）との経験の中で成立していく過程で、いわゆる「帝国仏教」[7]ともいえるような日本仏教の「近代性」が形作られていく様相を、植民地朝鮮という〈場〉を通じて究明することを意味する。最終的には、日本仏教、日本人と韓国仏教、韓国人との交錯関係の中で、韓国（人）がいかなる近代的な経験をし、その経験が、今日の「親日」「抗日」という線引きをするような構図にどのように位置付けられていったかを抽出したい。

1　近代「日本仏教」のとらえ方

では、まず「近代仏教」ないし近代の「日本仏教」は、どのように語られてきたのかについて追究しなければならないだろう。筆者が博士論文を提出したのは、二〇〇八年のことである。当時の問題意識としては、日本仏教の

「近代性」を、日本国内の近代国家形成および社会問題に注目して論じる側面だけでは究明できないと判断し、植民地空間における日本仏教の近代性とともに日本仏教の「近代性」をとらえる必要があると考え、博士論文としてまとめた。本書はその博士論文を加筆・修正したものである。

その後、日本国内における近代仏教に関する研究は活気をみせ、次々と新たな成果が発表されはじめた。この背景には、磯前順一の『近代日本の宗教言説とその系譜——宗教・国家・神道』（岩波書店、二〇〇三年）の存在があると考えられる。当時大きな反響を呼び起こしたこの書物は、以降、宗教学・歴史学のみならず多様な学問の領域にまで影響を及ぼしたが、近代日本の仏教を専門とする研究者たちは、宗教の「概念」問題が、近代の「日本仏教」を語る作業に欠かせないものであるということを、ようやく自覚するようになったのである。つまり、「宗教」「仏教」という概念自体が西洋に対する必要性によって作られたものであることが明らかにされ、外部（西洋）からの視座を含む、日本の「近代仏教」の論理をめぐる研究が本格化したのである。

しかしながら、そこにはもう一つの外部（植民地）の視座が欠如していた。無論、植民地空間における日本仏教の活動について考察する必要性を言及している研究はあるものの、そこに本格的な関心をもって日本仏教の近代性を明らかにしようとする日本の研究者は、管見の限り見当たらない。常に、植民地空間における日本仏教に関心をもつのは、旧植民地出身の研究者のみであった。しかし、日本仏教は、西洋と出会う際は苦しい「東洋」の姿としてあらわれ、日本以外の東洋（植民地）と出会う際は、西洋の姿をした別の「東洋」という、二つの近代の衣を纏っていた。よって、日本仏教の近代的な特質についての研究は、こうした関係性を念頭に置いてなされなければならない。

当然ながら、このような過程に含まれる「暴力性」も意識する必要がある。植民地という他者との出会いの過程は、より強い暴力性を孕むこととなり、日本国内では確認し得ない日本仏教の「近代性」が確認できるのである。日本の「近代仏教」という認識主体が作られるということは、ある客体も同時に創出されることを意味し、さらに緊密な関係を維持して共存することを意味する。その客体となる他者が、影響を受けたと考えられる「西洋」であれ、影響を与えたと考えられる「植民地」であれ、それらの追究は日本仏教の近代性の探究に欠かせない作業であるだろう。しかし、「近代仏教」をめぐる日本国内の研究動向は、こうした主体と他者の問題において〈西洋―東洋（日本）〉の関係のみに注目して、「近代仏教」としての日本仏教を導き出しているのである。しかも、その場合、日本仏教はどうやら被害者の立場として位置付けられている。

2 「帝国史」的な観点から近代の「日本仏教」をとらえなおす

近年、「帝国史」的な観点から「宗教」をとらえようとする研究成果が徐々に発表されつつある。「帝国史」のとらえ方は研究者によって多少の違いはあるものの、共通する立場としていえるのは、一国史から離れたトランスナショナル・ヒストリーの視点に立ってとらえていることであろう。無論、本書もこのような立場に立って、「日本仏教」を考察しようとするものである。

磯前順一は、『植民地朝鮮と宗教――帝国史・国家神道・固有信仰』（三元社、二〇一三年）において、「帝国史」としての「宗教」について考察しているが、そこでトランスナショナル・ヒストリーとしての「帝国史」について注目している。磯前は、今日「帝国史」を叙述しようとする試みが日本国内においても活発に行われていると言及しつつ、実際に書かれている歴史叙述としては、せいぜいのところ宗主国である日本と、韓国や台湾といった様々な旧植民地が、現在の国民国家の単位を前提とした多文化主義的な叙述にすぎないと批判している。また、尹海東のトランスナショナル・ヒストリーに関する言葉を参考にしつつ、「現在の国民国家の境界線を前提とする国際史とは異なり、トランスナショナルな歴史叙述とは、当時の宗主国と植民地の境界線、さらには現在の国民国家の境界線自体を揺るがせながら宗主国と植民地が交流していった様相を把握しようとするものだからである」という見解を述べている。(8)

一方、金泰勲は、同書でこの議論と関連しながら、まず用語の問題を取り上げ、「日本帝国」「帝国日本」といった無分別・無自覚的な用語使いに注意を払うべきであると論じる。金は、「日本帝国」「帝国日本」について、以下のように記している。

「帝国日本」は「日本帝国＝日本」が周辺地域を植民地化しつつ、その圏域内においては支配／被支配、抵抗／協力の交差関係が形成され、「自帝国内に転覆と横領の不安を抱えながら」も植民地と「内地＝本国」の連環によって形成、維持される状況を指す分析概念として設定する。(9)（傍点は原文ママ）

つまり、金は、「帝国日本」の観点に立って「帝国史」をとらえようとする。これらの研究を含め、二〇一五年に出版された青野正明の『帝国神道の形成――植民地朝鮮と国家神道の論理』（岩波書店）にも注目する必要がある。同書は、植民地朝鮮における国家神道の構築過程を、「帝国神道」という立場から読み取っている。青野は、「植民地朝鮮において変容する神社神道が天皇崇敬システムと結びつく地点から国家神道の論理を抽出し、その論理の実体化が試みられたことを論じていく。それは「内地」ではベールに覆われて見えてこなかった国家神道のより本質的な姿、つまり多民族帝国主義的なナショナリズムに立脚した国家神道の姿を露わにする作業でもある。このような姿の国家神道を本書では「帝国神道」と呼ぶ」としている。こうした青野の研究は、日本の研究者として帝国史的な視野に立ち、植民地空間における国家神道の論理を実体化したという点で、高く評価できる。

日本仏教の「近代性」を考察する本書の問題意識も、上記の観点から大きく隔たるものではない。しかしながら本書では、帝国史的な観点と深く絡みつく「宗教概念」や「植民地的近代」の問題を視野に入れ、そこから分節化する朝鮮人の動向、朝鮮仏教の「近代性」などを包括する、より広い視点から日本仏教の「近代性」を把握しようとしている。当然、これは〈親日―抗日〉が有する意味を解剖する作業とも繋がるものであるだろう。

以上の内容をまとめると、本書において「帝国史」的な視点に立って論じるということは、宗主国、植民地の間で発生する抵抗・同化・転覆・横領・転向といった交錯／拮抗／連環の関係の中から惹き起こされる分節化の過程に注目することを意味し、それが互いの近代的な主体形成の問題や今日の歴史認識の問題にまで流れていくという見通しをもっている。本書が「帝国史」的な視点に基づき、日本仏教を通して朝鮮仏教の近代化過程、朝鮮人の近代主体の形成から今日の〈親日―抗日〉の問題にまで取り組む理由も、ここにある。

さて、ここで、先述の「宗教概念」の問題や「植民地的近代」の問題について簡単に触れてみよう。これらは、植民地空間における宗教を素材として近代性を追究するという点から、欠かせない問題であろう。

「宗教 Religion」「仏教 Buddhism」という概念自体が、近代において翻訳語として登場し、「仏教」という言葉も、宗教概念の定着過程と密接に関係しながら、Buddhism の翻訳語として定着した近代用語であったことがもはや通説となっている現状から考えれば、宗教概念というのは、外部（西洋）からの必要に応じ西洋から日本へ、日本から植民地へと移植され、近代的な宗教として変貌していったものであるといえる。その場合、現地宗教（ここでは朝鮮仏教）も影響を受けざるを得ないことはいうまでもないだろう。しかし、植民地における日本仏教の活動に関する通説的評価は、国家主義に傾いて日本帝国のアジア侵略に加担し、戦争遂行の一翼を果たしたというものであった。韓国仏教の語りは、日本仏教に「抵抗」あるいは「同化」「協力」という、〈親日―抗日〉といった単線的な構図からみえてくる朝鮮仏教の近代性に注目してきた。しかし、第三章で詳述するが、ここに宗教概念という視座を入れることで、一九一〇年以前までは、「朝鮮仏教」というナショナル・アイデンティティなるものは形成され得ず、〈親日―抗日〉の線引きは不可能な宗教基盤であったことが確認できる。さらに興味深い点は、日本仏教は朝鮮仏教との連環関係の中で、「日本仏教」という自己認識がより強く表出されたことである。キリスト教の影響下で、仏教という宗教概念が形成されたのと同様に、朝鮮仏教と出会うことでようやく、「日本仏教」という自己認識が可能となったのである。(10)

こういった植民地において日本仏教の「近代性」が導き出される過程を、「植民地的近代」と呼んでも差し支えないと考えている。「植民地的近代」（あるいは「植民地近代」「植民地近代性」）とは、韓国における植民地朝鮮史の研究動向の流れの一つであり、ポストモダン的立場に立って「植民地化」と「近代化」の不可分性を意識し、そこからもたらされる近代性、いわば「植民地的近代」の性質を問う視座を指す。(11)とくに、「規律権力」「ヘゲモニー」「ジェンダー」という多様な分析概念を採用し、植民地下の朝鮮人における日常生活レベルでの権力作用の分析を試みている。(12)こうした概念の採用は、植民地である朝鮮のみに適用されるものではなく、支配される側、支配する側の連環関係の中で創出されるものであるため、宗主国「日本」にも当てはまるものと考えられる。かくして、日本仏教は、こうした「植民地的近代」の性格を内包していたといってもいいだろう。

結局、日本仏教の「近代性」について論じるためには、このような日本本国と植民地における「近代化」の連環関係を読み取るべきであり、これこそが「帝国史」という視座から、「宗教概念」の言説や「植民地的近代」の問題までを視野に含めつつ、日本と韓国の「近代化」を解明することであると考えられる。

3　研究の方法

植民地朝鮮という〈場〉を媒介として日本仏教の近代性を「帝国史」的な視点に立って探究する本書では、具体的に、植民地朝鮮における日本仏教の「社会事業」を手がかりとして分析を行う。日朝修好条規による朝鮮の開港を契機として開始された日本仏教の朝鮮での活動をあえて区分するならば、布教活動と社会事業活動のおおむね二つに分けることが可能であろう。布教活動と社会事業活動の位置付けについては、今日までも様々な議論が行われているが、本書では、とくに宗教の近代的実践ともいいうる「社会事業」活動に重点を置くこととする。というのも、布教活動を行うにせよ、それは社会事業をともないながら行われており、広義の意味での海外布教を狭義の意味での「布教活動」とは異なる地平から考察することができると考えるためである。そして、善意に基づく宗教の実践行為ともいえる社会事業は、植民地という特殊な場においては「植民地権力」といった暴力性を孕んだ形で表出されるだろう。別の言い方をすれば、社会事業に着目することは、日本仏教の「植民地的近代」を多様な側面から確認することができる素材となりうる。その暴力性に向き合う朝鮮人の抵抗・同化・協力といったものは、朝鮮人の近代的主体の形成、つまり日本仏教による他者の主体形成という側面からも検討する余地が十分にあると考えている。いずれにせよ、日本仏教の「布教」という宗教的な特質のみならず、「社会事業」を手がかりとすることによって、「社会事業」という衣を身に纏いつつ表出された、植民地空間における日本仏教の「近代化」をとらえることができると確信している。

なお、対象としては、「真宗大谷派」と「浄土宗」の二つの宗派を取り上げる。その理由は次の通りである。

まず、真宗大谷派についていえば、開港直後の一八七七年にいち早く朝鮮布教を開始したということが挙げられる。真宗大谷派は、活動の開始直後から、日本人居留民社会の秩序安定のため社会事業を実施することになるが、これは、朝鮮における日本仏教の近代的活動の嚆矢ともいえるものである。無論、朝鮮人を対象とした活動ではなく、日本人居留民を対象にした社会事業であったという点でその限界が指摘できるが、こうした真宗大谷派の社会事業は、日本人居留民社会の秩序安定の後——厳密にいうと日清戦争後——は、それをモデルとして朝鮮人対象のそれに取り組むことになる。したがって、日本仏教の社会事業の一つの典型としてみることができるであろう。

次に浄土宗を取り上げる理由は、日清戦争以後の浄土宗の社会事業活動は、主に朝鮮人を対象に実施されていることから、朝鮮人との関わりが深い社会事業である面が注目される。この点は、真宗大谷派とは異なる側面としてとらえることができ、両教団の比較も可能となりうる。

そして、真宗大谷派と浄土宗は、植民地期に入ると、三・一運動の直後、「向上会館」（真宗大谷派）、「和光教園」（浄土宗）という、宗教団体としては植民地朝鮮を代表する社会事業施設をそれぞれ整えていくこととなる。これらは、植民地社会の支配秩序安定を目的とする傾向が強く、やがて「社会教化」、つまり「同化政策」を中心とする植民地主義を帯びた社会事業へと変質をみせることとなり、植民地における日本仏教の社会事業のありようが如実にあらわれることとなるのである。

以上のような理由から、朝鮮において海外布教を行った仏教のうち、真宗大谷派と浄土宗に着目することで、朝鮮における日本仏教による社会事業の「近代性」について、おおよその趨勢の究明が可能となると思われる。

しかし、植民地朝鮮における日本仏教の社会事業に注目するには、日本国内の社会事業についても視野に入れる必要がある。日本における「社会事業」という用語は、浄土宗僧侶の渡辺海旭によって設立された「仏教社会事業研究会」において、最初に用いられたといわれている。(13) このことは、慈善事業、感化救済事業の段階を経て社会事業に至るまで、救済活動というものが、日本本国においても日本仏教と密接な関係を保持していることを示していよう。日本仏教によって実施された植民地朝鮮での社会事業が、日本本国における社会事業から多大な影響を受けていたであろうことは想像にかたくない。三・一運動以後、植民地朝鮮に設立された「向上会館」「和光教園」は、確実に、植民地秩序安定のための朝鮮人教化の役割を果たしたが、日本本国で実施された日本仏教の社会事業をめぐる背景を排除して、植民地朝鮮における社会事業のみをとらえるだけでは、充分な検討がなし得ないと思われる。

それと同時に考えるべき問題は、社会事業を実施する側が同じであっても、実施する〈場〉が異なることにより、実施する側にも変化がもたらされる点である。つまり、日本本国と植民地における日本仏教の社会事業は、「近代化」過程に乗り出しながらも、実は、相異なる「近代化」経験を同時に包摂するのである。これと同時に、植民地空間における社会事業を検討する際、看過してはいけないことは、近代以前の日本仏教の「慈善」というものが、植民地空間を有する近代になって、いかなる意味合いを有するものとして変貌したかである。いわゆる「社会事業」という概念が日本へ受容される際に、日本は近代天皇制を軸とする「日本型社会事業」を誕生させたが、このような日本的なものとして概念化の過程を経た近代的な「慈善」は、さらに植民地という空間へ移植され、植民地権力が押し付ける、植民地朝鮮における近代的な「慈善」として再び概念化されていく。

このような社会事業は、国家との関わりが薄かった宗教者個人によって実施された近代以前の慈善とはかなり異なる、近代的な「慈善」をともなった社会事業として表出されていく。そもそも、慈善を施すというのは、実施する側（強者）から実施される側（弱者）が恩恵をこうむる行為であるといえよう。それが近代に入って、植民地化される空間へ移されると、実施する側は「暴力性」を内在しつつより強くなり、実施される側はより弱くなる。近代的な「慈善」は、支配する側と支配される側の空間において、植民地にふさわしい「慈善」として概念化されるのである。

最後に、真宗大谷派と浄土宗の社会事業、とくにその中でも教育事業を実施するにあたってみられた朝鮮仏教との関わりについても、言及しておく必要があるだろう。周知の通り、開港直後の奥村円心による真宗大谷派の朝鮮における布教活動は、朝鮮仏教者の李東仁との出会いからはじまる。日本仏教側からは仏教の布教活動が最大の目標であるといっても、当時朝鮮仏教者の目に映ったのは、先進モデルとしての西洋文物を受け入れた「近代仏教」としての日本仏教であった。詳しい内容については後述するが、当時、抑仏政策という朝鮮仏教の置かれた苦しい状況から脱することができる希望が、おそらく日本仏教の姿にみられたことだろう。

一方、浄土宗と朝鮮仏教との関わりは、韓国併合以前の「明進学校」設立をめぐってである。「宗教」「仏教」「日本仏教」といった概念は勿論、「朝鮮仏教」というアイデンティティさえ定着していなかった当時の状況を念頭に置くと、「親日仏教」として朝鮮仏教をとらえる先行研究のあり方は多少問題があるかもしれない。その当時、一部の朝鮮仏教者は、朝鮮仏教を近代的に変化させることを試みていた。つまり、近代教育システムを導入し、近代的学問を備えた優秀な僧侶を養成することが、厳しい現実の中で朝鮮仏教が生き残る唯一の方法であった。その流れの中で、浄土宗との合作として誕生したのが、「明進学校」であった。これらの一連の事件からは、無論、日本仏教が朝鮮仏教の近代化にいかに影響を及ぼしたかという側面を確認することができるが、一方で、朝鮮仏教を通して、植民地空間における日本仏教の近代化のありようもとらえられると思われる。つまり、それは、仏教を共通基盤とした、日本と韓国の近代的な経験であるといえるだろう。

以上のように、植民地空間における日本仏教、とくに真宗大谷派、浄土宗の社会事業を媒介に考察する作業は、日本仏教、朝鮮仏教、日本人、朝鮮人の分かち合う近代性の重層的な側面が確認できる、良い素材になると確信している。それが日本仏教の近代化であるにせよ、朝鮮仏教の近代化であるにせよ、その近代性は、「帝国」の混淆性をみせる連環関係の中から惹き起こされる日韓の「近代」史であろう。それを我々は自覚する必要がある。

第三節　先行研究

本論に入る前に、前節で述べた本書の研究課題をより明確にするため、先行研究に触れてみる。まず、日本における日本の「近代仏教」の研究状況について取り上げる必要があるだろう。先行研究における「近代仏教」としての日本仏教をめぐる言説について検討を行い、そこから読み取れる近代仏教の歴史的なありようを考察する。それとともに、本書の課題と関わる東アジア地域における日本仏教の布教活動の事情を、とくに朝鮮における日本仏教の活動を中心に検討していく。後者については韓国における研究状況も踏まえながら論じていくこととする。最後に、植民地朝鮮における日本仏教の社会事業についても、若干考察を行う。

1　日本「近代仏教」に関する研究現況

近年、「宗教」を中心とする諸概念について、その近代性が問い直されている。それは、仏教をめぐる概念を探究する研究においても例外ではない。二〇〇〇年以降、日本仏教史研究においても、「仏教 Buddhism」をめぐって、概念史の観点から批判的検証の試みがなされている。それらの研究は、エドワード・W・サイードによるオリエンタリズム批判の枠組みを出るものではないという指摘もなされているが[14]、仏教という用語自体が Buddhism の翻訳語として西洋で創出され、またそれが再び日本で受容されるという概念化の構図は、従来の日本仏教史研究の流れの大きな転換を余儀なくした。いわば、もともと東洋から生まれたものと自明視されていた「仏教」という言説が、西洋の必要に応じて作られたものであったということが、ようやく認識されはじめたのである。ともあれ、二〇〇〇年前後を境に、日本仏教の近代化に関する研究が大きく進展したということは間違いないだろう。

ここでは日本の近代仏教をめぐる先行研究を要約した上で、若干の考察を加えることとする。日本で従来論じられてきた日本仏教の「近代」を語る言説は、どのようなものであったであろうか。その研究動向を踏まえ、そこから導き出される日本仏教の「近代的なるもの」について考えることで、植民地という空間における日本仏教の「近代性」を考察する手がかりとしたい。

さて、「宗教」「仏教」といった概念の問題を考慮する際に留意すべきは、〈ある概念が定着するためにはその概念を作ろうとする認識主体が存在し、また認識する主体が存在するためにある客体（他者）が必要である〉ということである。仏教に当てはめれば、〈仏教 Buddhism という語彙が定着するためには、仏教 Buddhism という語彙を作ろうとする認識主体（西洋）が存在し、また認識する主体が存在するためにはある客体（東洋）が必要である〉ことを意味する。しかし、ここにはいうまでもなく、押し付ける側からの「暴力性」が内在する。このことについては、すでにエドワード・W・サイードが『オリエンタリズム』（今沢紀子訳、平凡社、一九八六年）で指摘しているように、西洋／非西洋の概念をめぐって考えてみると、西洋世界は至高の認識主体であり、非西洋社会は認識の客体として措定されているにすぎないものとなる。さらにこのような構図の中には、認識者によって認識対象のあり方が一方的に規定されるという暴力的ともいえる関係性が存在している。サイードは、オリエントという概念が西洋という外部によって押し付けられたものであり、その具体的な手段となったのがオリエント学という学問であったと述べている。宗教概念について考える作業も、このように、西洋社会が他者に自分を充足・補足するイメージを投影する過程を指すのである。(15) その後、サイードのオリエンタリズムの論理に基づき、帝国、植民地、宗教、文化へゲモニー、西洋／非西洋、オクシデンタリズムの問題まで、多様な議論が多くの研究者により行われてきたが、とくに磯前順一は、上記の問題意識を日本に照らし合わせて、『近代日本の宗教言説とその系譜——宗教・国家・神道』（前掲）において、重要な議論を行っている。この著作では、日本における宗教概念および宗教学の成立過程の経緯や、また新しく作られた宗教概念によって、従来の理念や心性構造などがいかなる言説の空間に再配置されたかが、明治二〇年代、三〇年代に焦点を当てて丁寧に考察されている。ここでは改めて日本における宗教概念をめぐる言説について論じないが、以下の磯前の文章は、近世「仏法」から近代「仏教」へと移行する日本の近代仏教の変化を理解するために、非常に重要な示唆を与える。

異なる状況のもとに複数の仏教伝統がそれぞれ発展していく一方で、それらが互いに影響を及ぼしながら、「仏教 Buddhism」というひとつの固有名を作り上げていく。それは異なる立場にある人びとが同じ宗教伝統に関わっているという同一性の信念を与えるのと同時に、彼らが想起する仏教という教説をそれぞれの異なる状況のもとへと分節化させていく。そのような同一性と差異の反復の場、それが近代仏教の中核をなす特質のひとつとも言える。そこにおいて、「宗教」という西洋近代の概念への言及が、そのような同一性の想起する前提となる言説空間を作り上げていったとみることも可能であろう。(16)

いわゆる、「宗教」「仏教」といった近代用語の成立過程は、今日我々が一般的にイメージする普遍的なもの、純粋なものという宗教とは大幅に異なり、仏教の諸問題を孕むものである。以下では、このことを念頭に置き、宗教、仏教、近代仏教という概念について考えながら、先行研究に基づき日本の「近代仏教」について述べていくこととする。

「宗教」という言葉が、語彙としては近世以前に成立した仏典に淵源を有するものの、その意味するところのものとしては、日本が幕末になって西洋世界に開国してから伝来した、「Religion」という欧米語の訳語として成立した歴史的経緯をもつものであることは、いまや認識されつつある。三枝充悳は、「現在わが国で常用されている「仏教」という語は、明治時代にはじまり、それ以前の千余年間は仏法や仏道などと呼ばれた。（中略）近代日本における「仏法」の語の浸透とともに、十九世紀末からは、漢字文化圏一般にこの語が普遍化し、同時に、英語のレリジョン（この語にも変転の歴史がある）の訳語として「宗教」の語が転用されると、逆にそのなかに仏教が含まれることになって、現在にいたる[17]」と述べている。また、大隅和雄によれば、中世に「仏教」という語はすでに用いられていたが、それは限定された用いられ方であり、より一般的に用いられていたのは「仏法」や「仏道」という語であったという[18]。

この大隅の議論に基づき、島薗進は、「「仏道」や「仏法」は実践に重きを置いた語だが、「仏教」は経典に書かれているような文字化された真理命題に力点がある。それを身につけるには知性がものをいう。明治維新以降、主に「仏教」の語が用いられるようになったということは、中世から近代に至る間に「仏」の「法」や「道」の語で理解されていたものが「仏」の「教」として存在するものとして理解されるように変化したということを意味する[19]」と述べている。

このように、近世では仏教という統一概念は存在せず、近世の仏教と呼ばれた「仏法」ないし「仏道」という概念は、個別の宗教組織とは無関係で、仏教の教えによる悟りへ至る教説やその真理を指す、それそのものであった。それが近代になると、日本の仏教は、西洋による日本開国という新しい局面を迎える。意図しなかった列強社会への便乗により、外部の要因としてプロテスタントという近代的な宗教と必然的に遭遇することとなり、近世の仏教と呼ばれてきたものは、「宗教」という領域から「仏教」という領域へと分節化され、概念化の過程を経験することとなる。つまり、「Buddhism」ないしは「仏教」という概念化が進んでいったのである。

当時の日本国内の宗教状況は、「神道国教化」政策による神仏分離令の布告とともに、廃仏毀釈により、難航した状態が続いていた。日本の仏教はこうした局面から逃れようと、西洋宗教（プロテスタント）を真似て、近代的な宗教としての「日本仏教」を目指し、多様な方法を模索していった。これらの宗教基盤の変容過程で中核となるのはいうまでもなく、近代天皇制を軸とした日本の「国家神道」であった。つまり、国家神道を掲げて日本的な宗教概念として再生産し、近代天皇制に立脚した日本的な新しい意味を含意する「日本仏教」が成立していったのである。このように、近代の日本仏教は、西洋の宗教概念を自ら模倣しつつ強要されるなどして仏教という近代的な宗教として変貌していくこととなるが、こうした宗教概念の過程は、逆に日本的なものへと「転覆」し、日本の「近代仏教」として定着していく。

では、ここで日本仏教史研究における「近代仏教」という用語について触れておく必要があるだろう。「近代仏教」という語について林淳は、日本の「近代仏教の研究の始まりは、戦後のものである。戦前には「明治仏教」と称されてきた研究対象が「近代仏教」と捉えなおされた[20]」と指摘している。日本の「近代仏教」研究史を振り返ると、林が述べている通り、その歴史は決して古くない。しかし、ここでいう「近代仏教」とは、〈近代における仏教〉なのか、〈仏教における近代〉なのか、そして、〈近代の日本仏教＝近代仏教〉という認識は成立しうるのかなど、近代仏教の用語自体に疑問が生じる。つまり、その概念自体が明確に区分されないまま、使われている傾向があると思われる。

これについて木場明志は、〈近代における仏教〉は「歴史的近代における、変転を余儀なくされていく仏教のイメージ」であり、〈仏教における近代〉は「普遍宗教としての内実を絶やさない仏教の、近代社会下における動向のイメージ」であると論じている。そして両者について、「仏教が社会に対して受け身で対応にのみ終始したと考えるか、それとも仏教は社会変化の荒波に揉まれながらも本質を保ち続ける努力を全うしてきたと考えるか、である」と述べている[21]。

つまり、これは、仏教が主体か客体かによって、近代仏教の解釈は全く異なる話として展開していくということである。その上、「近代仏教」の用語使用における時間・空間の範疇の区分が明確にされぬまま、日本の研究者の間で通用していると考えられる。そして、このような「近代仏教」をめぐる状況下で、はたして、〈近代の日本仏教＝近代仏教〉という認識は妥当であろうかという見解も日本国外の研究者から出てくるようになり、たとえば、近代の朝鮮仏教の場合「近代仏教」として呼ばれてもいいのか、範囲や時期をどのように「近代仏教」と規定するのか、などという問題が提起されるようになったのである。

これら近代仏教が孕む様々な問題をめぐる「近代」「仏教」「近代仏教」に関する議論は、二〇〇〇年以降から本格的に展開されていく。直近の研究成果である末木文美士・林淳・吉永進一・大谷栄一編『ブッダの変貌――交錯する近代仏教』[22]（法藏館、二〇一四年）で、末木は、以下のように近代仏教のとらえ方を語っている。

かつて仏教の研究というと、古典的な文献研究に限られていた。それが、この十数年ほど、大きく情勢が変化して、近代仏教の研究が急速に進展するようになってきた。それは、「仏教」の捉えなおしとともに、「近代」の捉えなおしがそれだけ避けられない課題となっていることによるものであろう。(23)

さらに同書のあとがきで林は、近代仏教への研究が盛んになった理由について、次のような二点を指摘している。第一に、古代、中世、近世の仏教史は、実は近代仏教の産物であるという認識が定着したこと。第二に、吉田久一ら三人の先駆的な研究を克服していく具体的道筋が次第にみえてきたこと、つまり、最も影響力があった吉田の研究には、講座派歴史学、大塚久雄、丸山眞男などの成果を吸収した近代主義的な価値観があり、それゆえに当時において研究史上の意義は大きかったが、今日においてはこのような近代主義的な「近代」観が無効になったことからきていると指摘する。(24) いうまでもなく、このような展開には、磯前が指摘していたビリーフとプラクティスのあいだにみられる格差の問題も含め、日本国内における宗教概念の言説のナラティブが大きく反映されているだろう。(25)

これらの議論も含め、以下、近代仏教をめぐる研究動向を、簡単に整理していく。

近代仏教に関する概論的な研究としては、吉田久一『日本近代仏教史研究』(26)（吉川弘文館、一九五九年）、同『日本近代仏教社会史研究』(27)（吉川弘文館、一九六四年）、同『近現代仏教の歴史』（筑摩書房、一九九八年）、法藏館編集部編『講座近代仏教』全六巻（法藏館、一九六一～六三年）、池田英俊『明治の仏教――その行動と思想』（評論社、一九七六年）、柏原祐泉『日本仏教史・近代』（吉川弘文館、一九九〇年）などが挙げられる。

吉田は日本仏教の近代化について、「仏教の近代化とは、幕藩仏教から近代仏教へということである。そこには多くの指標点があげられる。宗旨仏教から宗教としての仏教へ、教団仏教から信仰仏教へ、あるいは島地大等が「明治宗教史」（『解放』大正十年十月）でいわれたように、現相仏教（宗派仏教）から実相仏教（本質仏教）へ等々の変貌がみられる[28]」と定義している。さらに吉田は「近代仏教成立の指標点」を次のように述べている。

二〇世紀初頭社会に対する仏教革新運動として、代表的なものに精神主義運動と新仏教運動がある。前者は人間精神の内面に沈潜することによって近代的信仰を打ち立てんとし、後者は積極的に社会的なものに近づくことによって近代仏教の資格を獲得しようとした。両者の取った姿勢は対極的であったが、歴史的位置からいえば双方共それぞれ限界は有しているが、日本の産業資本の確立から独占資本へのコースの時期、とくに日本帝国主義の出発期に、それぞれ内面的あるいは外面的に相対置していることは疑いえない[29]。

このような観点は、吉田、柏原、池田らによって担われてきた戦後の近代日本仏教史研究の主流ともいえるものである。つまり、日本仏教の「近代化」の指標を、二〇世紀初頭に信仰の近代化を成し遂げた清沢満之の「精神主義[30]」と、社会への関わりを担った「新仏教運動」にみるのが一般的であるといえる。換言するならば、これらの研究は、個人の内面的な信仰や仏教教団内部（者）の社会参加を重視する宗教実践を前提とする、近代的意味付けからの研究であるといえよう。私的空間における個人的な内面的信仰の確立、公共空間における社会活動・政治活動の展開、この二点が「近代仏教成立の指標点」とされているのである[31]。たしかに、真宗を近代仏教のモデルとして念頭に置く吉田、柏原と、曹洞宗を中心にして資料を収集し、明治初期の戒律運動や教会・結社運動を解明した池田とでは、何に「近代仏教」を見出すかという点は異なっている[32]。池田のいう教会・結社運動が、教団へといかに再編成されていくのかは、重要な問題であり、従来真宗を中心に論じられてきた日本仏教の「近代化」の指標を修正した点で、意味があるといえよう[33]。

他方、羽賀祥二は「教導職制と政教関係」において、政府の政教政策と仏教教団の自治の確立を明らかにしているが、本山制から管長制への変化に近代仏教教団の指標をみるといった、制度史的な面における近代仏教の「近代化」の指標となりうると思われる。(34)

さて、日本国内の「近代仏教」をめぐる言説については引き続き後述するが、この辺で、日本の近代仏教をめぐる欧米の研究動向について若干紹介しておこう。(35)というのも、二〇〇〇年以降の近代仏教をめぐる活発な議論の動因とも関係があるのである。

近代仏教をグローバルな問題として大きく提起したのは、ドナルド・ロペスである。ロペスは『近代仏教――初心者のための読本』(36)（二〇〇二年）で、近代仏教が一九世紀後半から二〇世紀にかけての世界史的な動向であることを明らかにしている。彼は、一八七三年八月二六日にパナドゥレで行われたキリスト教の牧師と仏教僧の対論が、「近代仏教」のはじまりとみなしている。この時、アジアの仏教はキリスト教と対抗することで、自らをグローバルな視点で仏教者として位置付け、近代的な意味付けを探りはじめたというのである。ロペスは以下のように、近代仏教の特徴として、「近代仏教は、それまでの仏教の諸形態に見られる多くの儀礼的、呪術的要素を拒否し、階層差別よりも平等を、地域性よりも普遍性を強調し、しばしば共同体よりも個人を高く評価する」(37)と述べている。

その後、「近代仏教」の研究を大きく進展させたのは、デヴィッド・マクマハンである。マクマハンはその著書『仏教モダニズムの形成』(38)（二〇〇二年）において、紛らわしい「近代仏教」ではなく、「仏教モダニズム」という用語を採用する。マクマハンは、これについて以下のように記している。

それはむしろ、西洋近代の主要な言説や実践と、仏教の特定の要素とが結びついた、ハイブリッドな宗教的・

文化的形態なのである。「仏教モダニズム」とはそのとき、ヨーロッパ啓蒙主義や科学的合理主義・ロマン主義やその後継者・プロテスタンティズム・心理学、そして近代的社会・政治思想といった近代における支配的な文化的・知的な思潮と結びついて形成された、仏教の多様な形態のことを指している。西洋の影響を受けたとはいえ、それは単なる「西洋的仏教」ではない。むしろ、アジア人と西洋人とによって創造された運動の、一種のグローバルなネットワークであり、単一特定の地理的・文化的背景によって排他的に作り出されたものではないのである。(39)

今日、仏教の核心をなすと考えられている縁起や瞑想という思想や実践が、実は伝統とは大きくずれており、そこには仏教だけでなく、西洋自体の思想的な展開との複合という観点が必要だというのである。このようにマクマハンの研究は、仏教モダニズムの諸動向を、アジアと欧米にまたがる思想史・宗教史の広い視野から考察しており、従来ほとんどまとまった研究の行われてこなかった領域を切り拓く、意欲的かつ刺激的な論考となっている。(40)

一方、島地黙雷をはじめとする近代の仏教者たちは、いち早く西欧を視察し、その刺激のもとに仏教の近代化に取り組み、さらに後には、南条文雄らのように西欧に留学することによって新しい仏教学も導入された。このことに注目したものとして、ジェームス・E・ケテラーの研究がある。ケテラーは、島地黙雷や「万国宗教大会」（一八九三年）に出席した土宜法龍、蘆津実全、釈宗演ら明治仏教のイデオローグたちは、同時代の社会や政治情勢に見合った「仏教」の（再）定義を行い、そのことを通じて「近代的な仏教」認識が編成されたことを指摘している。(41)そこでは、万国宗教大会に参加した日本仏教徒の渡航目的が、以下のように述べられている。

一つは、彼らは自分たちのことを西洋に赴いた最初の大乗仏教の伝道師であると思い描いていたため、かつてインドから中国へと遣わされた使者たちと同じように、物質的繁栄に耽溺している西洋世界に東洋の精神的叡知をもたらす使命があると考えていたことである。もう一つは、日本国内での攻撃によって傷ついた仏教の復興を進めるために、彼等は（「西洋への旅」からもたらされる）コスモポリタンという象徴性を手に入れて、特権的外部という立場を利用しようと望んだことである。すなわち近代仏教の（再）定義の中心をなすものは、生粋の国際的有効性か、さもなければコスモポリタン的効力であった。「仏教のチャンピオンら」が説明しようと望んだ仏教とは、「アジアの光」であるだけでなく、「世界の光」でもあったのである[42]。

「廃仏毀釈」を通して日本仏教の「近代化」を説いているケテラーは、「歴史」「国体」「経済」の三つの問題を設定して廃仏思想の分析を行い[43]、廃仏毀釈運動の中から〈異端ではない存在〉として日本仏教は自ら再編成され、「新仏教」「近代的仏教」という認識が導き出されたと述べている。つまり、「仏教が社会化され、その文化が変容を受けつつも存在したことは、明治期に方向付けられた殉教としての異端という仏教の表象を超越するとともに、ついには「日本」自体の定義の中心となった「近代仏教」を生み出すという結果をもたらすことになった[44]」と指摘している。そしてこのことは、国家のヘゲモニー的な要請とその中心的役割を担うという意味で仏教の擁護になると同時に、「国民」救済を強調する、国家の利益に付合する宗教的実践であるということを強調している[45]。

西洋からのアジア仏教についてのこのような認識変化は、近年の日本の近代仏教研究者にも刺激を与え、二〇〇〇年代以降、研究分野がより拡大される要因となったが、その中心メンバーが、末木を筆頭とする林淳、大谷栄一らである。彼らは、日本の近代仏教をめぐって、西洋およびアジアを含む視野を確保するため、日本の「近代仏教」をテーマとして数回シンポジウムを開催するなど、近代における日本仏教の再解釈を探る研究成果を、次々と発表している。

末木文美士は、もともと古代・中世仏教を専門とする仏教学者だが、『明治思想家論――近代日本の思想・再考Ⅰ』（トランスビュー、二〇〇四年）、『近代日本と仏教――近代日本の思想・再考Ⅱ』（トランスビュー、二〇〇四年）という研究が、日本の近代仏教史研究に与えた影響は大きい。これについて、大谷栄一と林淳は、日本近代仏教史研究に対する問題提起の著作であるとして、以下のように紹介している。

周知の通り、この研究領域は吉田久一、池田英俊、柏原祐泉各氏を始めとする先駆者たちによって切り拓かれてきたが、もともと日本古代、中世仏教史を専門とする末木氏の今回の作品は、先駆者たちの研究を踏まえつつ、「近代思想と仏教」「方法としての仏教」「仏教研究への批判的視座」「近代仏教とアジアとの関わり」などの新たな研究視点に基づく日本近代仏教史へのアプローチとして、数々の刺激的な問いかけや考察を読者や学界に提示しているように思える。(46)

上記の文章は、末木の研究成果をよく表していると思われる。厳密にいえば、末木が扱っている近代仏教史とは明治仏教史を指すが、従来の研究動向を見据えつつこれを相対化し、「個」と「個を超えるもの」との対立と緊張の分析という観点に基づいた新たな「史観」を提示したことは、卓見であるといえよう。末木は、「日本における個の確立の過程がつねにもう一方で個を超え出る何ものかの探求とセットになってきたこと(47)」を指摘しつつ、以下のように述べている。

日本の近代思想には、この「個を超えるもの」はどのような形で現れるのであろうか。「個を超えるもの」は、実態は多くの場合、前近代的発想の流入である。だが、それは前近代的とみなされず、むしろ近代的な「個」を超えるポスト近代的なものとして自覚的に捉え直され、再編される。それと同時に、そこに反西欧主義、ナショナリズムが投影される。近代＝個の確立＝西欧化という等式に対して、ポスト近代（＝前近代）＝個を超えるもの＝日本（東洋）というもう一方の等式が仮構されるのである。[48]

このように明治期の二元論を述べながら、一方で「個」の確立という近代の課題を果たしつつ、かつそれを超えうる日本の倫理、東洋の倫理として「仏教」を取り上げている。[49] いわば、「近代の仏教は、まさに日本の近代思想に課せられた三つの課題、前近代的・伝統的であるとともに、近代的であり、同時にポスト近代的であるという三重性を担いうるものとして登場[50]」したと語っている。つまり、仏教という観点からの日本近代思想のとらえなおし作業であるといえよう。

末木の論点の中でさらに注目される点は、日本の国内動向を分析・記述の基点とする近代仏教史パラダイムに対して、他者としての「アジア」という視点を導入していることである。末木は、従来の近代仏教の研究が、日本の中で閉ざされた範囲でのみ研究されてきたと述べ、加えて、このことは仏教のみに限られたことではなく、日本思想史全体が日本一国主義的なとらえ方をすることが多かったと指摘した上で、次のように述べている。

仏教の戦争協力を批判する場合にも、アジアの思想家たちがそれぞれ独自の観点から日本に対峙していたことへの視点を十分に持てなかった。日本の近代化の先進やアジアへの侵略は、アジア諸国に複雑な反応を惹き起こした。あるいは日本を模範と見、あるいは日本と交流し、あるいは日本を批判する等のさまざまな対応があり、それらを日本思想史と関連させながら見ていかなければならないが、それは十分に行われていなかった。日本の侵略に対する批判的な研究はなされていても、侵略される側に日本の侵略思想と対峙できるだけの独自の思想があったということを無視しており、それは無意識のうちの差別観に基づいていたともいえる(51)。

このように日本仏教の「近代化」を、日本国内だけではなく外部への視線、とくにアジアへの視点から問うことは、日本近代思想史が遂行してきた政治性があらためて問われる重要な接点としてあることを意味する。逆にいえば、仏教がアジアへの視線を向けたという局面は、日本仏教の「近代化」をとらえる際の重要な鍵として存在しているのである。しかし、このような視点を指摘・評価しているのにもかかわらず、日本仏教の研究者はまともにこれらの問題に真剣に向き合おうとしないのが現況である。このことについては後で言及するが、「日本を規範と見」「日本と交流し」「日本を批判する」様々な対応がアジア諸国にあったのは確実であるが、日本思想史、日本の近代史、近代の日本仏教にいかなる影響を与えたか、本格的に追究しようとする研究姿勢はいまだみかけないのである。

一方、末木の近代仏教研究に大きく影響を受けた大谷は、「日蓮主義」を中心に国家と密接に関わる宗教運動を考察した『近代日本の日蓮主義運動』（法藏館、二〇〇一年）の刊行以来、日本の近代仏教史研究における新たな取り組みとして、『季刊日本思想史』七五号「特集　近代仏教」（ぺりかん社、二〇〇九年）や『近代仏教という視座――戦争・アジア・社会主義』（ぺりかん社、二〇一二年）を発表している。これらでは、吉田から末木に至る近代仏教研究史を批判的に再検討し、従来の「近代仏教」研究の新たな可能性を切り拓き、さらにこの研究領域のもつ潜在的な可能性を思想史・近代史学・宗教史等の他領域へと越境することが目指されている。

とくに、『近代仏教という視座』を簡単に整理してみれば、大谷は、まず吉田、柏原、池田の近代主義的な態度について挙げ、彼らの段階では問題化されることのなかった「仏教」概念の非自明性・被構築性について指摘する。すなわち、明治期に導入され、普及した翻訳語としての「宗教 Religion」概念の定着に対する「仏教」の役割について論じ[52]、加えて、日本仏教教団の海外進出、植民地の問題に取り組むためには、「日本仏教者と現地人（宗教者・政府・知識人・民衆等）との相互関係や相互影響性を対象化することが求められている」と強調する。

では、ここで「近代仏教」はどのようにとらえられているか。大谷は「近代仏教」を語るキーワードとして、「仏教の近代化」に注目し、次の三つに大別して論じている。第一に、〈非西欧社会の「近代化」と「近代仏教」〉の関係性である。ここで非西欧社会の「近代化」とは、「西洋近代化から文化伝播に始まる自国の伝統文化のつくりかえの過程」であると富永健一の言葉を引用しているが、それに基づいた「仏教の近代化」は文化的近代化の領域に含まれると指摘している。第二は〈「近代仏教」の生成にみる「近代的なるもの」と「前近代的なるもの」〉の重層的な関係性についてである。近代仏教の生成された要因の中には、外発的（西洋）かつ内発的（近世日本）な要因が作用し、「近代仏教」の生成過程を分析するには〈近代的なるもの〉の起点や影響を探る一方で、〈前近代的なるもの〉の把握・持続についても目を向ける必要があると指摘している。いわば、近代仏教を問う作業は、〈近代的なるもの〉と〈前近代的なるもの〉の重層的な関係性の分析が不可欠であると述べている[53]。最後に、〈世俗化論の再編集〉ついて論じている。大谷は、近代以降の「宗教と社会変動」の関係を、世俗化（脱聖化）と脱世俗化（再聖化）の同時的な拮抗関係として輻輳的に把握し、分析する視点を提示している。つまり、世俗化（脱聖化）と脱世俗化（再聖化）が同時的に展開し、その拮抗関係のダイナミズムにおいて、近代以降の宗教変動がもたらされた、という視点である[54]。そして、これらの「仏教の近代化」に焦点を当てて「近代仏教」を適用すべきであると述べつつ、以下のようにまとめている。

つまり、重要なのは、「近代仏教になる」という語りを語り直すこと、さらにはそれを「近代になる」の語り直しへと接続させること。そのことが、日本近代仏教史研究の豊饒化をもたらし、他の人文学・社会科学の領域へと越境できる視点を獲得させうるのである。日本近代仏教史研究の大いなる可能性を、私は、この点に眺望する。[55]

以上のように、「近代仏教」を追究する作業の争点は、まず、「近代」はいかなるものであり、その中で成立した、あるいは概念化された宗教 Religion、仏教 Buddhism といった語彙はいかに創出され、解釈すべきなのかを問う作業である。言い換えれば、近代日本の「宗教」概念は西洋の Religion 概念の翻訳語として明治初期に成立し普及するが、この「宗教」概念の成立・普及の問題は、当然、近代日本の「仏教」概念化に大きく影響を与えるのである。[56]そして、これらの問題を追究することが、近年日本の近代仏教をめぐって日本の研究者たちが取り組んでいる争点となっているといえよう。

しかしながら、このような見解について、仏教に限らずいち早く日本宗教そのものに注目して行われたものが、先述した磯前の研究である。ここで、日本仏教の成立過程を論じている彼の言を引用する。

近世において宗教という言葉は仏教内の「宗派の教え」を意味するものにすぎなかった。諸宗教間の関係はおろか、仏教という統一意識さえ欠如していたものが、レリジョンへの訳語化を契機として、諸宗教を包括する拡大された意味をもつようになったのである。江戸時代では仏教が寺請制をとおして制度的に宗教を独占していたが、それが明治政府のとったキリスト教黙許や神仏分離令などの政策によって、仏教による宗教制度上の独占状態がくずれ、神道・仏教・キリスト教が競合せざるをえなくなったためと思われる。それと前後して、それまで統一意識をもっていなかった仏教や神道の諸派が、自己のアイデンティティとして仏教や神道という統一単位をはっきりと自覚してくるようになる。そもそも「仏教」という言葉自体が、近世以来の宗派ごとに独立した状態を克服しようとするなかで、この時期に現われたものである。[57]

いうまでもなく、近代日本における仏教の成立過程は、西洋の構築物である「Religion」「Buddhism」の翻訳作業からの「宗教」「仏教」という語彙の誕生の問題、そして「日本宗教」「日本仏教」といった西洋と異なる「日本」という自己認識の問題、それにともなう近代以前の日本宗教、日本仏教たるものの近代宗教への再配置の問題など、近代によって惹き起こされる多様な問題群の中において成立するものであったことは、確かなことである。このような過程を念頭に置き、「日本仏教（Japanese Buddhism）」の物語の形成に注目したオリオン・クラウタウ『近代日本思想としての仏教史学』（法藏館、二〇一二年）も近年の成果として挙げられる。クラウタウは、これまで重視されてこなかった、実践者（東洋人）による欧州生まれの「仏教」受容と利用という問題を取り上げている。いわば、「オリエント人」自身が「近代人」として再出発するためにいかにして利用されたのかに関心をもち、このような問題意識に基づき、クラウタウは近代日本の大学における仏教研究に注目して考察している。[58]

以上、これまでの議論をまとめると、以下の通りである。従来の研究において日本仏教をめぐる言説や日本仏教の「近代化」の指標とされてきたものは、吉田、柏原、池田らが論じてきたような、井上円了や清沢満之、境野黄洋らの内面的信仰の確立と、それと同時に表出される活動・改革運動に見出される「近代性」の発露、そして羽賀のように、教導職解散後の管長制のもとでの本願寺派の仏教教団の「自治」の組織化を明らかにすることによってとらえられる、日本仏教の「近代性」であった。

しかし近年の日本近代仏教史の研究者たちは、吉田、柏原、池田らの従来の研究を批判的に受容しつつ、西洋で創出された言説としての「仏教 Buddhism」の概念そのものにも視野を広げ、欧米における「近代仏教」の成果にも注目しはじめている。いわゆる、キリスト教の牧師と仏教僧の対抗が「近代仏教」のはじまりとみなしているロペスの指摘、そして今日の仏教の特徴と考えられる縁起や瞑想という思想や実践が、実は伝統とは大きくずれ、そこには仏教だけでなく、西洋自体の思想的な展開との複合という観点を提示したマクマハンの指摘も含め、「廃仏毀釈」「シカゴ万国宗教大会」を近代仏教の成立契機として最重視し、〈異端ではない存在〉として（再）定義された近代仏教とみなしたケテラーの議論まで、西洋で作られた仏教の物語も日本仏教の近代化過程を理解するための重要な端緒となった。

その上、末木がいうように、「近代思想と仏教」「方法としての仏教」「仏教研究への批判的視座」「近代仏教とアジアとの関わり」といった視点から仏教をとらえ、それによる日本の近代思想をとらえなおしている。そして、仏教という概念がいかに日本へ受容、再創出されたかに注目した日本研究者による研究も、次々と登場している。その中心には、末木、林、大谷らの研究があり、彼らは、仏教をめぐる欧米からの研究成果も踏まえつつ、従来の吉田、柏原、池田らが語っていた「近代仏教」の言説を再解釈する作業、つまり「近代」にとって日本仏教はいかなるものであったか、日本仏教は「近代」にどのように位置付けられるかを、二〇〇〇年以降、行いつつあるのである。

ここまでが日本における「近代仏教」をめぐる言説であろう。

さて、本研究の課題と関わる「アジアという視座」を取り上げ、若干の考察を加えてみる。「近代仏教」として語りなおす行為は、「宗教」「仏教」の概念化を問う作業であり、その概念化の過程を問う作業は、認識する主体と認識される客体の問題であろう。これは西洋と非西洋（東洋＝日本）の問題でもあるが、この関係は西洋としての「日本帝国」、非西洋としての「植民地（朝鮮）」の問題にもなるのである。これらの問題は、外部としての西洋、内部としての日本の問題にとどまらず、そこから派生し分節化される〈外部（日本帝国）―内部（植民地）〉という問題にまで「散種（dissemination）」[59]していくのである。無論、このような過程には、押し付ける側からの「暴力性」が内在することはいうまでもない。またこれらの過程の中には、認識する主体と認識される客体の間で「抵抗」と「同化」という連環関係が絶えず発生するだろう。

しかしながら、今までみてきた通りに、従来の日本における「近代仏教」を語る指標および言説には、このような「散種」する外部までを射程におさめる視点があまりも欠如している。たしかに、二〇〇〇年以降は末木や大谷のように「アジア」「植民地」という他者からの観点の必要性が提示され、若干紹介されているものの、具体的にいかなる影響を受けどのような影響があったか、アジアの事情を挙げながら詳細な分析を行う研究はみられなかったといっても過言ではない。このような側面に注目しているのは、後述するように、植民地という空間と直接関わりをもつ、旧植民地の研究者である。いわゆる、「近代仏教」としての日本仏教を語る日本研究者の語りは、その眼差しを外部までようやく広げているものの、それは非西洋としての「日本」という立場であり、しかもそれは被害者として「日本」が位置付けられている。

日本宗教〈仏教〉は、西洋による開国とともに――西洋の必要性に応じて――宗教概念の問題が発生し、そこに日本宗教は抵抗／同化を繰り返しつつ、近代天皇制を中核とする日本的な宗教概念への変容が惹き起こされ、自己アイデンティティを有する「日本宗教」「日本仏教」の成立に至る経緯を有している。なおかつ、これらの宗教概念をめぐる近代的な行為は、そのまま、植民地という新たな外部へ投影されていく。そこには、先ほど述べたような西洋との出会いを契機とした日本における宗教概念化の作業とは異なって、押し付ける側により強い暴力性が発露し、より強い同化と抵抗をともなう交錯関係が存在する。さらに、支配者から被支配者への宗教概念の投影および移植の過程において、被支配者による「転覆」という新たな近代的営みが表出されたりもする。このように〈外部（日本帝国）―内部（植民地）〉の連環関係は、日本仏教の「近代性」を追究するため必ず問わなければならない問題であろう。つまり、「近代」というのは、帝国だけでなく国民国家も含めて、植民地との関係で自らの社会〈公共空間〉を定位する時代でもあるといえよう。

以上の問題意識が「近代仏教」を考察する際、不可欠であるが、このような視点が日本仏教にとって日本仏教を探究しようとする日本の研究者の姿勢は先ほど述べた通りにまだみかけない。本書の研究課題である「日本仏教」を通して韓国仏教ないし韓国の近代史を読み取ろうとする視点は、逆にいえば、植民地空間の現地宗教や人々との連環関係を通して日本仏教の近代性を把握することである。他者と出会う瞬間、日本というナショナル・アイデンティティの確認という歴史的な経緯は形成され、それが今日の日本仏教の歴史と無関係ではないことを自覚する必要がある。さらにそれが、暴力性が内在する「植民地空間」であればこそ、より強く日本、日本仏教という自己アイデンティティは表出される。今まで「近代仏教」を追究する日本の研究者たちは、植民地という他者を、当事者の眼差しのもとでみつめようとしなかったし、単純に関連性のみ論じられてきたといえよう。無関係ではないと語りつつ無自覚なままであったのである。その根底にはいまだに旧植民地民には「謝ればよい」という思考や今の日本、日本仏教の「他者不在」の近代の歴史認識が存在するためであろう。ポストコロニアル状況下の現在の日本仏教の姿を理解するためには、こうした歴史構図から脱却し、他者を孕む日本仏教の事象を問わなければならない。

さて近年、このような問題を意識し、韓国の研究者である金泰勲が「日本仏教」「朝鮮仏教」の自己アイデンティティ問題を取り上げた研究を行っているが、示唆に富むところが多い。金は、「朝鮮仏教」という概念の登場から植民地期におけるその意味合いの変移を考察しているが、その結論を次のようにまとめている。

一八九〇年代に入ってから日本人仏教者の眼差しを通して登場した「朝鮮仏教」という概念は、「日本仏教」という概念の成立を前提としてそれとの接触、共存の産物として現れてきた。一八九〇年代から一九〇〇年代までは「日本仏教」に対する「朝鮮仏教」「朝鮮にある仏教」という意味合いで使われはじめた。一九一〇年代に入ると、朝鮮の人々による自己言及としての「朝鮮仏教」が現れ、一九二〇年代までにほぼ定着をみる。「朝鮮仏教」の「改革」「維新」「近代化」などが強く意識され、「日本仏教」を相対化しつつ朝鮮民族の仏教というナショナル・アイデンティティとの接続が行われた。そして一九三〇年代に入ると、「朝鮮仏教」の独自性や独創性を明確に主張する言説が形成されるとともに通仏教思想を媒介とした統一体としての「朝鮮仏教」構想が進行する。また、戦争期になると、許永鎬にみるように、「朝鮮仏教」という概念が「帝国」「日本」「日本仏教」という諸概念をめぐる普遍と特殊の関係性のなかで認識されざるをえなくなる。結局「朝鮮仏教」は特殊としての「日本仏教」とともに普遍的な「帝国仏教」のようなものへの志向性を強く帯びるものとなる。(60)

ここでは、日本仏教による「朝鮮仏教」の概念化過程がうまく説明されている。要するに、「朝鮮仏教」という概念は日本において西洋に対する自己言及としての「日本仏教」が成立することによって初めて可能となる。しかも朝鮮の仏教者自らではなく「日本仏教」側の眼差しをフィルターとして登場した概念であったのだ(61)。別の言い方をすれば、日本仏教という語彙が定着するためには、日本仏教を作ろうとする認識主体(日本仏教者)が存在し、また認識する主体が存在するためにはある客体(朝鮮仏教者)が必要であるのである。そこには植民地権力という暴力性が内在し、このような概念化過程を経て朝鮮仏教者も自ら「朝鮮仏教」という認識が可能となったのである。金の研究は、従来の日本研究者が看過してきた日本仏教の近代性を、朝鮮仏教を通じてとらえ、またその影響下で朝鮮仏教は近代仏教としていかなる過程を経たのかについて究明したと評価できよう。

このように、日本の「近代仏教」を考察することは、日本国内の問題ではなく、〈西洋─東洋/帝国─植民地〉を時空間的に横断し惹き起こされる多様な問題群を同時に把握することであるといえる。このような問題意識に基づき、本書では、これまでまとめてきた先行研究にその多くを負いつつも、時期的にはケテラーが提示した明治維新以降(廃仏毀釈から)に注目し、その内実面においてはアジアとの関わりを、植民地朝鮮における日本仏教の社会事業という側面から接近して論を進めていく。以下、東アジア地域とくに植民地朝鮮における日本仏教の活動についての先行研究の検討を行いながら本書の課題を絞っていく。

2 東アジアにおける日本仏教の布教

戦後の日本仏教の東アジア布教に関する研究は、一九六〇年代にはじまり、七〇年代に研究が増えはじめ、八〇年代後半から盛んになって現在に至っている。一九六〇年代に日中関係史の観点から出発した佐藤三郎による「明治三三年の廈門事件に関する考察――近代日中交渉史上の一齣として」（『山形大学紀要（人文科学）』第五巻第二号、一九六三年）と「中国における日本仏教の布教権をめぐって――近代日中交渉史上の一齣として」（『山形大学紀要（人文科学）』第五巻第四号、一九六四年）は、日本仏教の東アジア布教に関する戦後の研究の嚆矢ととらえられている[62]。そして朝鮮については、日本仏教の朝鮮における活動を侵略とみなした雀部倉平「日本仏教と朝鮮侵略」（『朝鮮史研究会会報』第二二号、朝鮮史研究会関西支部、一九六八年）がある。

一九七〇年代に入ってからは、源弘之「近代朝鮮仏教の一断面――とくに朝鮮開教を中心に」（『龍谷教学』第九号、一九七四年）、柏原祐泉「明治期真宗の海外伝道」（『橋本博士退官記念仏教研究論集』清文堂出版、一九七五年）などの研究が挙げられるが、後者の柏原祐泉は近代仏教史研究を代表する研究者の一人であり、同論文では、後に「近代仏教史研究」の一環として行われるようになった海外布教に関する諸研究の基本的視点が示されている[63]。そして日本仏教の植民地布教についての初期の論考としては、中濃教篤『天皇制国家と植民地伝道』（国書刊行会、一九七六年、ニチレン出版より一九九三年復刻）が先駆的なものであるが、仏教に限らず、戦争中の日本の諸宗教がどのように植民地主義・侵略主義に加担したかを概観したもので、この種の研究としては最も早いものである。この研究は中国・朝鮮の両方にわたる日本宗教の全体像を描いたものとして、今日でも高く評価されている。そして、中濃教篤編『戦時下の仏教』（国書刊行会、一九七七年）には、中濃教篤「仏教のアジア伝道と植民地主義」、桜井栄章「真言教徒の中国開放」、松村寿顕「日蓮宗における満州開教の状況」、冨高行保「日本山妙法寺の中国大陸布教」、近江幸正「ファシズムと仏教――国家主義思想としての日蓮主義」、岡田弘隆「戦時宗教総動員体制」が収録されているが、アジア布教の問題も含め、戦争期の日本仏教を概観した、最も定評ある研究書であるといえる。

一九八〇年代後半から九〇年代にかけては、歴史学、教育学、宗教学など多様な分野で研究や資料紹介が活発に行われるようになり、この時期の研究動向としては、布教使（布教師とも。以下、本書では布教使とする）の教育事業、社会事業に焦点を当てた研究が多くみられる。ここに大きく関与している研究として、小島勝・木場明志編『アジアの開教と教育』（法藏館、一九九二年）が挙げられる。くわえて、木場明志「近代における日本仏教のアジア伝道」（『日本の仏教2　アジアの中の日本仏教』法藏館、一九九五年）、同「東アジア近代化と仏教（試論）」（『日本近代仏教史研究』第三号、一九九六年）のように、従来の研究の再検討を試みる論考も発表されはじめている。前者において木場は、「日本が東アジア仏教国の一端を担ったればこそ、その仏教版大アジア主義を内包していたことを知るべきであろう。これが国家的進出に呼応した時に、仏教興亜主義へと展開していったのであった[64]」と「仏教アジア主義」に焦点を当てている。後者においては、「近代に展開した仏教の東アジア共通項を求めようとするならば、あくまでも試論の域ではあるが筆者は「社会改良的性格」にそれを見ておきたい。ここでは探りあげて論じはしなかったが、台湾仏教の現状が近代仏教の典型といえるのではあるまいか。すなわち、近代を支えていく意味での社会善導・国民道徳形成を担当して政府とも一定の良好な関係を築くあり方に、意外にも歴史現象としての近代仏教がみられる。社会性・現世主義においてこそ仏教は、近代社会形成に寄与したといえるのではないか[65]」と述べ、東アジアの「近代」における日本仏教の役割を論じている。こうした研究動向は、「帝国主義」「植民地主義」という観点からの従来の研究動向を踏襲しつつも、「仏教アジア主義」、東アジアにおける「近代化」を視野に入れた試みが、少なからず行われるようになったものとして評価できる。

二〇〇〇年に入ってからは、従来の研究動向を見据えつつ「仏教アジア主義」に焦点を当てた研究が蓄積されるようになった。なかでも、辻村志のぶ「明治期日本仏教のアジア布教とその思想――「仏教アジア主義」試論」（『國學院大學紀要』第四三巻、二〇〇五年）、同「石川舜台と真宗大谷派の東アジア布教――仏教アジア主義の形成」

（『日本近代仏教史研究』第一三号、二〇〇七年）が注目される。前者は「アジア主義」[66]研究から示唆を得て、「仏教アジア主義」という視点に立ち、アジアをめぐる日本仏教の認識やその実践における変遷の一端を明らかにしようとしたものである。後者は、前者を踏まえつつ、真宗大谷派の僧侶、石川舜台（一八四二～一九三一）について、彼が提唱した東アジア布教には、どのような意味が託されていたのかなど、「仏教アジア主義」といった視点からの究明が試みられている。そして二〇〇五年に東京で主催された第一九回国際宗教学宗教史会議世界大会においては、「近代日本仏教とアジア主義」というテーマで、川瀬貴也・辻村志のぶ・大谷栄一・大澤広嗣が報告を行っている。そのセッションでは、川瀬貴也「浄土真宗の朝鮮布教――文明化の使命?」[67]、辻村志のぶ「藤井日達の仏教アジア主義と満州・インド」、大谷栄一「東アジアにおける日蓮仏教教団の布教活動」、大澤広嗣「国際仏教教会と「東亜仏教」」といった研究報告があり、竹内好のアジア主義を踏まえた上で[68]、「仏教アジア主義」を、「普遍的な仏教思想に基づく、あるいはこれによって意味づけされたアジア諸国の連帯性や共同性を志向する理念や論理のこと」[69]と規定して、議論が展開された。

大谷は、先述した『近代仏教という視座――戦争・アジア・社会主義』（前掲）として一冊にまとめているが、先ほどの「仏教アジア主義」と関わって、より詳細な議論を行っているものが、第三部第一章の「仏教アジア主義のゆくえ――日蓮宗僧侶・高鍋日統の内蒙古布教」である。そこで取り上げられている人物は日蓮宗の高鍋日統であるが、冒頭で次のように述べている。

仏教的な意味づけにもとづくアジア主義（仏教アジア主義）の理念と論理が普遍性を持つものとして、高鍋の布教活動を支えたのではないか、という仮説を提示しておきたい。なお、本章では「仏教アジア主義」を「普遍的な仏教思想にもとづく、あるいはこれによって意味づけされたアジア諸国の連帯性や共同性を志向する理念や論理のこと」と規定しておく。このアジア主義にもとづく活動が、帝国日本の植民地主義や膨張的ナショナリズム（帝国主義）を追認したり、正当化することに機能したか、あるいは帝国日本を超えるトランスナショナルなアジア連帯の関係性を作りだす可能性を持ったのかどうかを、以下、検討しよう。

このような問題意識や仮説設定の上で、大谷が結論として導き出したのは、結局、高鍋日統が抱く布教論理とは「アジア共同体」を想像したものであり、日本によるアジア（さらに世界）統一を声高に論じていたということである(70)。しかしながら、大谷はここで、「仏教アジア主義」を「普遍的な仏教思想にもとづく」ものとして設定しているが、ここでいう「普遍的なもの」をどのようなものとして想定しているのかについて、疑問が生じる。おそらく、今日よくいわれている意味での宗教の普遍的なものを想定しているのかもしれないが、「宗教」「仏教」という近代的な用語が創出されたばかりの当時、いったい「普遍的な仏教思想」なるものはどのように認識されたのであろうか。この問題についても、丁寧な検討が必要であろう(71)。

さて、ここで何より問わなければならないのは「仏教アジア主義」という理念そのものであろう。各々異なる時空間で行われた宗教の概念化、あるいはその過程で分節化する多様な現象を念頭に置かず、それを提唱する従来の研究では「仏教」という宗教の共通基盤を用いる一つの共同を指して「仏教アジア主義」という言葉が用いられていると推測される。しかし、ここで留意すべきは、その言葉を使うことによって、旧植民地民に対する旧宗主国民の新たな暴力性が内在されることである。いわば「仏教アジア主義」「アジア共同体」の用語では、日本仏教が行われてきた植民地空間における暴力性を「宗教」を用いて隠すような意図が窺えるのである。そのため「仏教アジア主義」は断片的な概念というより、現地宗教としての仏教がいかなる状況下で成立して「仏教」と自己認識をもっていくのか、日本仏教との連環関係を踏まえた上で、その用語の成立有無を判断しなければならないだろう。

一方、最近、中西直樹によりまとめられた『植民地朝鮮と日本仏教』（三人社、二〇一三年）では、真宗大谷派の中国・朝鮮における布教に関わって、その全体像が具体的に明らかにされている。中西は、真宗大谷派の中国・朝鮮布教について、アジア諸国を植民地化するまでは、諜報活動などで仏教教団を積極的に利用しようとする政府側の意図と、宗派内の軋轢を外に向けさせて解決を図ろうとした真宗大谷派の内部背景が、キリスト教拡大防止という大義名分により合致して行われた事業であったことを明らかにしている[72]。これは、従来、植民地における日本仏教の諸活動は日本帝国のアジア侵略への「尖兵」として断罪され、描かれてきたが、それとは異なる教団内部や国家、キリスト教という三つの文脈を提示したことが高く評価できる。これとともに前項で取り上げた『ブッダの変貌――交錯する近代仏教』（前掲）の第三部「アジアにおける近代仏教の展開」では、東アジア植民地における日本仏教との関わりについて、中国仏教と朝鮮仏教を題材として検討がなされており、金泰勲は「「朝鮮仏教」の成立――「帝国仏教」論の射程」という論考で、「朝鮮仏教」「日本仏教」という概念に関わる言説を詳細に分析している。

以上、東アジアにおける日本仏教の活動について先行研究を紹介してきたが、問題点として研究対象の限界性をいうならば、一つの宗派（とくに真宗大谷派）にほぼ集約されている点がまず指摘できる。勿論、中西のような最近の研究動向を参照すれば、他の宗派にも注目して研究範囲が以前よりは広がりつつあることは認められるが、朝鮮、中国、台湾を含む植民地地域における日本仏教の諸活動については、いまだ真宗大谷派に集約されすぎている感がある。これは、戦前の東アジアでは真宗大谷派が最も活発に活動していたという事情を反映したものであり、同時に、大谷大学や龍谷大学の研究者が中心となって、浄土真宗の戦争責任の追及と関係付けながら、東アジア布教について研究がなされてきたという点も関わっているといえよう。(73) 次に、研究の対象となっている時期が明治期に偏っている点も指摘できる。勿論、布教開始の時点から植民地全体にわたって把握しようとする研究もみられはするが、(74) 主に、日清・日露戦争期、日中戦争期にする研究が大部分を占める。こうした点もまた、仏教教団の戦争責任を追及しようとする研究視点が影響を及ぼしたものと思われる。そして近年、この分野で従来とは異なる様々な観点からの議論が提示されつつあるものの、多くの研究が一九七〇年以降の一連の研究の流れ、つまり基本的に「帝国主義」「植民地主義」に加担した東アジア「侵略」というストーリーをいまだ大きく引きずっている点も挙げられよう。

上記のような限界があるとはいえ、近年の国境を越えようとするトランスナショナルな観点、いわゆる金泰勲の論考のような観点が少しずつ日本の近代仏教史研究者らの間で言及されるようになったことは、近代仏教の研究者たちに少しずつ変化がおとずれていることは間違いないだろう。そして仏教 Buddhism という用語が西洋からの要請により創出された近代的産物である事実は、従来の日本の近代仏教研究に変化を余儀なくさせた大きな要因となった。後述するが、このような議論の中でより重要なことは、これらの概念化の過程には他者への暴力性が内在していたことである。そして、日本仏教にせよ朝鮮仏教にせよ、被害者、加害者へ同時進行的に作用する近代化が進行していたのである。

本書が、「真宗大谷派」「浄土宗」という研究対象について、「社会事業」という新たな素材に焦点を当てて論じること、また時期的範囲を浄土真宗の一八七七年布教開始から一九三〇年代後半までとすること、そして「帝国主義」「植民地主義」への加担といった断罪的観点に重点を置くより、他者として「植民地」を認識し、そこからの分節化過程による日本仏教の近代性、韓国の近代性を把握する「帝国史的な観点」から「帝国」「植民地」を読み直そうとすることは、上記の先行研究の問題点を意識したものである。

3　朝鮮における日本仏教の布教

3-1　日本の研究動向の流れ

次に、先に触れたものと重複するものもあるが、布教対象を朝鮮に絞った研究を整理しておこう。真宗大谷派の初期朝鮮布教に関する研究は、日韓両国にわたって日本仏教の他宗派よりもある程度研究が蓄積されている領域である。それは、すでに戦前期から開始されており、先駆的なものとして江田俊雄の「明治時代における日本仏教の朝鮮布教」(『現代仏教』一〇周年記念特輯号、一九三三年)、水谷寿の「大谷派本願寺の開教に就いて(明治期)」(『宗史編修所報』第四号、一九三三年)があり、一九三〇年代という時代的問題を考慮するならば、時代的要請から明治期の真宗大谷派の朝鮮「開教」へと視線が注がれていることが理解されよう。戦後になると、先述した雀部倉平の「日本仏教と朝鮮侵略」(前掲)を皮切りに、その後、源弘之の「近代朝鮮仏教の一断面――特に朝鮮開教を中心に」(前掲)、美藤遼の「明治仏教の朝鮮布教」(季刊『三千里』第一〇号、一九七八年)、同「朝鮮布教の倫理」(『身同』第八号、一九八九年)があり、また、前者の美藤論文の影響を受けた高橋勝の「明治期における朝鮮開教と宗教政策――特に真宗大谷派を中心に」(『仏教史研究』第二四号、一九八七年)もある。

そして、橋澤裕子の遺稿集である『朝鮮女性運動と日本』(新幹社、一九八九年)には、橋澤の修士論文「日本仏教の朝鮮布教をめぐる一考察――奥村兄弟の事例を中心に」が収載されている。ほかにも信楽峻麿編の『近代真宗教団史研究』(法藏館、一九八七年)、そして韓晳曦による「開化派と李東仁と東本願寺」(『朝鮮民族運動史研究』第四号、一九八七年)があるが、のちに大幅に加筆修正され『日本の朝鮮支配と宗教政策』(未來社、一九八八年)として出版されたが、本書は朝鮮史を踏まえた労作である。一九九〇年代のものとしては菱木政晴の「東西本願寺教団の植民地布教」(『岩波講座近代日本と植民地　第四巻　統合と支配の論理』岩波書店、一九九三年)が挙げられる。

これらの研究成果から窺える論点は、真宗大谷派の初期段階の朝鮮布教活動を主に奥村円心の活動に焦点を当てて、朝鮮僧侶や開化派との交流を通じて日本政府のパイプ役を果たしたと解釈している。つまり、真宗大谷派を朝鮮布教に駆り立てた最大の要因として考えられるのは、帝国主義への迎合であって、海外布教、とりわけ朝鮮地域へ向けられたそれは、仏教の本来的な意義を見失ったものとして、帝国主義に代替する要因として言及されており、このような視点が真宗大谷派の朝鮮布教に対する一般的通説として解釈されている。

その反面、川瀬貴也は、これらの研究が明治期に限定されているという問題点を意識しつつ、その範囲を布教初期から一九三〇年代後半まで広げている。大谷派を代表とする日本仏教について、川瀬は、「まさに帝国主義と一体となって植民地へ進出した[75]」と指摘しながら、「「仏教」を共通基盤とするアジア、そしてその仏教を媒介とした共同性というイメージは、好意的にとれば近隣諸国への親愛の情の表明となったであろうが、仏教の名の下に無限定に「他者」たる朝鮮仏教を包摂しようとする「欲望」が前面に出てきた時、帝国日本の「欲望」と相俟って、「他者」は結局認識されず、自分の自惚れ鏡になる日本に協力的な「朝鮮仏教」なる表象だけが利用されていくことになる[76]」と述べ、日本仏教関係者が想定していた「仏教アジア主義」と呼びうる心性を指摘した。また徐鐘珍は「植民地朝鮮における仏教界統制――明治期日本仏教界の海外布教と関連して」(『早稲田政治公法研究』第八一号、二〇〇六年)において、植民地本国日本における宗教統制、動員、教化事業と植民地布教の同時性に着目し、植民地朝鮮における宗教統制過程を仏教に注目して考察している。
以上の研究動向は、いずれも日本仏教をアジア布教に駆り立てた最大の要因として、帝国主義への迎合という政治的レベルからの論点を挙げており、こういった視点は当初から広く共有されていたといえよう。
一方、小島勝・木場明志編の『アジアの開教と教育』(前掲)は、浄土真宗の東アジア(朝鮮、中国)の開教と現地の教育活動を中心とした共同研究の成果である。これは、従来の研究動向を踏まえつつも、政治的レベルの側面より個人布教使の活動に対する分析を主軸としている。五名の著者により分担執筆されている同書の基本的視角は、「はしがき」に次のように述べられている。

日本のアジア侵略についての日本人自身の罪悪感と、現地の人々の日本人に対する憎しみ・反日感情が、研究を支え、そして規定してきたと言っても過言ではないが、言うまでもなく、こうした認識や感情は永遠に忘れ去られてはならないものであり、子々孫々継承しなければならない。しかし同時に、当時の時代相において、一回限りの人生を真剣に生きた日本人・現地人の人々の行路・気持ちを直視しなければならないこともまた確かではないか。かれらの生きた現実を、そのまま、すくい取る。そして多層的・多文脈的な状況に照らして分析する。そうした研究もまた必要なのではないか(77)。

こうしたミクロ的な視点は今後必要とされる研究方向であり、この点を提示した同書は研究上の大きな指針となりうる。従来の朝鮮における真宗大谷派の布教活動について、先述の政治的レベルからは読み取りきれない部分を、布教使の個人活動に焦点を当てて、とくに教育事業を中心にとらえたことは評価できる。このように教育事業、つまり社会事業分野を研究範囲にとりいれた木場は、「海外布教と仏教福祉――朝鮮における土幕民移住計画について」(池田英俊・芹川博通・長谷川匡俊編『日本仏教福祉概論――近代仏教を中心に』雄山閣出版、一九九九年)において、植民地朝鮮における真宗大谷派の社会事業を「仏教福祉」の概念によって読み解こうとしている。そこでは、植民地という特殊な状況下においては、朝鮮総督府の指導あるいは日本の国策に準拠する本山東本願寺の監督がある限り、社会事業といっても植民地政策の一端を担ったことは否認できない側面があることをまず指摘しつつも、「真宗大谷派向上会館の朝鮮における本事例は、仏教的教化と社会事業遂行とが不可分である仏教団体の、近代形成途上期の行動の記録である。そこでは、植民地政策協力団体であるという自明の性格と並行して、すべてが仏教精神に基づくとする仏教団体固有の性格も失われているわけではなかったのであろう。仏教団体に固有の仏教的教化を進める意向は常に持ち続けられたであろうし、それでなくては事業の遂行も無意味であると観念されていた」と述べている。いわば、植民地朝鮮における日本仏教の福祉活動に、植民地政策への協力という側面だけでなく、日本仏教の「宗教性」そのものをもとらえようとしたものであるといえる。

しかしながら、その宗教的な特質、つまり宗教の固有性(Sui generis religion)とも関わる「固有の仏教的教化」なるものは、当時の個々人の布教使にはどのように認識されたのであろうか。彼らが認識していた「固有の仏教的教化」には、いうまでもなく近代の産物である植民地権力にともなう「暴力性」が含められていたことは否めないだろう。しかも植民地空間における「教化」であったからこそ、それはより強く表出されるものであったはずである。本書の第二章で検討する「向上会館」の事例からも理解されるように、この空間は朝鮮人と日本人・日本仏教との同化/抵抗/協力といった交錯関係の中から運営される場であり、朝鮮人にとっては近代的な主体性が徐々に確認されていく過程でもあったが、その過程の中には、「仏教団体に固有の仏教的教化」という側面よりも、植民地権力という「暴力性」がより強く内在したのはいうまでもない。植民地地域に行われる社会事業を問うことはまずこのような重層的な問題群とともに意識する必要があるだろう。

ここで、すでに取り上げてはいるが、中西直樹の植民地朝鮮における日本仏教に関する研究の意義についてもう少し紹介しておこう。(78) 中西の研究で注目すべき点は、植民地朝鮮を舞台として、日本仏教（真宗大谷派、日蓮宗）の朝鮮布教活動の背景を、まず教団内部の事情から突き止め、日本政府、朝鮮総督府、日本仏教、朝鮮仏教との交錯関係を丁寧に解明しているところである。

たとえば、日蓮宗の佐野前励による僧侶の都城出入り禁止の解禁問題は、従来、韓国近代仏教の出発点として認識されると同時に、日本帝国の侵略「尖兵」の役割としてもとらえられるなど、二つの見解が共存していた。従来の韓国での研究の流れからいうと、いうまでもなく、主に日本帝国の植民地化という後者の見方に偏ってきた傾向がある。逆に、日本での研究の流れは、前者の朝鮮の近代化という立場とともに戦争に対する罪悪感という立場をともなって、研究が行われていた。そのためか、なぜこの時期に日蓮宗は朝鮮へ渡って布教活動をしなければならなかったか、このことについては関心さえもたれなかったのである。中西によれば、当時、日清戦争前後における日蓮宗の朝鮮布教は、教団改革をめぐって中央集権化を図る側と、それに対抗する勢力との葛藤の過程の中で朝鮮布教に着手したという、教団内部の事情があったという。教団内部の勢力争いを、朝鮮という外部へ向けようとする側面は、前述した真宗大谷派においても確認することができたが、つまり、日本と韓国という一国史的な観点に絞ってしまうと、日本仏教の朝鮮布教活動の意味合いは、こうした二分化された解釈しかできなくなるのである。中西の研究は、このような従来の研究では解き明かせなかった当時の日本仏教の教団内部の事情までを視野に入れ、日本仏教、朝鮮仏教、植民地、帝国を俯瞰して論じたことに意義があるだろう。

3-2　韓国の研究動向の流れ

さて、韓国における日本仏教の朝鮮布教に関する研究は、ひとまず開港期から布教開始された日本仏教の実態、つまりその内容と性格を整理する研究から着手された。具体的には、日本仏教の浸透と布教活動がもつ目的や性格を、日本の朝鮮侵略の先発隊としての性格からとらえ、日本仏教の侵略性を強調する研究が行われた。鄭珖鎬の「明治仏教의 ナショナリズム과 韓国侵略」（『人文科学研究所論文集』第一四号、一九八八年）で日本仏教の侵略性が初めて指摘され、その後、この分野を受け継いだ崔柄憲の「日帝仏教의 浸透와 植民地仏教의 性格」（『韓国思想史学』第七号、一九九五年）、同「日帝의 侵略과 仏教」（『韓国史研究』第一一四号、二〇〇一年）、ジョン・ヨンヒの「韓末 日本仏教의 浸透過程」（『李ヒョンヒ教授華甲記念論叢』、一九九七年）、金淳碩の「開港期 日本仏教宗派들의 韓国浸透」（『韓国独立運動史研究』第一三号、一九九九年）、同『日帝時代朝鮮総督府의 仏教政策과 仏教界의 対応』（景仁文化社、二〇〇三年）、チェ・サンシクの「日本 明治年間 浄土真宗의 推移와 그 特性――韓末 仏教侵奪 背景과 関連하여」（『韓国民族文化』第一六号、二〇〇〇年）などがある。これらの研究は、日本仏教の浸透過程、概要、そしてそれによる植民地仏教の性格をより精密に分析しているが、一方で、茗禪は、「日本仏教의 布教――浄土真宗大谷派의 韓国布教를 中心으로」（『大覚思想』第六号、二〇〇三年）において、日本仏教が韓国仏教の「近代化」に影響を与えたことを指摘している。

このような日本仏教の「浸透」「伝来」については、主に開港期から一九一〇年代を中心として、真宗大谷派を対象に集中的に研究がなされてきたといえる。そして、先述の奥村円心と李東仁に焦点を当て、開化派との交流も含め、韓国における韓国仏教の親日的傾向の源泉をこの段階に探る作業も、ともに行われたのである。このような状況に対しては、日本における先行研究の限界と同様のことが指摘できるであろう。というのも、韓国の研究の多くが日本の先行研究を参考にし、そして日本側の資料に基づいた研究であったことから、日本の研究と同様の評価となったともいえよう。しかし、韓国のこうした研究動向の重点は、〈日本仏教＝日本帝国〉という姿勢が強く、日本仏教の宗教的な性質や教団内部の事情に焦点を当てるというより、日本帝国という立場から読み取れる日本仏教の「侵略性」を探る作業が中心となっていたのである。なお、このような日本仏教の姿勢に同調する朝鮮仏教を「親日仏教」ととらえる見方、しかも一九六〇年代以降には「倭色仏教」とする見解もみられるようになったが、これらはいまだに使われている。

一方、日本仏教の活動を植民地朝鮮における朝鮮仏教との関連性と結びつけて論じると、次のことがいえよう[79]。上記の朝鮮仏教の「親日」的な行為に反して、ナショナリズムに立脚した「抗日」的な面を強調する研究も登場したが、朝鮮仏教を「親日仏教」として断定するよりも、多様な観点から読み取る必要性が生じるようになり、そこで朝鮮仏教の自主的・主体的な側面が強調され、日本に抵抗する「民族仏教」としての朝鮮仏教の姿が描かれるようになった。これに関して代表的に挙げられているのが、三・一運動で広く名の知られるようになった韓龍雲という人物である[80]。

さらに、このような研究の流れに日本仏教の近代的な要素が加味され、そこから「民族仏教」の意味合いを導き出そうとする新しい解釈が試みられた。たとえば、前述した「僧侶都城出入り禁止令」の解除は、たしかに日本仏教の影響が目立つ大事件であったが、この事件は、日蓮宗の僧侶による朝鮮仏教界の親日的な行為の結果である反面、その一方では、開化派の朝鮮仏教の近代化を目指した努力による、韓国政府の自主的な解除でもあった。朝鮮仏教に対する解釈は、〈親日―抗日〉の構図の狭間に日本仏教の近代的な側面が差し挟まれることによって、近代的な色彩を有する「民族仏教」として再解釈されたのである[81]。

このように矛盾した朝鮮の仏教の現実を理解するための方法として提示されたのが、後述する「仏教近代化論」である。つまり、朝鮮仏教界が有していた二重的な態度のその背景には、伝統と近代の衝突という側面が潜んでいたという説である。

従来、近代朝鮮仏教を理解する韓国の研究者の認識の土台にはいつも民族主義が軸をなしていたため、朝鮮仏教を〈親日―抗日〉の言説のみでしか判断し得なかった。しかし、近年に入ってからは、〈親日―抗日〉の間に日本仏教の「近代的」な物差しを入れることで、朝鮮仏教の歴史的な再評価とともに、日本仏教についても再評価がなされるようになった。つまり、朝鮮仏教の活動には、抗日的な行為であっても「ナショナリズム」の創出という近代性が内包されており、親日的な行為であっても「近代仏教」への営みが含まれている。このように、重ね合わせられた近代化への動きが、みてとれるのである。もはや朝鮮仏教を、〈親日―抗日〉で線引きするように読み取ることが難しい状態となっていたのである。それゆえ、韓国の研究者は苦悶しながら、近代朝鮮仏教の多様性やジレンマに関わる研究を展開していくようになっていったといえる。

近代の朝鮮仏教史に関して数多くの業績を残している金光植は、朝鮮仏教について、「仏教近代化論」「韓国伝統仏教の保護」「韓国仏教大衆化論」の三つの特質から取り上げ、これらを「民族仏教論」というカテゴリーに組み入れている。彼は、朝鮮仏教を親日仏教という視点により固定化させた場合、教団を維持し教勢を広げようとした事実と努力が見落とされる可能性があると指摘し、これまでのような親日仏教というネガティブな見方をとっては、近代化を目指すすべての行為が無視されてしまうと論じている。このように、近代的な行為を認めた上で日本仏教、朝鮮仏教を再考すべきであると強調するのが、いわゆる「仏教近代化論」である。さらに、朝鮮総督府の宗教政策や日本仏教の流入による朝鮮仏教の伝統の歪曲、変質を防ぐため、朝鮮仏教自らが宗団設立の動きをみせたが、これがいわゆる「韓国伝統仏教の保護論」である。また、「韓国仏教大衆化論」としては、朝鮮仏教が山中仏教から都会仏教へと転換しようとした試みや、より多くの民衆に仏教を広げようとした動き、つまり仏教改革、学校の設立、雑誌発刊などがあるが、それらを朝鮮仏教の大衆化を目指したものであると論じている。(82) そして、このような韓国仏教の大衆化あるいは近代化を進めるためには、日本仏教の模倣・影響、日本帝国の介入はやむを得ないものであったと金は指摘しながら、こうした朝鮮仏教の動きの中で、根深く支えられていたのが「民族仏教」であったと強調している。「民族仏教論」について、金はこう語っている。

> 民族仏教論は仏教の普遍性（教理、思想）を有し、近代仏教に与えられた歴史的な使命（民族運動、独立運動）を体現し、韓国仏教の伝統を継承しようとする論理、苦悩である。したがって民族仏教論は仏教の教理および思想から決して離脱せず、大乗仏教の近代的な変容を実践し、韓国仏教の歴史と伝統を継ごうとする近代仏教徒のアイデンティティの再整備の産物であるのだ。(83)

つまり、伝統仏教を擁護することと、近代化を目指すことは相反するものではない。民族仏教の概念を、朝鮮仏教の固有性とアイデンティティを擁護しようとする朝鮮仏教界の自覚と努力であると規定するなら、「仏教近代化論」も仏教の近代的発展を目指したのであるため、その中心には「民族」が置かれているのである。(84) これは、前述したように抗日的な行為であっても、自主的、つまり近代的な行為が内包されていることを意味しているのである。

一方、趙誠澤は「近代韓国仏教史の記述の問題」という論文において、近代朝鮮仏教史の「民族主義的な歴史記述」に対して批判を加えつつ、近代仏教史の記述にはもはや新しいナラティブが必要であると力説している。彼は

〈親日―抗日〉という二分法的な接近の仕方の限界や現在中心主義的な歴史記述といった誤謬を犯さないため、新しいナラティブを提示しているが、それが「ジレンマ論」である(85)。

趙の論じる「ジレンマ論」の軸というのは、「近代的な有用性の確保」と「韓国仏教のアイデンティティの確保」である(86)。近代の後発走者であった朝鮮仏教の立場からは、キリスト教と日本仏教は文明開化（教育、病院、社会福祉活動など）を導く競争や克服の対象であったが、同時に、宗教の社会的な有用性という側面からみれば、一種の先進的なモデルでもあった。しかし、こうした過程の中で不可避に出会うもう一つの課題があった。それは日本仏教と区別されるべきである朝鮮仏教のアイデンティティを守ることである。廃仏毀釈の下、すばやく近代天皇制を根幹とする日本国家に同調する日本仏教の姿や、そして何よりも、一九一九年の三・一運動を通じて露わとなった支配者と被支配者との間の葛藤という経験により、もはや日本仏教を先進的なモデルとしてのみ受け入れることができないことを意識しはじめたのである。かくして、朝鮮仏教界は、自分のアイデンティティを日本仏教から守ることも重要であるということを認識したというのである(87)。

つまるところ、朝鮮仏教の近代化と日本仏教を切り離すことも、また民族主義と近代化を結びつけることも容易ではなかった。というのも、いうまでもなく、朝鮮仏教にとって近代化を実践する行為とは、すなわち日本仏教を介したものであったためである(88)。このように、朝鮮仏教の二つの課題、つまり「近代的な有用性の確保」と「アイデンティティの確保」は、両立できない相互矛盾的・相互排他的な状況に置かれたのである。そして、趙が、近代朝鮮仏教を素描する新たなナラティブとして「ジレンマ論」を提案しつつ述べているように、朝鮮仏教は、多様な近代的な性質が重ね合わされた形で表出されながら、近代仏教として展開していったのである。

以上、日韓の研究動向を概観してみたが、ここで推察できるのは、両国の研究的流れが〈日本仏教＝日本帝国〉という断片的な見方から離れ、「近代」という歴史性を考慮した近代宗教としての朝鮮仏教、日本仏教を語りはじめたということである。換言すれば、植民地朝鮮における日本仏教の活動には、日本帝国の「先発隊」という一方的な観点ではすべてを描き出し得なかった多様な近代的な要素が存在したということであり、近代史を研究する韓国の研究者は、ようやく、朝鮮仏教を〈親日―抗日〉の構図のみで論じるのではなく、近代仏教としての日本仏教、その日本仏教が朝鮮仏教に与えた影響に注目しはじめるようになったのである。

3-3　植民地朝鮮の社会事業に関する先行研究

最後になるが、植民地朝鮮における日本仏教の社会事業に関する先行研究について論じてみる。残念ながら、日本仏教の社会事業のみに焦点を当てている研究はほぼ皆無といってもいいだろう。そのような中で、植民地朝鮮における社会事業に関する研究のその発端となったのは、慎英弘の『近代朝鮮社会事業史研究――京城における方面委員制度の歴史的展開』（緑陰書房、一九八四年）である。慎は、方面委員制度を総督府政策のモデルとして分析しながら、同制度が植民地朝鮮社会に及ぼした統制的機能に着目し、「アメの政策」によって隠蔽されていた植民地社会事業政策の本質を究明しようとした。同書はとくに韓国の社会福祉研究に大きな刺激を与え、植民地研究上不可欠な文献となった。

慎に次ぐ研究として、遠藤興一の「植民地期の朝鮮社会事業」（『明治学院論叢　社会学・社会福祉学研究』八二・八九・九三・九四・九五号、一九八九・一九九二・一九九四年）が挙げられる。そして一九九六年、尹晸郁の『植民地朝鮮における社会事業政策』（大阪経済法科大学出版部、一九九六年）、永岡正己「植民地社会事業史の研究の意義と課題」（『戦前・戦中期アジア研究資料1　植民地社会事業関係資料集　朝鮮編　別冊【解説】』近現代資料刊行会、一九九九年）、朴貞蘭『韓国社会事業史――成立と発展』（ミネルヴァ書房、二〇〇七年）、大友昌子『帝国日本の植民地社会事業政策研究――台湾・朝鮮』（ミネルヴァ書房、二〇〇七年）が挙げられる。

とくに大友は、日本の社会事業の「近代化」に対して、同じ帝国日本の一部であった占領地・植民地（台湾・朝鮮）の社会事業が「抑圧された近代化」であったと指摘し、台湾・朝鮮における社会事業設立動向の計量的な比較分析を行っている。これらの研究は宗教活動に注目したというよりも、政策そのものに焦点を当てて考察を行っている。

このような状況の中で、日本仏教の社会事業を主な研究対象としているとはいえないものの、幾分かの考察を加えている研究があるため、ここで紹介することとするが、その中ではおそらく、先ほど取り上げた尹晸郁『植民地朝鮮における社会事業政策』（前掲）が先駆的研究であろう。同志社大学の博士学位論文をまとめた同書は、植民地朝鮮における社会事業政策および活動の形成と発達について、植民地政策という観点から分析を行っているが、中でも日本仏教による社会事業活動として、真宗大谷派、浄土宗の活動を「第四章　日本仏教の朝鮮進出と社会事業活動」で取り上げている。

そこでは、日本仏教の朝鮮における布教活動・教育事業に対する記述とともに、とくに真宗大谷派による「向上会館と社会事業活動」に一節が割かれており、その活動の性格を、「植民地統治策を基にする教化事業（皇民化政策）と、仏教を基にする教化事業（慈善事業）に両分化[89]」していたという観点からとらえている。そして、小結として、「真宗大谷派の社会事業は、朝鮮人民を日本人化＝皇民化しようとする日本帝国主義権力の要求を直接遂行する最先端の行動に変質していたと言える。すなわち、日本帝国政府の植民地政策の一環として行われた教化事業の積極的適任者であったことを意味する」[90]と述べている。最後に、同書のまとめの部分では、「向上会館」「和光教園」といった日本仏教の社会事業は、「仏法の真の意味での「慈善思想」に基づく貧民救済的観点と、統治手段の一貫として「支配秩序安定」を求める日本帝国政府のことなる趣旨の合成」[91]によるものであることを指摘しているが、一方で、「何れの場合においても朝鮮総督府の絶対的援助によるものであることや植民地下という特殊な状況であったため、社会事業活動として見るとき内面的な限界を克服することはできなかった」[92]と結論付けている。

また、朴貞蘭は『韓国社会事業史――成立と発展』(前掲)で、韓国社会事業の成立を植民地期に見出し、植民地朝鮮における韓国社会事業史を論じているが、同書もやはり、一九九七年に日本女子大学に提出した博士学位論文を著書にしたものである。同書では、各隣保館の実践活動と特徴の中で「和光教園」がその対象として少し取り上げられているが、その経営目的を、「和光教園の事業理念について仏教を建前にして天皇制家族主義を同化策の一つの手段として位置づけ」ている[93]。

尹と朴の研究は、いずれにせよ、植民地朝鮮における「社会事業政策」という観点から日本仏教の社会事業をとらえたものであるため、いうまでもなく日本仏教そのものに重点を置いた研究ではない。日本仏教による社会事業にもかかわらず、「日本仏教」そのものに注目できなかったことは、日本仏教の社会事業について詳細な検討が行われたとはいいがたい。日本仏教の社会事業をめぐる多様な様相に注目し、そこからみえてくる近代的な事象への考察がともに行われなければならないだろう。さらに、「社会」という言葉が含まれるゆえに、支配―被支配の中から創出される「公共性」の問題もともに考える必要があるだろう。日本仏教の社会事業の近代性をとらえることは、日本仏教のみならず、日本、朝鮮の近代化過程にも接近することのできる有効な材料となりうるのである。とはいえ、植民地朝鮮における日本仏教の社会事業は、朝鮮総督府による社会事業とともに相当に重要な役割を果たしたものであったことは、これらの研究からも理解できよう。

註

（1）「天皇陛下「深い反省」終戦七〇年、遺族ら六五〇〇人が参列」（『日本経済新聞』二〇一五年八月一五日付、二〇一六年二月一日閲覧〈http://www.nikkei.com〉）。

（2）「日本政府 慰安婦 被害者 問題 合同하게 解決하라 朴大統領 光復七〇周年 慶祝辞」（『全北日報』二〇一五年八月一五日付、二〇一六年二月二日閲覧〈http://www.jjan.kr〉）。

（3）〈親日―抗日〉の対立構図についての本格的な研究は、いまだ行われていないといえよう。終戦後、韓国の李承晩大統領は、反日政策の一環として「倭色」追放を主なスローガンとして掲げていた。たとえば、この時期の宗教界の政策としては倭色仏教の追放政策であった「仏教浄化運動」が挙げられるが、このような反日政策は、一九六五年に「日韓国境正常化」が実施された朴正熙大統領、一九九二年金泳三大統領のときまで引き続き行われていた。こうした政治的なメカニズムの下では「親日」「抗日」に関する本格的な議論はできず、近現代史の歴史は単純に国家の意向に沿った偏った研究が行われた。つまり「親日」は批判すべきもの、「抗日」は功績として認めるものという、どちらかを選択しなければならない仕組みの中で研究が行われてきたのである。しかし二〇〇〇年以降からは、「親日」「抗日」に関する二分法で語りきれない多様な現象に注目し、その境界を超えるような研究が行われるようになった。にもかかわらず、「親日」「抗日」「反日」の概念をめぐる言説については、まだ本格的な研究が行われていないというのが、韓国の学界の現状である。

（4）金哲（著）、田島哲夫（訳）『抵抗と絶望――植民地朝鮮の記憶を問う』（大月書店、二〇一五年）、二一頁。

（5）磯前順一は、名著『近代日本の宗教言説とその系譜――宗教・国家・神道』（岩波書店、二〇〇三年、二〇一六年同出版社により再刊行）以降、その「宗教概念論」を超える次の作業ともいえる『宗教概念あるいは宗教学の死』（東京大学出版会、二〇一二年）を、二〇一二年に研究成果として発表している。ここでは、宗教概念が日本に受容されることで、その宗教として認識された領域が変容していった過程について考察されており、その過程で日本人の主体がいかに形成されたかが解明されている。なお、最近の著作である『死者のざわめき――被災地信仰

論』（河出書房新社、二〇一五年、韓国語版張ユンソン訳『죽은자들의 웅성임』〈グルハンアリ、二〇一六年〉）においては、ある意味で植民地と同質の問題をかかえ被災地の信仰をめぐる日本人の主体形成の問題について、考察がなされている。本書で考察する植民地空間における主体形成の問題も、磯前と同じ見解をもって見通しているが、ここでは日本人と韓国人の主体形成問題を、同時にとらえておきたいと思う。

（6）金哲「抵抗과 絶望」（『韓日歴史認識論争의 メタヒストリー』〈プリワイパリ、二〇〇八年〉）、五七頁。

（7）これは、後述する青野正明の「帝国神道」（『帝国神道の形成——植民地朝鮮と国家神道の論理』〈岩波書店、二〇一五年〉）を意識して用いた語である。つまり、日本国内の仏教が植民地という空間を媒介しながら、いかなる暴力性を含意する「近代仏教」へと変容していったのか、いわゆる「帝国仏教」としての実体がある程度確認できると考えている。

（8）磯前順一・尹海東編著『植民地朝鮮と宗教——帝国史・国家神道・固有信仰』（三元社、二〇一三年）、九～一〇頁。

（9）金泰勲「一九一〇年前後における「宗教」概念の行方——帝国史の観点から」（註（8）磯前・尹前掲編著『植民地朝鮮と宗教』）、三三頁。

（10）これらの議論については、第三章の第二節を参照すること。

（11）日本の支配を通して近代化されたという従来の「植民地近代化論」とは異なって、ここでいう植民地朝鮮の「近代化」は、自主的な近代（内在的発展論）と植民地的な近代（植民地近代化論）を分離・対立させず、それがお互い絡みあう形で展開したとみる観点である。たとえば尹海東は、一九一九年三月一日の朝鮮人の独立運動を「大衆」の登場とみなしている。つまり、日本の朝鮮支配がなければ、近代的な主体形成としての「大衆」は表出されなかったという「植民地化」と「近代化」の不可分性について指摘している。尹海東「植民地近代と大衆社会の登場」（宮嶋博史・李成市・尹海東・林志弦編『植民地近代の視座——朝鮮と日本』〈岩波書店、二〇〇四年〉）。

（12）韓国において植民地朝鮮史研究は、二〇〇〇年代に入ってから活発な議論がなされはじめた。孔提郁『植民地의 日常、支配와 亀裂』（文化科学社、二〇〇六年）、林志弦『우리안의 파시즘（われわれのなかのファシズム）』（サムイン、二〇〇〇年）、延世大学校国学研究院編『日帝의 植民地支配와 日常生活』（ヘアン、二〇〇四年）、Gi-Wook Shin and Michael Robinson (eds) *Colonial Modernity in Korea*, Harvard University Press, 1999（[韓国語

版〕都冕會訳『韓国의 植民地近代性』〈サムイン、二〇〇六年〉)、尹海東・チョン・ジョンハン編『近代를 다시 읽는다(近代を再度読み直す)一、二』(歴史批評社、二〇〇六年)などが挙げられる。ほかに、並木真人「植民地期朝鮮政治・社会史研究に関する試論」(『朝鮮文化研究』第六号、一九九九年)、松本武祝「植民地的近代」をめぐる近年の朝鮮史研究」(註(11)宮嶋ほか編前掲書『植民地近代の視座』)、尹海東『植民地의 灰色地帯』(歴史批評社、二〇〇三年)、同『植民地近代의 패러독스(パラドックス)』(ヒューマニスト、二〇〇七年)、同『脱植民地主義想像의 歴史学으로』(プルンヨクサ、二〇一四年)、尹海東ほか『宗教와 植民地近代』(チェクガハムケ、二〇一三年)などを参照。

(13) 日本本国における浄土宗の社会事業については、本書第一章の第三節で触れる。

(14) オリオン・クラウタウ『近代日本思想としての仏教史学』(法藏館、二〇一二年)、一七〜二一頁。

(15) 磯前順一『近代日本の宗教言説とその系譜——宗教・国家・神道』(岩波書店、二〇〇三年)、一〇頁の内容を参照。

(16) 磯前順一「多重化する〈近代仏教〉——固有名のもとに」(『宗教概念あるいは宗教学の死』〈東京大学出版会、二〇一二年〉)、一三八〜一三九頁。

(17) 三枝充悳『仏教入門』(岩波書店、一九九〇年)、一頁。

(18) ここでいわれている「仏法」とは、「仏・菩薩、教義、修行、祈禱、儀礼、僧侶、寺院など、仏教に関するすべてを包み込むことばとして、広く用いられた」言葉である。大隅和雄『愚管抄を読む——中世日本の歴史観』(平凡社、一九八六年、後、講談社学術文庫に収録、一九九九年)、一四九頁参照。

(19) 島薗進「近代日本における「宗教」概念の受容」(島薗進・鶴岡賀雄編『〈宗教〉再考』〈ぺりかん社、二〇〇四年〉)、一九三頁。仏法・仏道から仏教という概念へと展開していく過程に、「宗教」のみならず、「教」という概念が介在していたことについては、谷川穣『明治前期の教育・教化・仏教』(思文閣出版、二〇〇八年)。

(20) 林淳「近代仏教と国家神道——研究史の素描と問題点の整理」(『禅研究所紀要』第三四号、二〇〇五年)、八七頁。

(21) 木場明志「近代仏教研究を問う——共通研究基盤の構築のために」(『近代仏教』第五号、一九九八年)、一八頁。

(22) この著作は四部構成〈第一部:近代仏教の語り方、第二部:近代仏教のトランスナショナル・ヒストリー、第三部・アジアにおける近代仏教の展開、第四部・伝統と近代〉となっているが、ここからも窺えるように、日本の近代仏教を論じることは、日本国内に限定しうるものでなく、近代期の日本仏教の行跡が確認できる西洋・非西洋の時空間を横断・超越する視座がもはや自明であるといえる。このように、東西を問わず日本仏教の近代を追究している本書は、従来の研究を批判的に引き受けつつ新たな観点を提供したことに意義があると思われる。

(23) 末木文美士・林淳・吉永進一・大谷栄一編『ブッダの変貌――交錯する近代仏教』(法藏館、二〇一四年)、i頁。

(24) 註(23)末木ほか編前掲書『ブッダの変貌』、四一〇頁(「あとがき」)。

(25) プロテスタンティズムを中心とする近代の西洋社会では明確な教義の形をとるビリーフが重視される一方で、非言語的な儀礼行為を主とするプラクティスはそれに従う副次的なものとみなされる。同様の眼差しは、非西洋社会の宗教現象を理解する際にも向けられ、イスラム教や仏教以外の、明確な教義体系をもたない諸宗教は、それがゆえに劣等な宗教とみなされたのである。そして、その眼差しを向けられた側も、また自らの宗教を劣等なものとみなし、西洋的な教義体系をそなえるものへと自らを改変させていったということも珍しくない。ここには、ビリーフとプラクティスの格差を梃子とする文化的ヘゲモニーの確立過程をみてとることができるであろう。註(15)磯前前掲書『近代日本の宗教言説とその系譜』、一二一～一二三頁。

(26) 本書は『吉田久一著作集4　日本近代仏教史研究』(川島書店、一九九二年)に再版されている。

(27) 本書は『吉田久一著作集5　改訂増補版　日本近代仏教社会史研究』上、『吉田久一著作集6　改訂増補版　日本近代仏教社会史研究』下(いずれも川島書店、一九九一年)に再版されている。

(28) 吉田久一「第二編　近代仏教の形成」(法藏館編集部編『講座近代仏教』第一巻・概説編、法藏館、一九六三年)、六三頁。

(29) 註(26)吉田前掲書『日本近代仏教史研究』、三二五頁。

(30) 周知の通り、清沢満之に関する先行研究は真宗関係者を中心に多大な蓄積があり、福島栄寿『思想史としての「精神主義」』(法藏館、二〇〇三年)、今村仁司『清沢満之の思想』(人文書院、二〇〇三年)、同『清沢満之と哲学』(岩波書店、二〇〇四年)や、後述の末木文美士『明治思想家論――近代日本の思想・再考Ⅰ』(第五章、トランスビュー、二〇〇四年)など、宗門外の研究者による成果も発表されている。このうち、福島は、「方法としての思想史」という立場からのアプローチによって、新たな「「精神主義」の諸側面」を提示するなど、清沢満之研究や「精神主義」研究に新しい局面を開いている。

(31) 大谷栄一「近代日本の「政治と仏教」のクロスロード」(『南山宗教文化研究所報』第一六号、二〇〇六年)、三六頁。

(32) 池田英俊『明治仏教教会・結社史の研究』(刀水書房、一九九四年)。

(33) 「宗教」と「公共性」に関する最新の議論については、以下の文献が参考になる。島薗進・磯前順一『宗教と公共空間――見直される宗教の役割』(東京大学出版会、二〇一四年)、磯前順一・川村覚文編『他者論的転回――宗教と公共空間』(ナカニシヤ出版、二〇一六年)。

(34) 羽賀は、教部省から内務省社寺局時代についての研究範囲を、明治五～一七年の教導職体制を中心に置いている。羽賀祥二『明治維新と宗教』(筑摩書房、一九九四年)第五章「教導職制と政教関係」参照。

(35) これについては、『ブッダの変貌』(註(23)末木ほか編前掲書)において末木文美士が考察している総論「伝統と近代」(三二一～三四五頁)を大いに参考にしている。

(36) Donald Lopez, *Modern Buddhism: Readings for the Unenlightened*, Penguin Books, 2002.

(37) 註(35)末木前掲論文「伝統と近代」、三三二～三三三頁より再引用。

(38) David McMahan, *The Making of Buddhist Modernism*, Oxford University Press, 2002.

(39) デヴィッド・マクマハン「仏教モダニズム」(註(23)末木ほか編前掲書『ブッダの変貌』)、三八七頁。

(40) 註(35)末木前掲論文「伝統と近代」、三三三頁。

(41) ジェームス・E・ケテラー(著)、岡田正彦(訳)『邪教/殉教の明治――廃仏毀釈と近代仏教』(ぺりかん社、二〇〇六年〈原著は James E. Ketelaar, *Of Heretics and Martyrs in Meiji Japan: Buddhism and Persecution*. Princeton: Princeton University Press, 1990〉)。

(42) 註(41)ケテラー前掲書『邪教/殉教の明治』、一七頁。

(43) 註(41)ケテラー前掲書『邪教/殉教の明治』、三九頁。

(44) 註(41)ケテラー前掲書『邪教/殉教の明治』、一八頁。

(45) 註(41)ケテラー前掲書『邪教/殉教の明治』、三〇五頁。

(46) 大谷栄一・林淳「〈新刊紹介〉末木文美士著『明治思想家論――近代日本の思想・再考Ⅰ』『近代日本と仏教――

近代日本の思想・再考Ⅱ』」（『近代仏教』第一二号、二〇〇六年）、七五頁。
(47) 末木文美士『近代日本と仏教――近代日本の思想・再考Ⅱ』（トランスビュー、二〇〇四年）、七頁。
(48) 註(47)末木前掲書『近代日本と仏教』、一一頁。
(49) 註(47)末木前掲書『近代日本と仏教』、一二頁。
(50) 註(47)末木前掲書『近代日本と仏教』、一二頁。
(51) 註(47)末木前掲書『近代日本と仏教』、二四五頁。
(52) 大谷栄一『近代仏教という視座――戦争・アジア・社会主義』（ぺりかん社、二〇一二年）、二〇頁。
(53) 註(52)大谷前掲書『近代仏教という視座』、三三頁。
(54) 註(52)大谷前掲書『近代仏教という視座』、三四頁。
(55) 註(52)大谷前掲書『近代仏教という視座』、三六頁。
(56) 「仏教」がヨーロッパ人の発見によって「世界宗教」のカテゴリーに編成される過程については、増澤知子（著）、秋山淑子・中村圭志（訳）『世界宗教の発明――ヨーロッパ普遍主義と多元主義の言説』（みすず書房、二〇一五年）が参考となる。
(57) 註(15)磯前前掲書『近代日本の宗教言説とその系譜』、三九頁。
(58) 註(14)クラウタウ前掲書『近代日本思想としての仏教史学』、二七頁。
(59) 「散種」については、以下を参照すること。ホミ・K・バーバ（著）、磯前順一・ダニエル・ガリモア（訳）「散種するネイション――時間、ナラティヴ、そして近代ネイションの余白」（『ナラティヴの権利――戸惑いの生へ向けて』（みすず書房、二〇〇九年））、ジャック・デリダ（著）、藤本一勇・立花史・郷原佳以（訳）『散種』（法政大学出版局、二〇一三年）。
(60) 金泰勲「「朝鮮仏教」の成立――「帝国仏教」論の射程」（註(23)末木ほか編前掲書『ブッダの変貌』）、三一二～三一四頁。
(61) 註(60)金前掲論文「「朝鮮仏教」の成立」、三〇一～三〇二頁。
(62) 佐藤の研究は「近代仏教史」という観点からなされたものではないために、その後の研究においてあまり引用されておらず、同時にその研究視点も踏襲されなかった。藤井健志「戦前における仏教の東アジア布教――研究史の

再検討」（『近代仏教』第六号、一九九九年）、一〇頁。

(63) 藤井は、柏原祐泉編集『真宗史料集成』第一一巻に収録されている岡崎正鈍「支那在勤穣志」、奥村円心「朝鮮国布教日誌」、同「千島国布教日誌」の編集作業との関係から、日本仏教の海外布教に関する研究についての基本的視点の提示が可能であったと述べている。註(62)藤井前掲論文「戦前における仏教の東アジア布教」、二三頁（註一〇参照）。

(64) 木場明志「近代における日本仏教のアジア伝道」（『日本の仏教2　アジアの中の日本仏教』〈法藏館、一九九五年〉）、二二四頁。

(65) 木場明志「東アジア近代化と仏教（試論）」（『日本近代仏教史研究』第三号、一九九六年）、三五頁。

(66) アジア主義とは、アジアを「同一視し見直すこと」の試みとして、一八八〇年代半ば以後に主張されたものである。日本を西洋と東洋との差異性／同一性によって位置付ける「脱亜論」「興亜論」といった言説が、福沢諭吉や岡倉天心をはじめとする論者によって論じられた（ピーター・ドウス「想像の帝国――東アジアにおける日本」〈ピーター・ドウス・小林英夫編『帝国という幻想――「大東亜共栄圏」の思想と現実』［青木書店、一九九八年］、二二五頁〉）。アジア主義を問う研究としては、米谷匡史の『アジア／日本』（岩波書店、二〇〇六年）が示唆的である。米谷の一貫した問題意識は、「アジア／日本の近代経験、その絡まりあう関係を問いなおす」ことであり、特に「アジア連帯論にはらまれた連帯／侵略の両義性」について批判的に再考がなされている。なお、「アジア主義」に関しては、最近の研究である中島岳志『アジア主義――その先の近代へ』（潮出版社、二〇一四年）も参考になる。本書では、アジア主義の起源を西郷隆盛にまで遡り、近代国家として出発しようとした日本にとってアジア諸国といかなる関係を築くかが国家的な課題であったことを指摘している。

(67) 本発表は、川瀬貴也「植民地朝鮮における日本仏教と宗教政策――浄土真宗を中心に」（『國學院大學日本文化研究所紀要』第八九輯、二〇〇二年）をもとにしたもので、同「植民地期朝鮮における宗教をめぐる「眼差し」――宗教政策・植民地布教・学知」（東京大学大学院人文社会系研究科博士学位論文、二〇〇五年）も同論文をもとに執筆されている。なお、この学位論文は、『植民地朝鮮の宗教と学知――帝国日本の眼差しの構築（越境する近代）』（青弓社、二〇〇九年）として出版されている。

(68) 「それぞれ個性を持った「思想」に傾向性として付着するものであるから、独立して存在するものではないが、しかし、どんなに割引しても、アジア諸国の連帯（侵略を手段とするか否かとを問わず）の指向を内包している点だけには共通性を認めないわけにはいかない」（竹内好「解説　アジア主義の展望」〈竹内好編『現代日本思想大系9　アジア主義』［筑摩書房、一九六三年］〉、一四頁）。

(69)　川瀬貴也・辻村志のぶ・大谷栄一・大澤広嗣パネル要旨「近代日本仏教とアジア主義」（ＩＡＨＲ、二〇〇五年、東京）、三三頁。

(70)　註(52)大谷前掲書『近代仏教という視座』。そこでの「アジアの共同体」とは、日本の国体神話に基づいて展開されたものであり、これは、日本が施策として採用していた大陸進出政策と同様の背景をもつものであったと著者は指摘している。本書では、布教者個人の仏教的な意味世界において、日本の大陸進出がいかにして補完されていたのかが、実証的かつ具体的に論じられている。

(71)　ここでいう宗教とは、学者により様々な定義が行われている宗教ではなく、一般の人々が想定する宗教を意味する。いうなれば、人間の力や自然の力を超えた存在を特定の神とみなす、その神を信じる行為である。こうした宗教に基づく「普遍的なもの」というのは、多くの人が正しいと思う、志向すべき理念のことであり、たとえば「博愛」「慈悲」「平和」といったものを指す。無論、こうした普遍的なものといわれるものこそ、暴力性が内在されていることに注意を払う必要があるが、これに関しては磯前順一『閾の思考——他者・外部性・故郷』（法政大学出版局、二〇一三年）を参照。

(72)　中西直樹『植民地朝鮮と日本仏教』（三人社、二〇一三年）、五五頁。

(73)　註(62)藤井前掲論文「戦前における仏教の東アジア布教」、一〇頁。

(74)　註(67)川瀬前掲論文「植民地期朝鮮における宗教をめぐる「眼差し」」は、浄土真宗の一八七七年布教開始から一九三〇年代後半までを時期的範囲としている。なお、中西の前掲書『植民地朝鮮と日本仏教』においてもその範囲は川瀬の場合とほぼ同じである。

(75)　註(67)川瀬前掲論文「植民地期朝鮮における宗教をめぐる「眼差し」」、三八頁。

(76)　註(67)川瀬前掲論文「植民地期朝鮮における宗教をめぐる「眼差し」」、三八頁。

(77)　小島勝・木場明志編『アジアの開教と教育』（法藏館、一九九二年）、一頁。

(78)　これに関する内容の要約は、中西の前掲書『植民地朝鮮と日本仏教』の書評を行った金泰勲の論稿（金泰勲「書

評と紹介　中西直樹著『植民地朝鮮と日本仏教』」〈『宗教研究』第三八一号、二〇一四年、二五七～二六二頁〉）を参考にしている。

(79)〈親日―抗日〉をめぐる近代朝鮮仏教の最近の議論については、拙稿「近代朝鮮仏教の〈抗日―親日〉言説と「日本仏教」――従来の韓国の研究動向を踏まえて」（『近代仏教』第二一号、二〇一四年）を参照。

(80) 韓龍雲については、金光植『萬海 韓龍雲研究』（東国大学校出版部、二〇一一年）が詳しい。

(81) 金光植「宣言書와 民族仏教論」（『民族仏教の理想과 現実』〈ドピアン、二〇〇七年〉）参照。

(82) 註(81)金前掲書『民族仏教の理想과 現実』を参照。

(83) 註(81)金前掲書『民族仏教の理想과 現実』、八三頁。

(84) ハン・サンギル「韓国 近代仏教 研究와「民族仏教」의 模索――最近（二〇〇五―二〇〇九）의 研究動向을 中心으로」（『仏教学報』第五四号、二〇一〇年）、一四五頁。

(85) 趙誠澤「近代韓国仏教史記述의 問題：民族主義的　歴史記述에 関한 批判」（『民族文化研究』第五三号、二〇一〇年）、五九一頁。

(86) 趙は、ジレンマ論の大枠としては、日本仏教との関係設定の混乱がもたらすアイデンティティの問題、もう一つは韓国啓蒙的な民族主義の知識人の韓国仏教に対する「両価的」認識（ambivalent understanding of Korean Buddhism）からはじまったものであると指摘している。本書では日本仏教と直接の関係を有する前者に限って取り上げる。註(85)趙前掲論文「近代韓国仏教史記述의 問題：民族主義的　歴史記述에 関한 批判」、五九二頁。

(87) 註(85)趙前掲論文「近代韓国仏教史記述의 問題：民族主義的　歴史記述에 関한 批判」、五九三～五九四頁。

(88) 註(85)趙前掲論文「近代韓国仏教史記述의 問題：民族主義的　歴史記述에 関한 批判」、五九七頁。

(89) 尹晸郁『植民地朝鮮における社会事業政策』（大阪経済法科大学出版部、一九九六年）、一六一頁。

(90) 註(89)尹前掲書『植民地朝鮮における社会事業政策』、一六四頁。

(91) 註(89)尹前掲書『植民地朝鮮における社会事業政策』、一七四頁。

(92) 註(89)尹前掲書『植民地朝鮮における社会事業政策』、一七四頁。

(93) 朴貞蘭『韓国社会事業史――成立と発展』（ミネルヴァ書房、二〇〇七年）、一三四頁。

第一章

日本仏教の社会事業の展開

はじめに

前章では、日本仏教の近代化過程をめぐる言説について先行研究を中心に述べてきたが、日本仏教教団が行った「社会事業」も近代への展開過程における重要な指標として取り上げられる場合が多い。それは、「社会参加」という文脈からの日本仏教の宗教的実践として注目されているのである。しかしながら、これら宗教者が社会へ向けた行為というのは、日露戦争後期の日本が天皇を中心とする帝国主義という理念を具体化するための国家統制下で、強引に推し進められたのである。

本章では、この点も念頭に置き、日本仏教の「近代化」とともに行われた「慈善事業」「感化救済事業」がどのような過程を経て、「社会事業」として位置付けられるようになったかに注目することとする。それと同時に、本書の研究対象である真宗大谷派、浄土宗の日本本国における社会事業の組織化・社会化過程についても検討を加える。というのも、両宗派の社会事業の原点を探ることは、その後に展開される朝鮮における社会事業をとらえるにあたって、不可欠な作業であると考えるためである。なお、本章は、植民地朝鮮における日本仏教の社会事業の動向を理解するための下準備であるため、先行研究に基づいて日本国内における社会事業の状況を把握する段階にとどまることを、あらかじめお断りしておく。

第一節　「日本型社会事業」の誕生

日本仏教の社会事業に関する研究は近年に入って新しい資料集がまとめられるなど、活気をみせはじめている。その代表的な成果は、中西直樹・高石史人・菊池正治らが六年間かけて刊行した『戦前期仏教社会事業資料集成』（不二出版）である。この資料集の内容は、各宗派共同編（全二巻、二〇一一年）、浄土真宗本願寺派編（全四巻、二〇一一年）、真宗大谷派編（全二巻、二〇一二年）、浄土宗編（全二巻、二〇一二年）、諸宗派編（全二巻、二〇一二年）、別編（全一巻、二〇一三年）で、合計一三巻となっている。そしてこの資料集についての解題や論点をまとめて刊行されたのが、『戦前期仏教社会事業の研究』（不二出版、二〇一三年）である。同書の「はしがき」で中西は、この資料集を刊行した経緯を次のように述べている。

戦前期において仏教が社会事業に果たした役割は大きく、各宗派が発行した関係の刊行物も膨大な数にのぼる。しかし、それらは、宗派機関や宗門系大学の図書館等にまとまって保存されておらず、仏教教団の活動の全貌を把握することは困難な状況にある。そこで、要覧・便覧の類を中心に、各宗派が発行した刊行物のなかから主要なものを選んで復刊し、併せて戦前期における仏教教団の社会事業への取り組みの実態を明らかにしようという目的から、『戦前期仏教社会事業資料集成』を刊行することとした。(1)

たしかに、明治初年の廃仏毀釈で大きな打撃を受けた仏教各宗派は、その後もキリスト教の教勢拡大に危機感を募らせながら、教団の近代化に向けて日本国内で様々な社会事業を展開したが、さらに、海外への布教に際しても現地人を対象とした教育事業を開始するなど、日本仏教による社会事業活動は植民地地域においても活発に行われた。このような行跡があるにもかかわらず、近代期における日本仏教の社会事業に関する研究はそれほど多くないのが現状である。以下、近年の研究成果も参照しつつ、日本仏教の社会事業に関する研究動向を整理してみることとする。その前に、日本国内の日本仏教の社会事業を理解するため、近代における日本の社会事業を評価する次の文章を紹介しておこう。

社会事業とは、個人的で一時的な「慈善」や「貧民救済」が、産業社会の進展とともに積極的な貧困の予防対策へと移行することで成立する、きわめて広範囲な諸制度・実践を指している。社会事業は「救貧」から「防貧」への基本理念の転換とともに始まり、社会の分化過程で発生しつつある社会問題を防ぐためのシステムとして構想された。また、その対象範囲は「貧民」のみにとどまらず、徐々に既存の秩序に脅威を与えうる人々へと拡張していった。この意味で社会事業は、「救済」という体裁をとりながらも、その内実は国家における「良民の育成」という側面を持っている。(2)

上記の内容からわかるように近代に入って組織化される社会事業は、結局のところ、国家における「良民の育成」が目的であり、「救済」という名分でその対象範囲は「貧民」のみにとどまらず、徐々に既存の秩序に脅威を与えうる人々へと拡張していったのである。このような「日本型社会事業」の特徴は、植民地という空間へ移植されると、植民地民に対しても近代天皇制を根幹とする「良民の育成」のためとして、より強く植民地権力の「暴力性」が表出されるのであろう。

さて、日本仏教の社会事業について論じる際、まず吉田久一が積み重ねた研究を参考にしなければならないだろう。ここでは、さしあたって、吉田の社会事業論に基づき、日本仏教の社会事業について論じていきたいと思う。

吉田によれば、二〇世紀初頭（一九〇〇～一九一二年）において、「社会事業」という語句は、「慈善」「慈善事業」「感化救済」「感化救済事業」「博愛事業」「社会改良」「社会事業」等々、様々に使用されているという。しかし、時期的にみれば、慈善事業が産業革命期、感化救済事業は日本帝国主義の形成期に対応する語句であるという認識が許されるならば、多少のズレはあるにせよ、慈善事業思想は日露戦争終了期まで、感化救済事業思想は一九一六年までと時期区分が可能となる。そしてまたこの時期は、仏教慈善事業が「社会性」を獲得しはじめるとともに、「組織化」も現実味を帯びはじめた時期でもある(3)。

日本仏教が「社会性」を帯びはじめたこの時期は、精神的な信仰を中心とする布教伝道に重点を置く時代ではなく、種々の社会問題を踏まえた現実の社会に重点を置いた布教が中心となりはじめた時期であるといえよう。吉田は、この時期の日本仏教は現実の社会問題を踏まえた布教でなければ意味をもたなくなり、たとえ慈善を倫理としてとらえた場合でも、単なる個人的施与ではなく、社会倫理として考えられはじめたという(4)。つまり、時代的背景から日本仏教の社会救済への進出が要請されたのであり、教理よりも社会的実践に重きが置かれるようになったと言い換えることもできる。社会に働きかける能力によって宗教の価値が決定されることとなったのである。

とはいえ、必ずしも、日本仏教の教団内部の事情のみによる社会的実践に重点を置いたものではなかった。この時期において数多く存在する仏教社会事業関連の資料や文献の中に、仏教教団やこれに関係したもののみならず、国家官僚、一般の社会事業関係者、あるいは在野の仏教者等々の手によって論述されたものも少なくないという事実をみると(5)、日本仏教の社会事業は日本仏教教団だけの問題ではなく、国家政策との関わりについてもここで言及しなければならないだろう。

ではまず、このような社会的背景とともにその根底となった思想をひとまず踏まえておこう。産業革命期から日露戦争終了期に日本仏教の慈善事業思想に新しい気運が生まれるが、それは、明治二〇年代まで圧倒的であった儒教的人倫観に牽引された仏教慈善思想から「悉有仏性」を基本とする本来的慈悲観に立脚する慈善思想へと移り、「平等大悲」や「利他」を再確認しようとするものであった。個人的な自己完結の形で存在していた仏教的慈善が、社会問題の形成という新たな状勢に応じて、「利他観」や「同朋観」を強調しはじめたのである。

無論、社会科学的認識の浅かった仏教には、産業資本あるいは独占資本対仏教慈悲観という問題提起は弱かったといえよう。しかし、これまでのような慈善者個々人の主体的動機に立脚していた仏教的慈善が、「衆生恩」や「還相回向」その他の仏教教説を動員しながら、拡大する救済対象に対し仏教慈悲観を展開しはじめたことは注目される。これは、いわゆる「小自己」に偏りがちであった慈悲観を否定して、「大自己」=「社会への慈悲観」を設定することによって、利他的慈善を提示しようとする姿勢でもあったと評価できよう。(6) そして、産業革命期の慈善事業思想の主流がプロテスタンティズムであったことを鑑みれば、仏教慈善事業の「慈悲観」とキリスト教の「アガペー」とが教義を異にする以上、仏教独自の立場から発言すべき何かが必要であったと考えられよう。(7)

ところが、こうしてはじまった日本仏教の慈善事業の社会への参与は、一方ではかつてのような内面的自己改革を欠き、他方、資本主義社会への理解が不十分なうちに独占資本の形成という社会の現実に直面したため、その主体性を欠いたまま国家や社会と妥協し、宗教本来の立場を失って権力機構の一翼となったり、あるいはキリスト教的慈善事業に感情的反発を示す場合が多かったことも指摘されている。(8)

そして、明治後期、とりわけ日露戦争の後の日本は、国家経営の基軸を「内は皇室中心主義を奉じ、外は帝国主義を実行する」として、この理念を具体化する諸方策を国家統制の下で強引に推し進めていた時期であった。ここで注目されたのが宗教であり、社会主義思想や自然主義思想への防波堤としての期待をもたれたのである。政府は仏教のみならず神道やキリスト教を含むすべての宗教界への働きかけを積極的に行い、国策への協力を要請した。その後、日本政府は、一九〇八年一〇月に戊申詔書を発して、これを国民教化のよりどころとした。翌年、政府が同詔書に基づき展開したのが地方改良運動であり、これの目的は、自治体の財政整備、経済殖産、訓育風化、勤倹貯蓄にあった。ここでは、国策を支える新しい地方像と国家の良民としての国民像が模索され、地方改良事業の国家の一大運動として展開されていった。

この地方改良運動の担い手として政府が注目したものの一つが地方の名望家や教育者であり、もう一つが宗教家であったのである。関係者が描いた宗教家の役割は、国家思想や国民道徳の啓発と涵養としてのそれであった。仏教教団も政府の要請に応えるべく、宗派内の関係会議や講習会などの席上、また出版物でも地方改良事業と宗教との関係を取り上げ、この事業への理解と参加を促していたのである。しかし、こういった日本仏教の姿に、宗教の本義を忘れているものであるという批判や否定などの声も少なくなかった[9]。

このような情勢の中、国家的統制がより強く表出されたのが、感化救済事業である。感化救済事業とは、日露戦争後から大正前半期にかけて、つまり日本帝国主義形成期における慈善事業とは異なる意味合いを有する言葉である。日清戦争の勝利を契機として、独占資本の形成、産業資本の銀行資本への依存度の推進、南満洲鉄道、在華紡を中心とする資本輸出の活発化、金融独占資本の制覇などが進められた[10]。こうした経済変動を背景に、日本帝国へと展開していくための軍事費および植民地経営費の増大、一九〇八年には恐慌が起こり、これに加えて、一九一〇年の関東大水害などにより下級賃金労働者や被救恤層が激増し、これら深刻化する社会問題を従来のような個人レベルの慈善事業に委ねるのみでは対処し得なくなった日本政府は、国家レベルでの代案を考えざるを得なかった。こうしてみると、感化救済事業というのは、資本主義の確立期の宗教的慈善事業と異なり、国家の権力機構の一翼としての側面がより強かったことが、ひとまず特徴としていえる。

感化救済事業の成立に至るまで、明治政府は「恤救規則」（一八七四年）や、社会防衛的な「伝染病予防法」や「精神病者監護法」（一九〇〇年）などを制定したほかは、(11) 救済事業の整備については一貫して消極的であり、また、それを代替するものとして仏教、キリスト教や慈善家による民間施設がつくられた程度であった。それが、時代状況の変化にともない、従来の民間施設の近代化や各地の個別的な救済活動を効率的に運用しようとする動きも同時に生まれてきた。その中心的役割を担ったのが、内務省官僚や救済活動家らによって結成された「貧民研究会」（一九〇〇年）である。その中心的メンバーは井上友一、桑田熊蔵、安達憲忠など、大正期に入って成立する社会事業の基盤を形成していった人々であった。しかもこのメンバーが中心となって、一九〇八年には、内務省主催の第一回感化救済事業講習会を契機に中央慈善協会が発足される。その後、感化救済事業の呼称自体が、中央慈善協会の設立前後から盛んに用いられるようになった。(12) このことからも、慈善活動の段階に比べて、感化救済事業は、国家権力、内務省官僚の主導のもとに推進された側面が確認できる。加えて、感化救済事業講習会（一九〇八年）、中央慈善協会（一九〇八年）、改正感化法（一九〇八年）、恩賜財団済生会（一九一一年）などが、いずれも官僚の指導下に設立されることとなる。

以上のように感化救済事業の特徴は、時代状況の変化による国家の要請を排除しては考えられないほど「国家」との繋がりが相当強い。このことが感化救済事業の大きな特徴の一つである。中西直樹は、当時の感化救済事業について、以下のように指摘している。

わが国の社会事業は、明治末に「感化救済事業」として発足した。感化救済事業は、資本主義社会の進展にともなう社会問題の顕在化に対応するものであったが、単に貧窮者の救済を目的としたものではなかった。その主眼は、「感化救済」という言葉が示すように、ともすれば近代天皇制国家の支配体制から逸脱しようとする貧困層を教導して、国家発展に貢献するものへと転化させ、あるいは国益のための犠牲を甘受させることに向けられていた。そしてその際の指導理念として登場したのが、「家族国家」観であった。「家族国家」観にあっては、欧米の個人主義に対して家族主義が国是とされ、天皇と国民（赤子）をオヤコ関係に見立てることによって、家族国家への服従と奉仕とが国民に要求され、強固な国民統合の現出が目指されたのであった。このため、わが国にあっては、あくまで家族国家の繁栄に従順に奉仕する一分子として重視する観点から、困窮民の保護・救済対策が企図されたに過ぎず、人権思想の健全な発達はことごとく圧殺されてきたのである。こうした国の方針は、大正期に感化救済事業が「社会事業」と名称が改められて、その充実が図られても、基本的に変更されることはなかった[13]。　（傍点は原文ママ）

　このように、日本仏教の社会事業における天皇と国民（赤子）をオヤコ関係を中心とする「国家への迎合」という点は、日本仏教の「近代化」の段階においても付きまとう性格ではあるが、社会事業の側面においては感化救済事業の段階から如実にみられる。しかし、必ずしも国家権力との妥協という意味ばかりでなく、仏教独自の反省や立場から社会事業に従事すべしという議論も多かったことも、先行研究では指摘されている[14]。

　ここで、日本における社会事業の成立の通説をもあわせて押さえていくこととする。日本の社会事業の成立は、大正中期から後期にかけて、とくに米騒動以降とみるのが一般的である。仲村優一は、日本の社会事業の成立背景を、前述した米騒動と一九二〇年以降の恐慌による社会問題の増大に求めている。つまり、いわゆる生活難、労働強化の要因からの社会主義運動の復活や労働争議、そして一九二三年の関東大震災の発生を設立背景としてとらえている。[15] 田代国次郎の場合は、経済的背景、思想的背景、政策的背景、そして社会的背景の四点から説明している。経済的背景としては、貧困層の再認識と米騒動、一九二〇年以降の経済停滞、関東大震災が挙げられ、思想的背景としては社会連帯思想、政策的背景としては、一九二〇年の社会局新設による社会事業行政の近代化と救護法、社会事業関係法の整備などの社会事業近代化などを挙げている。また、社会的背景としては、まず組織化の指標として方面委員制度、科学化の指標として社会事業専門家の養成事業を挙げている。[16] ほかにも、一番ケ瀬康子は社会運動に注目し、労働争議や労働組合運動、水平運動、廃娼運動、セツルメント運動などが社会事業成立の背景であると指摘している。[17] 以上を総合すると、日本における社会事業成立の背景と条件として、社会問題の拡大と、行政の整備・組織化、法制化、専門化、近代的実践活動、社会運動と社会連帯思想などを挙げることができよう。

注目すべきは、この時期の日本の近代社会事業の思想には、社会連帯思想がその根底に存在したことである。そもそもこの思想は、欧米先進諸国の近代思想であり、日本は大正デモクラシー期といえども、「天皇制的家族国家主義」が厳然と支配する体制下にあり、ここに援用すること自体、大きな苦難があった。よってこの思想の受容は、当初より日本的に変質されたものとしての宿命を内包しており、権利としての連帯よりも義務としての連帯に比重を置いた、特殊な日本型社会連帯思想とも呼びうるものであった。しかしながら、この社会連帯思想を基調とした社会事業論は、近代社会事業の根本思想として広く普及されたのである。明治後期の感化救済事業は、近代社会事業への移行期に欧米の近代思想の影響を受けながら、まさに近代的な「日本型社会事業」として成立したのである。[18]

以上のような日本の社会事業の成立期は、先に触れたように日本仏教の慈善事業・感化救済事業が「組織化」された時期にあたるといえる。[19] つまり、通説でいう日本の社会事業の成立（＝一九二〇年代初め）よりやや早い時期に、日本仏教の社会事業はすでに胎動していたのであり、一九〇一年の浄土真宗本願寺派の大日本仏教慈善会財団の成立を皮切りに、一九一一年の浄土宗労働共済会結成、一九一二年の明治天皇崩御の恩赦による出獄者に対する免囚保護事業として設立された日蓮宗有志寺院による東京慈済会（のち財団法人日蓮宗慈済会に発展）や、また一九〇八年の第一回感化救済事業講習会に参加した仏教関係者による諸宗派の仏教同志会の結成（一九〇八年）など、仏教界における社会事業はすでに出発していたのである[20]。

いずれにせよ、日本仏教の社会事業は、時代の流れにともなう社会からの要求、社会問題の深刻さを認識していた日本仏教の教団内部の反省、覚醒などと符合し誕生した合作品であった。しかし、その根底では、日本政府の要請に応じ行われたという側面が強かった。つまり、日本仏教の社会事業は、宗教的次元よりも一つの国家事業として行われたのである。

このような宗教者の社会に向けた実践行為は、宗教者個人および宗教教団レベルで行われた既存の社会的な行為とは全く異なる意味を有し、近代天皇制国家のシステムとも密接に関わる「日本型社会事業」であったことは否めないだろう。そこに日本仏教の宗教的な行為がどのように刻み込まれたか、あるいは日本仏教の近代性というものが植民地空間にどのように表出されるのか、これらのことをすべて含めて日本仏教の近代的な様相としてとらえなければならないだろう。

第二節　真宗大谷派の社会事業の展開――「大谷派慈善協会」を中心に

真宗大谷派の日本における社会事業の嚆矢は、一八七二年九月蓑輪対岳の監獄教誨である。これに次いで、一八九四年からは国策に沿った「軍隊布教」「軍人慰問」が行われた。そして、明治三〇年以降の社会事業は、さらに多角化されることとなる。まず「工場布教」が挙げられる。これは、このころから労働運動が盛んになり、ストライキなども頻繁になったため、これらの問題に対する緩和策に積極的に取り組んでいったのである。次に、「育児事業」や「施療・施薬事業」などが実施されるようになり、貧困者の子弟に仏教的な教育感化を行い、就労準備をさせている。一九〇六年以降は、大谷婦人法話会による救済事業、被差別部落やその他の地方改良事業に力を注いだ布教使も数多く存在した(21)。

このように、多年にわたって監獄、感化院、工場などに布教使を派遣するなど、被差別部落、地方改良事業に尽力した布教使が多くみられたことが指摘されているが、それは、「特殊布教」という名の下の極めて限られた領域のものという認識が一般的であった(22)。しかし、「時勢の要求」であるとして、一宗派をあげて感化救済事業に傾倒していくこととなったのである。

明治三〇年代に真宗大谷派の社会事業の中心となった人物としては、大草慧実が挙げられる。大草慧実は、一九〇一年浅草神吉町に「無料宿泊所」を設置した人物である。無料宿泊所の利用者の多くは新政府の発足時に失職した者や旧共同体の崩壊にともなって新しく貧困層を形成した底辺労働者層であり、彼らを対象に、宿泊提供とともに社会復帰・更生できるよう仕事を紹介していた。開設当初の寄付金と借家とを唯一の財産としていた無料宿泊所は、一九一〇年には東京市からの補助金、内務省からの下付金の交付を受けて「第二無料宿泊所」を開設するほど拡充されることとなった。こうした過程により、無料宿泊所は窮民救済の善宿から脱皮し、職業紹介所へと性格転換していくこととなるが、それは時代状況からの要請でもあり、当該期の社会、経済、労働形態にとって必須条件であったといえる。その後も民間の手によって大阪、京都、神戸、名古屋に漸次設置されていくことになるが、一九二一年七月には日本初の「職業紹介法」が制定され、職業紹介所は政府管掌下の公設の職業紹介所へと移管され、大草慧実の開いた無料宿泊所は全国に設置された民間職業紹介所とともに幕を閉じることになる。[23]「職業紹介法」の制定により、個人レベルの宗教的な実践行為が、国家システムの中に配置されていったといえよう。

このような状況の中で一九一一年、「大谷派慈善協会」が創設された。「大谷派慈善協会」の設立経緯については、「宗祖六五〇回大遠忌法要が一九一一年四月一八日から二八日まで営まれ、その記念行事として四月二六日に京都の高倉大学寮講堂で「感化救済事業講演会」が開催されたことに由来する。この講習会は、政府当局者の内務省宗務局長斯波淳六朗、司法省監獄局長小山温、内務省書記官中川望らを招聘して開催された。当日、法主大谷派光演の慈善奨励の「教書」[24]（『救済』第一編第一号所収）が公開され、これを機に教団が感化救済事業へ、また組織化へと推進していく大きな誘因となった。このような経過のなかで、同年六月に運営のための相談会が浅草別院で開催された」[25]と記されている。

「大谷派慈善協会」は、有志発起による講演会という形をとりながらも真宗大谷派の慈善活動の組織化、近代化を企図したものであったが、しかし、国による「中央慈善協会」の設立直後という時期的重なりを考慮するならば、その意義とは、単に一宗派の慈善組織の体系化というだけではなく、法主の教書が出され、中央官僚が出席するなど、日本国家の関与が濃厚な感化救済事業的性格を帯びていたと理解しうる。さらに、「特殊布教」と理解されていた従来の真宗大谷派の布教使の多方面の慈善活動は、仏教の精神的貢献であっても、それは一部の当事者に限定されていたものであり、慈善活動の組織化を通して、宗派の諸活動の「近代化」を図ったといえよう。

「大谷派慈善協会設立趣意書」では、二〇世紀に入り文明の進歩と社会の複雑化が慈恵救済事業の普及を要請しているとし、とくに日本では宗教家の力を俟つものであるとしている。各宗派がそれぞれの信念によって救済事業に貢献することは「時代の要求に適応せんとする自然の傾向といはざるべからず」というように、宗教が救済を担うことの正当性を前面に押し出している。かくして教書により、本会が設立されるとともに、「一派斯道の中央機関たらしめ、一派僧俗の連合をもって、斯道の普及実行を期せん」との意思が表明されていた。そして内的に偏っていた教団の内部において、今後は外に向けて社会的基礎をかためるべく、「真俗二諦の本意を奉頂し、王法為本の精神を体現せられんとする」とその趣旨の理解と、賛同協力を呼びかけていた(26)。

このことは、以下の「時代の要求を論じて本会の設立に及ぶ」という文章についても、同様の文脈として理解することができる。

二十世紀の問題夫れ多しと雖も社会問題の解決程急要なるはあらじ、げに社会問題の解決は吾人の頭上に与えられる現下の一大問題にして、慈恵救済事業到る処に勃興し、社会の輿論をして之に向はしめつゝ、あるは決して偶然にあらず、洋の東西を問はず社会問題の解決を相連関して慈恵思想の絶叫せられしは時勢の然らしむる所にして、或は国家の事業公共団体の事業として経営するあり、或は個人的に経営するあり、或は宗教的信仰の立脚地より経営するありて、其の内容一ならずと雖も、時代の要求に促されて救済の実を挙げんことを期するに至りては一也（中略）今や時勢の要求は我等宗教家の苟安息を貪るを許さず、大に起つて尽くすべきを促がし、一派に於ける救済事業の思想の発達を望んで止まず、茲に於てか我が大谷派慈善協会は這の要求に応じ、我が一派に於ける広き意味に於ての特殊布教、之を小にしては感化救済、地方改良事業に関する研究調査、連絡、奨励の機関たるの使命を帯びて去六月成立を告げぬ(27)、そして、「大谷派慈善協会規則」から把握できる目的は、「本会ハ明治四十四年（一九一一年―筆者）四月二十六日御発布ノ慈善事業御奨励ノ御教書ヲ奉戴シ一派僧侶ノ連絡ニ由リテ斯業ノ実行研究、及調査ヲナスヲ目的トス」であり、その事業内容は、「既設ノ慈善救済事業ノ調査、将来設立ノ必要アル慈恩救済事業ノ調査、一派内斯業当局者ノ有機的連絡統一ヲ計リ之カ調査ノ委託ヲ受ケ且其成績ヲ発表スルコト、定時又臨時ニ巡廻講話ヲナシ斯業ノ鼓吹普及ヲ図ルコト、毎月一回機関雑誌ヲ発行シ全会員ニ配布スルコト、毎年一回総会ヲ開クコト、地方斯業者ト本山トノ間ノ中介ヲナスコト[28]」と規定されていた。要するに、「大谷派慈善協会」は、救済事業の調査研究と派内の救済事業の遂行者間の連絡調整および機関誌の発行とが事業の中心となっており、実際の社会事業実施業務に重点を置くというよりも、管理機関として運営されていたと理解されよう。

山下憲昭は、こうした真宗大谷派における慈善事業の組織化について、「仏教が行った救済活動も、これまでみたように、国家の要請と仏教教団内部の近代化の過程によって、ようやく組織化の必要が認識されはじめた。言い換えれば、救済活動組織化の要因は、一つに個別的な慈善行為ではもはや救済対象の増大には応じきれず、中央慈善協会の結成をみても明らかなように、集団的、効率的な救済方法が要請されたことである。もう一つは、仏教が社会との結節点の一つとして救済事業への参画を据えることの意義が、仏教教団の近代化をはかる上で重要であると理解された結果であると言えよう。仏教の側にすれば、単に救済事業の効果の向上を期するばかりではなく、むしろ教団内部の活性化をはかる意味での組織再編成の柱に救済事業の組織化をおいたのである[29]」と評価している。

一方、鈴木善鳳は、『救済』機関誌を通して、そこから窺える宗門関係者および教団サイドの人々の視点と問題意識、それに対する教団内部および外部の人々の視点がいかなるものであったかを考察しているが、「宗教的慈善活動の理念」を『救済』記事に基づき、①被救済者としての自覚による「同情」「共感」に基づく行為としての慈善、②真俗二諦における「俗諦」の具体化としての慈善、③慈善活動俗化論との応答の三つに分けて論じている。①の立脚点としては、「吾人は救済者ではなくて被救済者である、施主でなく受恵者である」「吾人の所謂救済は常に物心両面に亘ることを忘れてならぬ」「吾人は固より物質的救済を以て終局の目的とするのでない。必ず精神教化を以てするでなくは人を救ふことが出来ない」という三点から、慈善活動に携わることの必然性を説明している[30]。②は、真諦・俗諦の分立は、両者の対立、緊張関係を失わせ、安易な現実肯定に走らせ、それが教団系慈善活動の本質に様々な影響を与えていくという意味で、その問題の裾野は極めて広いものがあると述べている[31]。③については、こうした慈善事業を無定見で信念に欠ける事業への取り組みであるとして、「権威なき救済事業」「宗教宣布の手段」「自己の本分を忘れて時勢の潮流に溺れる」「自己の忘却」と非難し[32]、それに対して、「俗化」とは「権勢に阿附したり、俗論に迎合し、自己の本領を顧みず他の手足、傭兵となりて利用に甘んじる」ことで、「衆生済度の大慈悲心に催され」、「宗教の本領を押し立て」て社会の各方面に宗教の精神を吹き込むところの「社会化」とは異なるとする論も提示されるなど[33]、真宗大谷派による慈善事業は宗派の内部で様々な角度からとらえられていたことを指摘している。

こうした真宗大谷派の「大谷派慈善協会」も、広義には「特殊布教」として位置付けられるが、仏教の立場として民衆の救済を目指すものであっても、救済事業の運営そのものが最終目的ではないことを意味していた。いわば、「仏教家の慈恵事業の完成は仏教家諸君の自覚如何に依つて決するものである、吾人が本協会起し、我が一派の内外に慈恵思想の普及貫徹を試むるのも、畢竟一派僧侶の本領使命を自覚せんことを促がす一種の運動なりと考ふる時代である」[34]というように、「大谷派慈善協会」の慈善に基づいた社会的活動が真宗大谷派内部の啓蒙的役割を果たすことや、「抑々慈善といふも救済といふも如来の御手にある仕事である、（中略）吾人の救済事業は実に如上の信念より流し出したものである。吾人は如来の鴻恩に浴する被救済者である。自ら此地位に安住してから四周を観れば、一面国家社会の恩義も深重にして測り知られぬやうに感ずると共に、一面には相互人類同朋の上に切実なる親愛の情念抑え難きやうに覚へる、然るに其同朋は吾等と異なることなき貧窮困乏の者である」(35)のように、仏教精神に基づいた（すべての人々が被救済者であるという）平等という立場を前提としながら、こうした同朋が精神的のみならず物質的にも「貧窮困乏の者」であるため、黙視できないと強調している。

やがて、「大谷派慈善協会」は、一九二一年一一月に真宗大谷派の宗務機構に武内了温を迎えて社会課が設置され、その役割を終える。同年四月には社会課主催の第一回社会事業講習会（四月一日〜六月三〇日）が開催されたが、日本の近代社会事業の成立を一般的に大正中期以降とみなすなら、これとほぼ時を同じくする一九二一年に真宗大谷派は社会課職制を定め、本願寺を中心とする派内社会事業の連絡統制と組織化を推進したのである。主な事業内容は、児童保護、釈放者保護、地方改善、労働、小作争議、宿泊救護、職業紹介、人事相談、隣保事業、救療施設、社会教育、社会教化、社会事業講習所、社会事業協会などに関する事務であった(36)。その後、「大谷派慈善協会」の事業は、一九二四年五月に設立された「大谷派社会事業協会」へと受け継がれることとなる(37)。

この時期における真宗大谷派の社会事業の組織化の特質として挙げられるのは、日本政府や周囲の状況に牽引されるような形で教団を中心とした組織化が進行されたということであり、教団内部、あるいは教団人である僧侶の意識の中から必然的に生まれた宗教的実践とは必ずしもいえない状況であった。真宗大谷派の社会事業の「近代化」という側面からみると、教団の一部の当事者に限られた「特殊布教」段階の救済活動が、教団主導の形態に変化し、教団内の諸活動の「近代化」を図ったといえるだろう。そして一九二〇年になると、日本国内の社会課設置とともに、より組織化され、真宗大谷派の社会活動も「社会事業」という名で国家管理システムの中に完全に配置されることとなる。言い換えれば、近代以前の慈善に基づく真宗大谷派の宗教的な行為は、近代になって国家関与という日本的な特殊性が漂う慈善に基づく「社会事業」として誕生したのである。

第三節　浄土宗の社会事業の展開――「浄土宗労働共済会」を中心に

日本における社会事業は日本仏教が担った側面が相当に大きかったことはいうまでもないが、中でも浄土宗の社会事業活動は活発に行われた。浄土宗は、日本において多方面にわたって様々な社会事業を実施していたが、浄土宗の日本における救済活動の論調が確認できるのは、一八七〇年、養鸕徹定『仏法不可論』が「児童誘掖慈恵救済」を説いたのが最初であると推測される。その後、同年、寺院院舎の提供による小学校の設置、貧民救済のための楽善会の設置（一八八〇年）、貧民身体障害者の子弟のための私立教育学校設立（一八八二年）など、貧民対象の施米、献金が中心に行われてきた。一九〇三年には浄土宗教報社に「浄土宗慈善会」を設立、飢民救済金の募集など、慈善活動から慈善事業へと整備される過程を経ていく[38]。

その後、とくに渡辺海旭によって開かれた「浄土宗労働共済会」は、労働者保護を目的とした施策のはじまりともいえるものであるが、それは一九一一年のことである。「浄土宗労働共済会」の事業の中では、とくに日本在住の朝鮮人を対象とした仏教界最初の教化施設「明照学園」（一九二三年）を設立・運営したことが注目に値する。その他、松浦春涛・長谷川順考「大阪四恩報答会」（一九一五年）、後藤亮穏「四日市仏教保育院」（一九一六年）、田尻龍道「高津学園」（一九二二年）、長谷川良信「マハヤナ学園」（一九一八年）、横内浄音「上田明照会」（一九一八年）、椎尾弁匡「慈友会」（一九二〇年）、矢吹慶輝「三輪学院」（一九二二年）、名越隆成「隠岐共生学園」（一九二四年）、小野説愛・河木真静「安房保育園」（一九二六年）、秦隆真「平安養育院」、川添諦信「佐世保養老院」、林文雄「四恩学園」、新森貫瑞「ナーランダ学園」など[39]、浄土宗の社会事業施設の設立は多岐にわたり、一九一〇年代から一九二〇年代に集中的に行われた。先行研究でも指摘されているように[40]、こうした社会事業を概観すると、日本の社会事業において浄土宗の占める役割が小さくないことが窺えよう。

一方、浄土宗僧侶の渡辺海旭という人物についていえば、日本の社会事業、とりわけ仏教社会事業の理論・思想と実践を論じる際に抜きにしては語れないと評されている人物である[41]。そして「終生、浄土宗の一僧侶として大乗仏教信仰にもとづく社会的実践をとおして、日本の社会事業の成立に大きな影響を与えた人物[42]」といわれるように、近代仏教社会事業の先駆者としても評価されている[43]。以下では、渡辺を中心として、浄土宗の社会事業に携わった人物を簡単ではあるが触れておきたい。

渡辺は早くも一九〇一年には社会事業の必要性を訴え、その年の『浄土教報』に「仏教社会事業」という論文を発表し、「ヨーロッパでは宗教が貧富の調和者となっていること、また宗教が社会に尊敬を受け、価値を維持するためには社会事業や慈善事業に眼をつける必要[44]」があると述べている。これは、彼が早い時期より宗教（仏教）社会事業に関心をもっていたこと示すものであるが、より注目したい点は、日本で最初に「社会事業」という名称を使用したことである[45]。渡辺は、一〇年間のドイツ長期留学中に仏教各語や仏教研究の傍ら社会運動や社会事業に興味をもち、とくに労働者保護について学ぶが、それはいわば「労働者の家《アルバイテル・ハイム》」と呼ばれるドイツ的なセツルメントであった[46]。一九一〇年、ドイツより帰国した渡辺は、東京・深川に無料職業紹介所「衆生恩会」を設立し、宿泊所を付設、また労働者の慰安設備を設けようとし[47]、これを基盤に「浄土宗労働保護協議会」が結成されるに至った。一九一一年三月には名称も「浄土宗労働共済会」と改められた。そして、一九一六年に「現代感化救済事業の五大方針」を発表し、社会事業思想として「感情中心主義から理性中心主義へ、一時的断片的から科学的系統的へ、施与救済から共済主義へ、奴隷主義から人権主義へ、事後救済から防貧主義へ[48]」と主張した。この主張は後に渡辺の遺稿をまとめた『壺月全集』に収められ、日本近代社会事業成立の基礎的前提ともなっている。

また、渡辺以外に、浄土宗の社会事業を論じる際に欠かせない人物として、矢吹慶輝が挙げられる。矢吹は大正初頭にアメリカに留学し、宗教学とともに成立初期のアメリカ社会事業を学び、一九一七年に「欧米社会事業統制機関としての連合慈善会について」を発表するなど、社会事業において数々の研究を行った人物である。そして、宗教（仏教）の社会化を主唱し、「社会的宗教」としての仏教を主張した。また「連帯共同」に対する仏教的基礎づけを踏まえ、これを社会的実践に結びつける思想として矢吹が着目したのが、「報恩」である。矢吹は、社会事業は「社会的共同の責任」として行われるべきだとし、対象となる側の権利よりも対象とともにあるものの果たすべき役割の方に引きつけて、これを「広い意味での人類文化精神、報恩の勤め」だとし、「科学的には連帯共同と云い、宗教的倫理的には人道といひ慈悲といひ博愛といふ」と述べている[49]。

もう一人の主要人物として挙げられる長谷川良信[50]は、渡辺、矢吹の弟子で、ドイツ・アメリカに留学した後、一九一九年「マハヤナ学園」を設立して社会事業に関わっていった。設立前から「社会事業に於ける人材育成の急務」（『浄土教報』一九一六年）を力説し、今日の「社会福祉科」にあたる「社会事業科」を宗教大学の中に開設することを求め、専門的社会事業教育を開始するよう促していた。「マハヤナ」という名称は、大乗仏教の「大乗」の意味で、渡辺によって命名されたものである[51]。このように浄土宗の社会事業は、海外留学から得た知識の日本社会への適用が大きな出発点として作用したと理解できる。

さて、渡辺が中心となって、東京在住の仏教社会事業家の有志らが一九一二年五月に「仏教徒社会事業研究会」

を創設するが、これが日本で「社会事業」という言葉を「公的」に使用した最初のものの一つである。[52] 本会は、浄土宗労働共済会を拠点として「其業の研究調査を為し之が発達を策進する」ことを目的としており、例会は「毎月一回之を開き知識の交換相互の懇親に資」するもので、[53] 第一回全国仏教徒社会事業大会を東京で開催する。ここには浄土宗のみならず、日本仏教各宗派が参加し、日本仏教の社会事業への認識向上に寄与した。[54]

以下、渡辺の主導下で設立された「浄土宗労働共済会」を浄土宗の中心的な社会事業として取り上げていきたいと思う。設立者の渡辺は、「今後の慈善事業には是非共報恩思想が必要である。今日の慈善事業は余りにマテリアリチックになつて居る様に思はれる。是では面白くない。人類相愛の精神を以て行はれるので無ければいかぬ。互に報恩思想を以つて、而して研究的態度を以つて、最も良い方法に依つてやる様にして貰ひたい」。そして「現在の医学は、如何にして病を未然に防ぐべきかの方法を研究して居るのと同じく、慈善事業も亦社会の血清療法を講じ無ければならぬ」とし、「慈善事業の要義」を論じている。[55] ここでは、仏教の報恩思想をもって慈善事業に任ずべきであることを提議しており、さらに、すでに行われてきた救貧を目的とする当時の慈善事業から脱却し、防貧を目的とする社会事業へ移行するべきであることを主張している。

そして「労働共済会注意書」においては、「慈善救済の事業は、由来仁愛慈善を旨とし、救世利民を主とする、宗教に待つもの其多く、欧米に於ても、此種の事業にして貢献の最大なるものは概ね宗教家の経営に属す、吾国古代に於る救恤の事業も亦仏教徒の手に就れり、蓋し仏陀の教、慈悲救済を説き、利楽有情を教ふること、広くして且大に社会上下が、相依り相重して互恵共済、斉しく報恩の責あるを示す」[56] として、社会事業の主たる目的を「救世利民」とした。そしてその理念を宗教思想の中に期待し、日本における救済が仏教徒によって行われてきたことを述べた上で、仏教徒の救済事業は共済と報恩をもとに行われるべきであると説くのである。

以下に、『浄土教報』から確認できる労働共済会の「趣意書」と「規則」を抜粋して紹介しておく。

趣意書

国運の進歩に伴ひ人文の発展と共に瞬時も等閑に付すべからざるものは、実に労働問題の討究と其救護事業の実行にありとす。故に文明先進諸国、概ね之が為に周密精細の法規を発し、条目を整然として労働者の保護奨勧を講じ、生活状態の改善よりして、衛生教育其他百般の設備に亘り（中略）社会の組織は益々複雑を増し、経済状態は急変劇烈にして貧富の懸隔漸く甚しからんとし、下層就職の困難、生計の苦痛、次第に悲惨を極め、道義の壊敗罪悪の横行之に基因して発生し、甚しきは危険兇暴の思想を激成するに至り（中略）茲に於いてか政府は今や極力労働問題の解決に努力し、盛んに民間慈善家の事業を鼓舞策励し、世の有志家亦之が為に奮つて計量する所あり。労働保護の実行は、今や実に吾国焦眉の至大急務として、上下精励其解決に努力すべき気運に際会せり(57)。

浄土宗労働共済会規則

第一章　名称及位置

第一条　本会ハ浄土宗労働共済会ト称シ、宗祖大師七百年御忌ニ際シ徽号宣下ノ聖恩ニ奉答センガ為ニ組織ス。

第二条　本会ハ本部ヲ大本山増上寺ニ置キ、必要ノ地ヲ選ミテ支部ヲ設ク。

第二章　目的及事業

第三条　本会ハ労働者ノ生活状態ヲ改善シ、向上ノ気風ヲ振興スル目的ヲ以テ、漸次左ノ事業ヲ経営ス。

一、労働寄宿舎　二、飲食物実費給与　三、幼児昼間預り《ママ》　四、職業紹介　五、慰安及教訓　六、廃疾者救護手続　七、住宅改良　八、其他必要ナル諸事項。

第三章　会　員

第四条　本会ノ会員ヲ左ノ四種ニ頒ツ

一　名誉会員

二　創立会員　創立資を《ママ》喜捨セラレシ仁者

三　正 会 員　定期ニ維持費ヲ喜捨セラルル仁者

四　賛助会員　臨時ニ金員物品を喜捨シテ援助ヲ与ヘラルル仁者

第四章　会　計

第五条　本会ノ経費ハ、事業ヨリ生ズル収入及会員ノ喜捨金其他ノ収入ヲ以テ支弁ス。[58]

また、仏教徒社会事業研究会編『仏教徒社会事業大観』（一九〇二年、二三五～二三六頁）では、「浄土宗労働共済会」について、宿泊法、会員処遇法、成績、資産及び負債、経費、職員を区分して記している。そのうち、宿泊法とは、「実費給与制度にして、無職者には一時食物の貸与をなし、不定職に従事せしめ、漸次本人の性状を鑑定して一定の職に就かしむ、一泊実費として金六銭宛徴収するの制」であり、会員処遇法については「月四回四恩会を開き精神修養に資し、疾病に際しては給料を加ふる事とす、又舎員をして不時の準備をなさしむる為め貯金せしめ月額二百円を算す」と示されているように、会費は実費、貯金奨励、精神修養などが行われたことが読み取れる。

そして職員については、「代表者は会長大僧正堀尾貫務師にして、会務監督に本多浄厳師、雄谷俊良師、常任監督として渡辺海旭師理事中西雄洞氏直接経営に任じ、外に各部担任事務員四名あり」と記載されている。(59)

上記の内容を、実務者の経験談に基づきさらに具体的にとらえてみよう。直接経営者として携わっていた中西雄洞は、「宿泊救護事業」と題して、自己の経験を『浄土宗布教全書』(二一巻)に掲載している。(60)

中西は、宿泊事業の使命について、「現在已に経済的弱者としての彼等は同時に精神的の極貧者である。之に対し一時にせよ安息所を与へて精神的堕落を防ぎ、経済的失業より救助して人間として向上の一路を辿らしむべき防貧的教化の道場たらしむる所に大なる意義を存するものである」と述べ、宿泊者の種類としては「失業者、老廃者、刑余者、堕落の結果、飲酒の為、地方上京者、定職薄給者」などを含めている。

そして、宿泊者の取り扱い方としては、「宿泊者規定(宿泊者心得)」を承諾した者に限って宿泊を許可していた。宿泊者心得は、全一一の項目で構成されているが、大方の内容を紹介すると、宿泊を許可する者の条件としては、「独身の男子、自己の労働により身を立てんとするの意志強固なる者、病気でない者」と規定され、「宿泊者は宿泊料、日掛貯金、共済基金等を毎晩事務所に納める」と決められており、「宿泊者の精神修養慰安の為に日曜日の夜「四恩会」を開」くので、「舎員は必ず出席すること」が定められていた。そのほかに、付帯事業として簡易食堂、職業紹介所、実費診療を挙げている。

また、宿泊所といわゆる「木賃宿」との違いについて、「教化の伴はない救護施設は貧乏人を一層堕落せしむるの結果となる、茲に於いて宿泊所に於ける教化は最も意義あることである」とし、以下の項目を取り上げている。

① 慰安会：主幹者と意見の交換をなすことの必要である。

② 祝祭日の利用：三大節を始めとして国民的祝祭日をなるべく利用して集会を催して、日本の歴史を明にして、国民精神の確立を期すると云ふ如き気持ちで進むこと事がよい。

③ 宗教的訓練：特に仏教的の立場からは、春秋二季の彼岸会を始め、釈尊降誕会、宗祖降誕会、魂まつりと云つた様な場合を逃さずに活用して行けば、自然と宗教的の気分を養つて行く事が出来るものである。殊に遠く故郷を離れて出て来て居る人達には、却つて懐かしみを感じさすことが多いのである。故に講堂或は倶楽部の一室には、必ず祭壇を設けて置くことを忘れてはならぬ。

以上の点について中西は、このような機会に「労働の尊重貯蓄の奨励を促がすことによつて、何時か教化の効果が現れて取扱上にも非常な成績を挙げ得る」としている。要するに、「教化は機会と人とによって成否が分れるのであるから、この点に留意して進んで行けば恐らく間違いないと確信するものである」と説いているのであって、ここには、浄土宗が社会事業に携わる宗教的意味が明確にあらわれている。

一方、「浄土宗労働共済会」は画期的事業であったため、各方面から援助があり、一九一二年三月には内務省から奨励金五百円を受けている。(61) 大正以降の「浄土宗労働共済会」は授産部を拡張し、機関誌『労働共済』を発行するなど、この時期における全社会事業界の代表的施設であった。浄土宗労働共済会の一九一七、八年度の事業報告によると、一九一七年度の宿泊者三万一一二九人、一九一八年度は宿泊者一万八一一九人となっているが、一九一九年八月には寄宿舎七〇坪が落成した。(62)

一方、一九二〇年一二月一六日、労働者の教育と共済機関の確立を目的とした「商工青年会」が設立され、これが翌年四月に「商工青年簡易学校」として発足し、同年八月に「江東商工学校」へと改称された。商工青年会の目的は「本会はその宣言のなかにもある如く所謂る商工青年の人格修養、智識の開発、共済機関の設定が大眼目である。喧しい労働問題解決の前提として先づ、一般労働者の教育が第一であると云のが本会の主張であつて、同時に相互共済の実を挙ぐべき機関を設くることである。如上の意味よりして青年会は生まれた」[63]としている。

さて、一九二一年四月より『労働共済』誌が名称を改め『新文化』第一巻第四号となった。この『新文化』第二巻第九号（一九二一年九月一日）に掲載された「大正一〇年度における労働共済会の実績」から確認できる事業内容は、労働寄宿舎、簡易食堂、職業無料紹介、慰安及教訓、施療救護、児童衛生相談、日曜学校、江東商工学校、明照学園、日用品の廉価供給、簡易図書館、倶楽部、法律身上相談である。そして経営は、「本会の経費は事業より生ずる収入と、維持会員の会費、宮内省、東京府、東京市等の奨励助成金及び其他の臨時寄付金を以て之に充て、若し不足の場合は浄土宗慈善教団の補助を受く」と伝えている。

ここでいう明照学園については、「労働共済会が何等一宗の扶助を受けず、独力明照学園を開き仏教界に於ける内地最初の鮮人学校を造り、労働者教育の設備を創めたことは、仮令其規模が僅に五十人を容るゝに過ぎざるものなるにせよ、特筆に価すること、思ふ。而して此事業の開始と共に大に附近の労働者鮮人を集めて官民共同の懇話機会を与へたことなどは、確かに将来ある計画と称してよい」[64]と記されており、第三章で後述するように、一九二〇年に朝鮮人を対象に、植民地朝鮮で設立された浄土宗「和光教園」の教育事業とまったく関係がないとはいえないだろう。

浄土宗では一九二一年に宗務所に社会課が設けられ、全教区に社会事業協会の設置を奨励したことから、各教区に浄土宗社会事業協会が生まれ、「一寺院一事業」の言葉にのって、託児所やセツルメント（隣保事業）が興り、一九三四年の統計では、施設数約一五〇に達している。[65]次いで、一九二五年六月には、労働共済会新館が設立され、翌年一一月一三日には労働共済会江東社会会館が竣工し、開館式をあげるなど、活発な活動を展開したが、第二次世界大戦終戦後には、「浄土宗労働共済会」はその役割を終えることとなった。このような労働共済会の事業は、労働者の共済的色彩の強い、とりわけ下級労働者（細民）の保護施設が中心であり、下級労働者保護としては、画期的な総合施設を狙いとしていた。これは、仏教社会事業（仏教セツルメント）の嚆矢であったといわれている。(66)

おわりに

以上、日本国内における日本仏教の社会事業誕生の経緯や、真宗大谷派・浄土宗の社会事業のありようを簡単に概観してみた。日本仏教の社会事業は、時代の流れにともなう社会からの要求、社会問題の深刻さを認識していた日本仏教の教団内部の反省や覚醒の動きから胎動したが、その背景には日本政府からの要請があり、それに応じる形で展開された側面が強かったといえよう。初期段階の宗教者個人や教団内部の反省からはじまった社会事業は、社会事業の組織化が進むにつれて、近代天皇制国家のシステムとも密接に関わりながら「日本型社会事業」として構築されていったのである。

真宗大谷派の社会事業の場合、日本政府や周囲の状況に牽引されるような形で教団を中心とした組織化が推進されたが、一九二〇年になると日本国内の社会課設置とともに、より組織化され、真宗大谷派の社会活動も「社会事業」という名で国家管理システムの中に完全に配置されることとなった。よって、真宗大谷派の社会事業は、国家関与という日本的な特殊性が漂う慈善に基づきながら展開されたという点を、その大きな特徴とすることができるだろう。

浄土宗の社会事業にも触れたが、海外留学から帰国した僧侶によって海外の社会事業が日本に適用されるとともに、仏教の社会的実践に基づいた「報恩」「共済」という仏教精神を実践的に行おうとした動きを確認できた。また社会事業の「組織化」という点からみれば、浄土宗の社会事業の動向は、（国家の関与を前提としても）個々人の僧侶の豊富な留学経験をベースとしており、それを積極的な社会参加として活かそうとした足跡が確かに窺え、この点において、教団が主導した真宗大谷派の社会事業とは差がみられる。

いずれにせよ、個人や教団が主導した社会事業であっても、近代以降に実施されたすべての社会に向けた営みは、国家という近代的なシステムの中に配置されざるを得ない時代的背景を考える必要があるだろう。つまり、日本仏教の社会事業というのも、一つの国家システムとして作用し、それは実施される側からみれば、時に「暴力性」を孕んだものにもなり得るのである。こうして、日本仏教による社会事業は、それが宗教的な実践であるのか、国家のための活動であるのか、あいまいな状態の中で日本国内のみならず海外、いわば、植民地とする地域まで拡大され行われるようになる。日本仏教は、「近代仏教」となるための一つの受け皿として「社会事業」を実施することとなるが、それは国家の要望によるものであり、とくに植民地空間においては植民地民を統制する手段としても活用されていくのである。当然ながら、ここで使われる「慈善」「救済」という言葉が有する意味も、その場にふさわしいものと変遷していくのである。

註

（1）中西直樹・高石史人・菊池正治『戦前期仏教社会事業の研究』（不二出版、二〇一三年）、「はしがき」。

（2）趙慶喜「近代日本の救済理念をめぐる考察――日露戦争後の「独立自営の良民」概念を中心に」（『日本文化研

究』第三六輯、二〇一〇年）、四六二頁。
（3）吉田久一『吉田久一著作集6　改訂増補版　日本近代仏教社会史研究』下（川島書店、一九九一年）、六七頁。
（4）註（3）吉田前掲書『吉田久一著作集6　改訂増補版　日本近代仏教社会史研究』下、六九頁。
（5）註（1）中西ほか前掲書『戦前期仏教社会事業の研究』、一〇九頁。
（6）註（3）吉田前掲書『吉田久一著作集6　改訂増補版　日本近代仏教社会史研究』下、七一～七二頁参照。
（7）吉田久一『新・日本社会事業の歴史』（勁草書房、二〇〇四年）、一九六～一九七頁。
（8）註（3）吉田前掲書『吉田久一著作集6　改訂増補版　日本近代仏教社会史研究』下、七四頁。
（9）批判の声については、註（1）中西ほか前掲書『戦前期仏教社会事業の研究』、一一一頁を参照。
（10）椙西光速・大島清・加藤俊彦・大内力著『日本における資本主義の発達』序章五節「独占資本の形成」参照。註（3）吉田前掲書『吉田久一著作集6　改訂増補版　日本近代仏教社会史研究』下、八五頁から再引用。
（11）日本の社会事業関連法については、吉田久一『現代社会事業史研究』（勁草書房、一九七九年（改訂増補版、川島書店、一九九〇年））、同『新・日本社会事業の歴史』（註（7）前掲書）参照。
（12）註（3）吉田前掲書『吉田久一著作集6　改訂増補版　日本近代仏教社会史研究』下、七七頁。
（13）中西直樹『仏教と医療・福祉の近代史』（法藏館、二〇〇四年）、九～一〇頁。
（14）『六大新報』は『社会的活動』（第一五一号、一九三九年七月一日）で、密教は済世利民、国利民福、即時爾真、当相即道の現世主義に特徴があるとし、「五人は今日の宗教家が、直ちに彼の社会主義者流と同様なる運動を試みることの可否を知らざれども、其必ず社会改良家たらざるべからざる要あるを見る也」と論じている。『宗教界』も『救世利民の主義復興を促す』（第二巻第一〇号、一九三九年一〇月一日）および『救世利民主義』（第四巻第三号、一九四一年三月一日）で、中世以降隠遁空論に走った仏教は、今こそ社会問題等の肉的救済の実践に転ずべきだと強調し、救世利民の基礎を慈悲の実践に求めつつ、「慈悲の宗教の現実的普及に努力して以て、救世利民の体現に企図する所あれ」と激励している。このほか『智零新報』は『宗教家の本分如何』（第七八号、一九四〇年八月一五日）で、「救世利民を宗教家の本分としているし、あるいはキリスト教が社会に重んじられるのは、社会的貢献をしているからだと、仏教の非社会性を反省しているものもある」という文章を挙げながら指摘している（註（3）吉田前掲書『吉田久一著作集6　改訂増補版　日本近代仏教社会史研究』下、八一頁）。

(15) 仲村はこのような社会情勢から社会事業の成立基礎が築かれたとし、次のように述べている。①社会事業行政が整備された点、②無産階級の反体制的なたかまりのなかで、アメとしての社会政策立法等の諸手段のため、一九一八年救済事業調査会が設立された点、③同年方面委員制度が小河滋次郎の指導で創設された点、④社会事業専門家の養成機関が誕生した点などである(仲村優一・三浦文夫・阿部志郎編『社会福祉教室――健康で文化的な生活の原点を探る』〈有斐閣、一九八九年〉、三〇頁)。

(16) 田代国次郎『日本社会事業成立史研究』(童心社、一九六四年)、一八六頁。

(17) 一番ケ瀬康子・高島進編『講座社会福祉2 社会福祉の歴史』(有斐閣、一九八一年)。

(18) 註(1)中西ほか前掲書『戦前期仏教社会事業の研究』、一一六頁。

(19) 吉田は『新・日本社会事業の歴史』(註(7)前掲書)において、感化救済事業段階を「社会事業への胎動」ととらえており、大正デモクラシー期を「社会事業の成立期」と時期区分している。そして第一一章では初頭の資本主義的危機、準戦時体制への移行と社会事業の時期としてみている。また、社会事業という用語を、慈善事業、感化救済事業といったすべての社会事業的活動を含んだものとして使用している。

(20) 鈴木善鳳「近代大谷派の社会事業観――『救済』の記事を中心に」(『東洋学研究』第三九号、二〇〇二年)、二一九~二二〇頁。

(21) 統計によると一九〇一年には、真宗大谷派軍隊布教者は二六名、監獄教誨者六六名、感化院などの教誨者八名であり、工場などは五五回に及んでいる(柏原祐泉『真宗史仏教史の研究Ⅲ 近代編』〈平楽寺書店、二〇〇〇年〉、二〇五~二〇六頁)。

(22) 山下憲昭「明治末期における仏教と社会事業――大谷派慈善協会の設立を中心に」(『龍谷史壇』第八三号、一九八三年)、五五頁。

(23) 大草慧実の行跡については、註(22)山下前掲論文「明治末期における仏教と社会事業」、佐賀枝夏文「近代大谷派教団社会事業の研究――大草慧実の慈善事業」(『真宗総合研究所紀要』第六号、一九八八年)を参照。

(24) 主な内容は「夫れ不良の徒を感化して良民たらしめ、無告の人をして恒産あらしむるは時勢の要求にして、宗教家の正に努むべき所なり。此事たる金剛不壊の信、賢忍不撓の志あるに非ずんば何ぞ克く有終の美を済むを得んや。宜く真俗二諦の宗風に依り、自信教人信の本旨に基き、協力戮力、大悲伝普化の美を挙げんことを門末に望む所なり」(『救済』第一編第一号所収)であり、これまで各地で行われていた布教使による慈善救済を、宗派をあげての感化救済事業へと推進することを宣言したのであった。
(25)『復刻版　救済　別冊』解説・総目次・索引(不二出版、二〇〇一年)、五頁。
(26)「大谷派慈善協会趣意書」(『救済』第一編第一号、一九一一年)。
(27)「時代の要求を論じて本会の設立に及ぶ」(『救済』第一編第一号、一九一一年)、一〜五頁。
(28)「大谷派慈善協会趣意書」(註(26)前掲資料)。
(29)註(22)山下前掲論文「明治末期における仏教と社会事業」。
(30)「会説　他力信仰と慈恵救済事業」(『救済』第一編第二号、一九一一年)、註(20)鈴木前掲論文「近代大谷派の社会事業観」、二二二頁参照。
(31)「信念、真俗二諦の交渉」(『救済』第三編第三号、一九一三年)、河野純孝「真宗の教義より起る社会救済思想」(『救済』第六編第二号、一九一六年)。ここからは構造的には真俗の両者は一体であるとする理解、つまり真諦に徹する所に俗諦たる社会活動・社会道徳が自ずとあらわれると理解されている。註(20)鈴木前掲論文「近代大谷派の社会事業観」、二二三頁参照。
(32)「会説　救済事業の権威」(『救済』第三編第四号、一九一三年)、断霞老人「救済の副産物」(『救済』第一編第五号、一九一一年)、下井香潤「自己の問題としての人生・宗教」(『救済』第一編第一号、一九一一年)、四五〜四六頁。註(20)鈴木前掲論文「近代大谷派の社会事業観」、二二三頁。
(33)「会説　宗教の社会化と俗化」(『救済』第三編、第八号、一九一三年)、一〜五頁。註(20)鈴木前掲論文「近代大谷派の社会事業観」、二二三頁。
(34)「教家慈恵事業の完成」(『救済』第一編第三号、一九一一年)。
(35)『救済』第一編第二号、一九一一年、一〜五頁。
(36)註(1)中西ほか前掲書『戦前期仏教社会事業の研究』、四〇頁。
(37)『復刻版　救済　別冊』(註(25)前掲書)、六頁。
(38)吉田久一「第五部　日本近代仏教社会事業年表――明治維新(一八六八)〜太平洋戦争終結(一九四五)」(註(3)吉田前掲書『吉田久一著作集6　改訂増補版　日本近代仏教社会史研究』下所収)参照。

(39) 長谷川匡俊編『近代浄土宗の社会事業――人とその実践』(相川書房、一九九四年) 参照。

(40) 近代における浄土宗の社会事業についての研究は、日本仏教の他宗派よりはある程度蓄積が存在する。人物に注目して記述されているのは註(39)長谷川編前掲書『近代浄土宗の社会事業』、そして矢吹慶輝については芹川博通『社会的仏教の研究――矢吹慶輝とその周辺』(文化書院、一九八八年)、その他、芹川博通『矢吹慶輝』(シリーズ福祉に生きる/一番ケ瀬康子、津曲裕次編:六〈大空社、一九九八年〉)、芹川博通『渡辺海旭』(シリーズ福祉に生きる/一番ケ瀬康子、津曲裕次編:一七〈大空社、一九九八年〉)、室田保夫編著『人物でよむ近代日本社会福祉のあゆみ』(ミネルヴァ書房、二〇〇六年) などである。

(41) 芹川博通「仏教セツルメント――渡辺海旭と浄土宗労働共済会」(池田英俊・芹川博通・長谷川匡俊編『日本仏教福祉概論』〈雄山閣出版、一九九九年〉)、一九五頁。

(42) 註(40)室田編著前掲書『人物でよむ近代日本社会福祉のあゆみ』、一二七頁。

(43) 長崎陽子「近代日本仏教における社会事業」(『印度学仏教学研究』第四九巻第一号、二〇〇〇年)、一八二頁。

(44) 渡辺海旭「仏教社会事業」(『浄土教報』一九〇一年五月五日)。

(45) 池田敬正「渡辺海旭における仏教と社会福祉」地域福祉の思想シリーズ④(『地域福祉研究』第二二号、一九九四年)。長谷川匡俊は、「海旭が社会事業の語を用いたのは「日想観桜雑感」と名付けた一九〇一年五月五日付けの『浄土教報』に所載された書簡に「日本の今日より将来を推すと、どうしても五党の士が一膚ぬいで、社会が健全の発育を遂げる為、国家に報効する為、是非とも社会事業や慈善事業に眼をつけて頂かねばならない」とみえるのが最初である」と述べている(註(39)長谷川編前掲書『近代浄土宗の社会事業』、三～四頁)。このことからも、一九〇一年に渡辺が「社会事業」という用語を使用したのは確かであろう。

(46) 留学当時のドイツでは、公共、労働組合の職業紹介所があり、職業紹介制度は発展途上にあった。乗杉澄夫『ヴィルヘルム帝政期ドイツの労働争議と労使関係』(ミネルヴァ書房、一九九七年)。

(47) 日本における最初の公営職業紹介所が東京市の芝と浅草に設置されたのは、一九一一年のことである。

(48) 渡辺海旭「現代感化救済事業の五大方針」(『壺月全集』下巻〈壺月全集刊行会、一九三三年〉)。

(49) 吉田久一・長谷川匡俊『日本仏教福祉思想史』(法藏館、二〇〇一年)、二一〇頁。

(50) 註(39)長谷川編前掲書『近代浄土宗の社会事業』、八四～九六頁参照。長谷川良信については長谷川匡俊『長谷川良信』（シリーズ福祉に生きる／一番ケ瀬康子、津曲裕次編：一七〈大空社、一九九九年〉）。長谷川良信『長谷川良信全集』第一～四巻（日本図書センター、二〇〇四年、本全集は、『長谷川良信選集』上・下〈長谷川仏教文化研究所、一九七三年〉の二巻本を第一・二巻として復刻し、未収録の論文などで構成した第三・四巻を新たに加え全四巻としたもの）などがある。長谷川良信の著作は多数あるが、代表的なものとして長谷川良信編『社会政策大系』第一～一〇巻（大東出版社、一九二六～二七年）がある。

(51)　註(39)長谷川編前掲書『近代浄土宗の社会事業』、八七頁。
(52)　註(40)芹川前掲書『渡辺海旭』、五二頁。
(53)　『浄土教報』一一一四号、一九一四年六月五日。
(54)　落合崇志「浄土宗と福祉――浄土宗と仏教社会事業への一考察」（『仏教福祉』第一号、一九九七年）、二〇頁。
(55)　吉田久一編『渡辺海旭・矢吹慶輝・小沢一・高田慎吾集』（社会福祉古典叢書（六）〈鳳書院、一九八二年〉）、一三頁。
(56)　註(55)吉田編前掲書『渡辺海旭・矢吹慶輝・小沢一・高田慎吾集』、一六頁。
(57)　『浄土教報』九四九号、一九一一年四月三日号。
(58)　『浄土教報』九四九号、一九一一年四月三日号。
(59)　安藤和彦「渡辺海旭と浄土宗労働共済会――社会的実践活動の形態」（『京都文教短期大学研究紀要』第三九集、二〇〇〇年）、一四〇頁。
(60)　中西の「宿泊救護事業」内容は、註(59)安藤前掲論文「渡辺海旭と浄土宗労働共済会」、一四〇頁から多く負っている。
(61)　『浄土教報』一〇〇一号、一九一二年四月一日。
(62)　註(41)芹川前掲論文「仏教セツルメント」、二〇六頁。
(63)　註(41)芹川前掲論文「仏教セツルメント」、二〇六頁。
(64)　『浄土教報』一五〇三号、一九二二年六月二日。
(65)　註(40)芹川前掲書『渡辺海旭』、一一九頁。
(66)　註(41)芹川前掲論文「仏教セツルメント」、二〇〇頁。

第二章

植民地朝鮮における真宗大谷派の社会事業

はじめに

本章の目的は、韓国併合以前の朝鮮における真宗大谷派の初期布教活動や社会事業の実態と性格を究明することと、同時にそこから読み取れる日本仏教と朝鮮（仏教）の近代性に着目することである。とくに第一節においては、近代化に乗り出しはじめた当時の日本仏教の国内状況を念頭に置いて、真宗大谷派の布教活動の初期状況を真宗大谷派の朝鮮（人）との最初の接触に注目して検討を行う。この点をみることではじめて、日本（仏教）「文明」を受け入れようとする朝鮮（仏教界）の動向の確認ができ、こうした点に焦点を当てて、奥村円心の足跡を先行研究に依拠しつつ跡付けを行ってみることとする。

これは、木場明志がいう、東アジアに日本仏教がいかなる「近代的」影響を与えたか、という問題提起に関わるものと位置付けることができる[1]。つまり、真宗大谷派の布教活動にも同時に注目することにより、文明的な宗教として登場した真宗大谷派の朝鮮における「近代性」というものをいかに評価することができるか、その性質究明を試みることが本章の目的である。

そのため、まず近代宗教概念をめぐる当時の朝鮮と日本の宗教事情を簡単に踏まえた上で、真宗大谷派の布教活動について考察することとする。しかしながら、朝鮮における社会事業を研究対象とする本研究においては、紙幅の都合上、真宗大谷派の朝鮮における布教活動の全体的動向は割愛し、朝鮮布教の初期段階に限定して述べることとする。その上で、第二節、第三節においては、真宗大谷派の韓国併合前後の社会事業について詳細に考察を行う。

第一節　真宗大谷派の朝鮮布教

1　近代宗教概念をめぐる両国の宗教事情

朝鮮における日本仏教の宗教活動について理解するため、本節では簡単にではあるが、宗教概念をめぐる日本と韓国の宗教事情を概観する。近代韓国の宗教概念に関する研究としては、張錫萬による一九九二年の博士論文である「開港期　韓国社会의 宗教概念形成에 関한 研究」（ソウル大学校）が最も参考になる。一方、日本における宗教概念をめぐる研究としては、磯前順一『近代日本の宗教言説とその系譜――宗教・国家・神道』（岩波書店、二〇〇三年）が挙げられるが、本節ではこれらの研究に基づきながら、近代の日韓の宗教事情を考察する。

日本は西洋に対して虐げられたアジアとして、アジアに対しては西洋列強の一員として、二重の性格をもって西洋化という近代の空間を生き延びる戦略を取ってきた。そのような状況の中で、朝鮮半島や中国は西洋世界による植民地化あるいは文化的同化の危機にさらされただけでなく、それ以上に、アジアにおける西洋の代理人たる日本帝国とも格闘せざるを得ない状況に置かれた(2)。

序章で述べたように、西洋から東アジアへ移入された「宗教」概念は、朝鮮半島と中国、そして日本において同時発生的に翻訳され成立したものではない。まず、日本で「宗教」という漢語が Religion の翻訳語として成立したのちに、日本の漢語を媒介として朝鮮半島や中国に普及していったのだ。朝鮮半島についていえば、「宗教」という言葉が初めて登場したのは、一八八三年一一月一〇日に刊行された新聞『漢城旬報』第二号とされている。勿論、その前に、キリスト教、道教、儒教、仏教、ユダヤ教などに関する言及はあったものの、一般概念としての宗教概念は整理されていなかった。その理由は、並列的に存在した様々な「教」を一つの領域にまとめる明確な根拠が見出せなかったためであろう(3)。

日本では宗教という言葉が Religion の訳語として最初に登場した例は、一八六〇年代後半の欧米諸国と交した外交文書の中であるといわれているが、当時は、宗門や宗旨などその他の言葉も Religion の対応語として複数用いられるにとどまる段階であった。日本において、宗教という言葉が知識社会および政治的用語として統一された含意のもとに Religion の翻訳語として独占的に用いられはじめるのは、一八八〇年代になってからのことであり、公共的な非宗教的領域を意味する道徳と対をなす用語として明確に意識されるようになるのは、一八八九年の大日本帝国憲法公布の時期からである(4)。このようにして取り込まれた西洋の宗教概念は、文明の尺度を宗教の自由の保障、つまり宗教と政治は別であるという「政教分離」を原則としていた。

一方、英語の Buddhism という語が仏教に該当するものであるが、それもまた西洋世界がインド社会と接触する中で新しく作られた概念である(5)。西洋列強の帝国主義と異文化との接触の中で発生した様々な宗教群、つまり、その構成要素であるキリスト教、仏教、イスラム教、または神道や儒教は、固有の特質を有する個別宗教として認識されることとなった。厳密にいえば、多様な宗教によって構成された宗教群の中で、キリスト教と仏教が「宗教」の中核をなすこととなったのである。

さて、日本仏教がどのような宗教概念化の過程を経て一八七七年に朝鮮にわたってきたのかを検討するためには、日本仏教の置かれた当時の日本国内の宗教事情も念頭に置く必要があるだろう。

近代以前の日本における仏教は、「仏法」「仏道」をはじめとする「法」「道」「教」と対置して成立した近代的呼称であった(6)。いわば、近世には仏教という統一的な概念は存在しなかったのである。近代に入ってからは西洋による日本の開国とともに、近代以前の仏教は新しい局面に差しかかるようになる。日本仏教は、意図しなかった列強社会への便乗にともない、外在的要因としてプロテスタンティズムと出会い、近世の仏教と呼ばれる「宗教的なもの」から「仏教」という領域へと分節化される過程を経験することとなったのである。つまり、西洋で生まれたBuddhismが「仏教」という漢語として日本で翻訳される概念化の過程の中で、前近代の日本仏教は欧米のBuddhismの概念の受容とともに、近代宗教としての「日本仏教」概念化の作業に取り組むようになったのである。

このような宗教概念化が起こりはじめたのと時を同じくして、日本宗教の海外布教は、明治政府の成立とともに本格的に行われるようになる。この際、最も積極的であったのは仏教界であった。幕府側に立っていた仏教界としては、廃仏運動を背景として、新政府への献金などにより明治政府の利益に合致していることを示す必要性に迫られていた。(7) この時期の日本宗教界の全体的な動向は、仏教界の特権的地位を揺るがす仏教排撃と廃仏毀釈、神道国教化運動と現人神としての天皇像の浮上、黒住教、金光教、天理教などの新興宗教の成長、キリスト教の教勢拡大などが主要なものとして挙げられよう。(8) このような宗教状況の変革期に、明治政府の領域拡大にともなって、日本仏教もまた北海道や朝鮮、中国へと教線を拡大する試みを行っていた。(9)

もう少し日本仏教の事情を述べてみると、神道国教化政策による神仏分離令の布告（一八六八年）がなされるとともに、これはまもなく仏教を排斥する廃仏毀釈へと向かっていった。日本の仏教はこうした局面から脱却するため、欧米の宗教を模倣しつつ近代的な宗教としての「日本仏教」を目指すための多様な方法を模索していく。たとえば、人間の内面を重視する「精神主義」の提唱、また社会問題に直面し解決するための社会活動の「新仏教運動」ないし「社会事業」などの活動を展開していったのである。その際、彼らに与えられたのは、近代的産物である「信教の自由」、そして宗教と政治は区別すべきであるという「政教分離」であった。

しかし、欧米の宗教概念を受容するとともに日本仏教の概念化を進行させる過程でより鮮明になっていくのは、個人には信教の自由が保障されず、さらに政治と宗教はますます癒着していくということであった。この中核をなすのは、いうまでもなく、近代天皇制を軸とする日本の「国家神道」である。日本の宗教は「国家神道」を中心に日本的な宗教概念を再生産し、さらに日本仏教も他の宗教と同じく、近代天皇制に立脚した日本的な新しい意味を含意する「日本仏教」へと、つまり日本的なナショナルアイデンティティを有する近代的な宗教としての「日本仏教」へ、定着していかねばならなかった。

換言すれば、日本仏教は西洋の宗教概念を模倣、受容しながら近代宗教としての日本仏教へと変貌していくが、このような宗教概念化は逆に、日本的なものへと転換され、日本国家にふさわしい「日本仏教」へと定着していったのである。こうした二重の概念化で作られた衣に纏われた日本仏教は、また違うアジア、つまり朝鮮の土を踏み出しにいったが、このような状況でいち早く朝鮮へ渡ったのが、真宗大谷派であった。それが、一八七七年のことである。

ではここで、当時の朝鮮の宗教事情について述べる必要があるだろう。儒教に基づいて体制を整えた朝鮮の支配層は、儒教以外の仏教・道教などを抑圧した。朝鮮社会における仏教の地位は、高麗時代の護国仏教としての地位と比べものにならないほど低いものであった。長期間にわたって続けられた「排仏崇儒」政策により、僧侶の社会的地位も相対的に低くなるなど、その教勢は非常に弱体化しており、僧侶は社会の最下層と同一視され、仏教寺院も世俗から隔絶された山岳地帯に建てられたのである。

このことをよくあらわしているのが、一六二三年以来の「僧侶都城出入り禁止令」の制定であり、以後、大韓帝国初代皇帝・高宗まで、ほぼ一貫した廃仏抑仏政策が継続されてきた。[10]こうした状況下において、日蓮宗の佐野前励が金弘集総理大臣宛に出した建白書によって「僧侶都城出入り禁止令」が解除（一八九五年）されたことは、朝鮮仏教界にとって衝撃的な出来事であった。これを契機に、朝鮮仏教界も活力を取り戻し、教育面・制度面においても「近代化」への試みが行われはじめるが、それは反面では、日本仏教との接触が明確になっていくものでもあった。

その一方で儒教は、朝鮮社会の特権階層である「両班《ヤンバン》」を含む儒林を中心に広がっており、とりわけ朝鮮儒教は、「性理学」と呼ばれていた。[11]それは朝鮮において政治・社会・文化イデオロギーとして機能し、朱子学の継承を志向して人々の意識に定着していったのである。こうして支配層の学としての儒学は他の一切の教学を排しながら、朝鮮の支配的な統治理念としての地位を占めるようになったが、朝鮮後期になり儒教が当時の人々の心のよりどころとしての役割を十分に果たせなくなると、多くの朝鮮人は風水、巫覡などの民間信仰に傾いていった。そして、このような状況の中で、新しい宗教団体の出現が待たれていたともいえよう。

周知の通り、その代表的なものは「東学」[12]であるが、キリスト教の朝鮮伝来が「新宗教」[13]の成立と成長に刺激を与えた一因であったことも見逃すことはできない。キリスト教による刺激、国家危機に直面したときの新宗教のもつ対抗意識が、新宗教の成長を促したといえよう。やがてキリスト教は、徐々にその勢力を伸ばしながら、「独立協会」のような開化派の政治結社、そして民衆にも影響を与えるなど、朝鮮における有力宗教としての位置を占めていくこととなる。このように、日本の仏教が朝鮮に入ってきた時期とは、既存の宗教の衰退、新宗教とキリスト教の成長という朝鮮の宗教状況が変化していく過渡期であったのである。

このような朝鮮の宗教状況と宗教概念化の問題とを結びつけて、かつて近代（開港期）の朝鮮社会における「宗教」概念形成について論じた張錫萬は、この時期の宗教の受容問題を次のように述べている。

開港期の宗教概念は四つに分けられるが、それは、反宗教概念、理神論的な宗教概念、文明記号的な宗教概念、人民教化的な宗教概念である。反宗教概念は、欧米の富強原因を科学から求めながら宗教と科学を対立関係と把握する立場である。理神論的な宗教概念は、宗教に対してネガティブな観点を含む啓蒙主義的な合理性を主張しながらも宗教の普遍性と必然性を同時に認め、これら二つを結び付ける見解である。これによって公的領域には科学、私的領域には宗教が配置される。人民教化的な宗教概念は、近代化の問題の中で重視される近代性の受容問題や集団アイデンティティ確立の問題の中で、後者に重点を置く立場である。ここで宗教は人民を統治するための必須的なものとして浮き彫りにされる。文明記号的な宗教概念は、欧米文明の根幹をプロテスタントから探っているため、プロテスタントが文明の記号として登場する。人民教化的な宗教概念と内容面においては相反するが、認識論的な態度の側面で相当共有するところがある。(14)

この張の主張が今日いかなる有効性をもっているかについて検討の余地はあると思われるが、このような張の指摘から窺えるのは、西洋文明が押し寄せる混沌の時期に、朝鮮の宗教は近代的な宗教になっていくため、国内外的に多様な経験にさらされたということである。しかし、張は日本宗教の影響をあまり念頭に置いていないようであり、一八七六年の日本による強制的な開国以来、朝鮮が日本の強い政治・文化的な影響下に置かれたことを考えれば、日本の文化・社会的動態に敏感に反応した動きをとらえることが必要となろう。この問題については、前掲の磯前の研究や、金泰勲の研究が参考になる。(15)ここでは朝鮮仏教の形成に観点を絞った金の研究からその要点を紹介することとする。

管見の限り、「朝鮮仏教」が文字史料としてはじめて確認できるのは、朝鮮半島に滞在していた日蓮宗僧の加藤文教によって一八九四年に執筆された『風俗仏教朝鮮対論』からだと思われる。周知のとおり、朝鮮半島における日本仏教僧の活動は一八七〇年代からであり、一八九四年までの間、「朝鮮仏教」という言葉が使われていただろうということは十分想像に難くない。しかしここで重要なのは、朝鮮の仏教者自らが自分のアイデンティティを「朝鮮仏教」と語る以前に日本の仏教者がそれを規定する作業を行ったという事実である。日本では一八八〇年代から「日本仏教」という概念が登場し一九〇〇年代前半から村上専精を代表として、「「外国」に対する自己言及をその動因」として「日本仏教の特徴」を語る作業が進行していた。このことは、日本仏教者たちが一八八〇年代から自らのアイデンティティを「日本仏教」として作り上げることができたからこそ、今度は朝鮮の仏教を「朝鮮仏教」と規定しえたことを意味する。要するに「朝鮮仏教」という概念は日本において西欧に対する自己言及としての「日本仏教」が成立することによってはじめて可能となるもの、しかも朝鮮の仏教者自らではなく「日本仏教」側の眼差しをフィルターとして登場した概念であったのだ[16]。

金が述べている「朝鮮仏教」「日本仏教」をめぐる自己認識の問題を考慮すれば、一九一〇年以前には、朝鮮仏教と呼ばれても、その中には明確に朝鮮というアイデンティティは存在しなかったことになる。つまり、張の論考からも明らかなように、欧米、日本により近代文明が押し寄せるこの時期には、朝鮮では今日我々が想定する宗教という概念、さらに仏教、ないしは朝鮮仏教という概念は存在しなかったのである。

では、宗教／非宗教の区分さえ明確ではなかったこの時期に、日本仏教の布教活動や社会事業は、朝鮮人、朝鮮仏教にとってどのような意味合いをもって行われたのであろうか。そして、これらの営みは日本仏教にはいかなる影響を及ぼしたのであろうか。以下、これらを念頭に置き、日本仏教、とくに真宗大谷派の朝鮮布教について考察する。

2 真宗大谷派の朝鮮布教

日本仏教の朝鮮における布教活動のはじまりは、一五八五年に本願寺の僧侶奥村浄信が釜山に渡り高徳寺を建てたことが嚆矢とみられている。[17] その後、奥村浄信の布教活動は文禄・慶長の役（壬辰・丁酉倭乱、一五九二～一五九八年）がはじまるまでの七年間続けられていた。なお、その後は朝鮮への渡航が禁じられたため、本願寺の朝鮮布教も中断せざるを得なかったという。[18] 奥村浄信ののちにも、日本の僧侶が朝鮮に渡り布教を試みたことが窺えるが、本格的な活動が行われたのは、一八七七年に真宗大谷派本願寺の僧侶奥村円心が日本人居留民の生活保護および慰安機関という名目で、釜山に本願寺別院を建ててからである。[19]

そしてその後、日蓮宗の渡辺日運が朝鮮に入り、また「僧侶都城出入り禁止令」の解除によって朝鮮仏教が活性化しはじめた時期には、浄土真宗本派本願寺中山唯然が釜山で開教を開始（一八九五年）、浄土宗三隅田持門が同じく釜山で開教を開始（一八九七年）、真言宗金武順道が京城に光雲寺を建立（一九〇五年）、曹洞宗鶴田機雲が太田に太田寺を建立する（一九〇七年）など、争うように日本の仏教諸宗派が朝鮮に入ってくるようになる。

これら日本寺院も、当初は朝鮮に在住する日本人を対象に活動を行っていたが、統監府が一九〇六年一一月に「宗教ノ宣布ニ関スル規則」（統監府令第四五号）を発布し、その第四条に「教宗派ノ管理者又ハ第二条ノ布教者其ノ他帝国臣民ニシテ韓国寺院ノ管理ノ委嘱ニ応セムトスルトキハ必要ナル書類ヲ添ヘ其ノ寺院所在地ノ所轄理事官ヲ経テ統監ノ認可ヲ受クヘシ」とあるように、日本仏教に対して統監府が朝鮮寺院の管理を奨励したことにより、日本仏教各宗派は次々と朝鮮寺院管理を統監府に申請することとなった[20]。

さて、朝鮮における真宗大谷派の布教活動を検討する際、最も多く取り上げられる人物は、奥村円心であり、彼とともに、朝鮮の開化派であり朝鮮僧侶である李東仁に焦点を当てる傾向が強い。以下では、彼らを取り上げた先行研究に依拠しつつ、朝鮮における真宗大谷派の初期布教を奥村円心と李東仁の二人を中心に把握していくこととする。

真宗大谷派の朝鮮布教の過程は、一八七六年七月の中国布教の本格開始に続き、一八七七年八月一六日の肥前唐津高徳寺奥村円心と越中専念寺平野恵粋の二名への朝鮮出張命令、九月二八日の両名の釜山上陸となって具現化される。それは、「恰も明治十年（一八七七年―筆者）時の内務卿大久保利通氏は外務卿寺島宗則氏と共に本願寺管長厳如上人（大谷光勝―筆者）に書を呈して朝鮮開教のことを慫慂し且つ依頼[21]」によるものであり、当時の真宗大谷派の信条は、「我本願寺はたとへ政教は分離すると雖も、宗教は即ち政治と相まち相補けて以て国運の進展発場と国民の活動を企図すべきこと[22]」というものであった。そして、「明治政府が維新の大業を完成し漸く支那、朝鮮等の諸外国に向つて発展をはかるに当つて、本願寺も亦北海道をはじめ支那、朝鮮の開教を計画した[23]」のである。

このことからも、真宗大谷派の朝鮮における布教計画は、明治政府の方針と相まって実施されたとみることができる。なお、先ほど第一項でも言及したが、政教分離の問題においても、政治と宗教は分離するものではなく密接な関係を有して癒着するものであり、朝鮮にも、日本における「近代宗教」あるいは「近代仏教」という一定の概念化過程を経て、渡ってきたことであろう。

なぜ真宗大谷派であったかについては、真宗教団側の資料には、江戸期の朝鮮通信使来日時の宿所が浅草本願寺であったことから、朝鮮側に大谷派（本願寺）が一定の信用を得ていたことと記されているが[24]、木場明志は真宗大谷派が海外布教を担当すべきであるとの合意が政府と真宗大谷派宗政幹部との間に成立したことを挙げながら、「信教の自由を掲げての真宗の自由布教獲得への主張は、国内で閉塞的教団事業を海外伸張で打開しようとの、ある種の仏教的征韓思想を形成し、政府の目的とする国権拡張の意向と合致したところに協力関係が芽生える状況となっていた」[25]と、真宗大谷派の朝鮮布教の経緯について指摘している。

さて、奥村円心による布教は朝鮮人をその対象としていた。『朝鮮国布教日誌』から読み取れる奥村の布教活動は、渡朝二ヵ月にも満たない一一月一三日に駐朝日本代理公使花房義質に面会、朝鮮人への布教方法について説明し、理解と許可を求めることから着手されたことがわかる。布教方法については、日本から持参の中国・朝鮮布教用冊子『真宗教旨』[26]を用い、「真俗二諦」[27]の教義の旨意でもって布教を進めたとしている。[28]その後、一八七八年一二月に東本願寺釜山別院の称を得るが、その間、朝鮮人および朝鮮人僧侶の来訪は続き、そのそれぞれに冊子『真宗教旨』を渡すとともに、教旨についての説教を行って布教に尽力したようである。布教当時の朝鮮人との接触状況を『朝鮮国布教日誌』から抜粋して列挙すると、以下の通りとなる。

明治一一年(一八七八年)

〈二月三日〉

江原道金剛山神渓寺普光庵僧太黙堂治玟来リ、韓国仏教衰頽セシヲ慨嘆シ、拙者ノ渡韓ヲ満腔ノ誠心ヲ以テ迎エ、爾後韓国仏教ニ付一臂ヲ添エ、仏日ヲ増輝セン事ヲ以テセリ

〈六月一六日〉

日曜ニ付散歩シテ、ハンテヒ村ニ至ル。家屋不潔ニシテ臭気紛々《ママ》鼻ヲ襲フ。施与スルニ飴餅等ヲ以テスレハ

村人餓虎ノ如ク来ル。

〈七月三一日〉

梵魚寺ノ僧円識等二名来ル。尤モ円識ハ異彩（才）ノ人物ニテ、韓人ニハ珍シキ才物ニテ、談話徹夜ニ及フ

〈八月三日〉

梁山ノ金文見来リテ、吾教下ノ弟子タラン事ヲ請談ス、後会ヲ約シテ帰ル

〈八月一八日〉

全羅道七仏寺僧文定来リ、教義ヲ談シ我門ニ帰セント請フ。

〈八月三〇日〉

梵魚寺ノ僧来ル。浦瀬ノ通弁ニテ朝鮮国仏教衰頽ノ現状及ヒ目下僧侶ノ行績等ヲ問フ。（中略）僧侶ハ唯々祈禱ヲ業トナスト。

明治一三年（一八八〇年）

〈七月三一日〉

咸鏡道吉川人来リ、国体ノ衰微スル事ヲ慨嘆シ、拝仏シテ去ル。其外数十人来ル。亦僧四名仏堂再興ニ付歓喜文ヲ出ス。故ニ銭三百文ヲ遣ス。

〈八月一三日〉

京城閔聖鎬訪ネ来テ筆談ス。国家ノ衰頽ヲ慷慨シテ縷々陳談ス。知ラス／＼東天ノ白キニ至ル

明治一四年（一八八一年）

〈五月一日〉

閲致福来リ談話シテ曰ク、真宗ノ教法我国ニ弘通スル時ハ、耶蘇教ヲ防禦スルノ第一策ナリ。此一言感スルニ余リアリ。(29)

無論、上記の内容は教団側の立場に立って書かれた記述であり、やや潤色された部分があるかもしれない。しかし一部であるとはいえ、このような認識と動向がその当時、朝鮮、あるいは朝鮮仏教の教団内部に厳然とあったことは否定できないだろう。つまり、朝鮮の僧侶が「韓国仏教衰頽セシヲ慨嘆」し、奥村円心の「渡韓」を「韓国仏教」の発展に重要な手助けとして認識していることや、朝鮮「僧侶ハ唯々祈禱ヲ業」としている状況下で、真宗大谷派に帰依しようとする者の存在などから、十分に開港期の朝鮮人(あるいは朝鮮僧侶)の認識がいかなるものであったか窺い知ることができる。

一八八一年五月一日の記述に関して川瀬貴也は、「もちろんこれは、円心に対する一種のお世辞であるのは言うまでもないが、ここにはキリスト教の侵入を防ぐ「仏教」という共通基盤を持った東アジアという、いわば「仏教アジア主義」とも言うべき心性の「芽」が語られている」(30)とし、ここに当該期の東アジア世界での「仏教アジア主義」の存在を確認している。しかしながら、この時期の朝鮮の宗教状況から考えれば、仏教という共通概念がなかったのはもちろん、仏教を基盤とするアジア主義というものがはたしていかなるものであったのか、やや疑問が生じる。「仏教アジア主義」については、今後時代背景を踏まえ詳細な検討が必要であろう。

以上のことから、日本仏教、つまり真宗大谷派に対する朝鮮(仏教)側の受け止め方としては、真宗大谷派を通して近代的宗教としての「仏教」を認識し、そしてそれを手がかりとして朝鮮の状況を「文明的」に改善しようとする意図が内在していたといえよう。つまるところ、朝鮮僧侶側において真宗大谷派は、「仏教+文明」として両者を同時に受け止めていたと理解することができる。そして真宗大谷派側からすれば、近代宗教の過程を経ていない朝鮮の仏教を通して、文明／未開の区分がわかりはじめる、または自らの宗教が近代宗教的なものであることを認識できる要因にもなったといえるだろう。

さて、こうした釜山別院を訪問する人々のうち、李東仁が訪れたのは一八七八年一二月のことである。その当時の事情を、以下の資料から確認しておこう。

釜山別院が開設された翌年、明治十一年十二月の一日、肌を裂くやうな寒い朝であつた。通慶《ママ》寺の僧と称する李東仁氏が、慇懃に奥村師の提撕をうけたいとて別院を訪ねて来た。品格もあり文筆も勝れこれまで奥村師が会つた僧侶とは非常に趣が異つてゐたので、奥村師も氏を待つこと甚だ鄭重であつた。その後氏は奥村師の厚誼に感じ屢々来訪し、或は別院に数日間も滞在して、常に時事を語り国際間の状勢を説き敢て仏教を語らうとしない。奥村師は益々氏が尋常の僧徒でないことを知つて、窃に氏の真面目を看破しやうとはするけれども、氏は容易に心事を打明けない。かくして半歳もすぎたであらう。十二年の初夏の頃から京城に行くと云つて一時消息を絶つてゐた。八月の中旬になつて忽然と京城から来訪し人を遠ざけて、今まで衷心を語ることを好まなかつたが、今やその時期に到達した、どうか私の為に一臂の助けを与へていたゞきたい、と前提して氏は朴泳孝、金玉均両氏の依嘱をうけて日本の状勢視察に身を投ずる決心を語り、此際日本の態度を視察して文物を研究し、以て朝鮮の文化改革に貢献したいといふ希望を述べ、今後は全く表裏なく万事を貴師にまかすから、私の志を援助されたいとて、赤誠其面に溢るゝものがあつた。且つ朴泳孝、金玉均両氏から其旅費として与へられたといふ長さ二寸余の純金の棒四本を示して旅行の準備を相談した。(31)

李東仁については、韓国ではいくつかの研究成果があるが、そこでの評価は近代化の先駆者、あるいは、日本政府側のスパイ説といったような親日的人物という見方が有力である。上の資料からもわかるように、朝鮮僧侶としての李東仁という人物より、「朝鮮開化」を目的とする人物として考えてもよいだろう。同資料から推測できるように、李東仁の日本渡航については奥村円心の援助があったということであるが、その後、奥村円心の力によって日本から近代的文物と制度、思想などがもたらされ、それを朝鮮開化派の金玉均らに伝え、そして日本では福沢諭吉とも面会するなどしている。

さらに再び朝鮮に戻ってからは高宗に世界の情勢を上奏し、一八八一年に紳士遊覧団が訪日した際には参謀役を果たすとともに、イギリスの外交官（アーネスト・サトウ〈Ernest Satow〉）と会ってからは朝鮮の開化に尽くしたのである。また、李は朝鮮における最初の創氏改名者（日本に渡ってからは朝野継允という名前を使用）[32]であるともいわれている。活動の全盛期に急に失踪したため、晩年に至るまでの李の足跡については現在の研究状況においても明らかにされないまま残されている。

以上のような内容が、おおよその李東仁に対する一般的な評価である。[33]日本での事跡のうち、李が文明を受け入れようとする姿勢が窺える資料として、『興亜会報告』第四集（一八八〇年四月発刊）に掲載されている「東派本願寺留学生某」が寄稿した「興亜会参」という記事の一部を取り上げておこう。[34]

今我州之委靡不振　受困於欧人者無他　坐於局見　不能取善於人　当其変通　而不能通也　欧米之所以権強於海外者無他　皆由於交集群居　互師其長　随時変通　以従其便故也　是以我益困　而彼益強　嗚呼痛哉

然彼所恃以富強自傲者　蓋工商之利　艦砲之精已而　数歳之後　我民皆得其術　彼将恃何以査侮我耶

明治十三年四月　日

東本願寺遊学生某

本会　会長座下

前者は、朝鮮に整合する近代的社会制度導入の必要性の強調であり、後者は西洋から蔑視されないためには西洋と同様の近代的技術力を取り入れるべきであるという主張である。こうした姿勢は、僧侶という立場のみでは説明しきれない文脈であろう。

そして、日本政府側のスパイ説および親日的人物という評価に対する韓晳曦の言を紹介しておくと、「『日本外交文書』や『朝鮮国布教日誌』を見ても、李東仁は、日本側からは相当の信頼を受けていたようであり、またそれに応えてもいたように思える。李東仁のスパイ説もこんなところからであろう[35]」とのことである。また、韓は、『龍湖問録』の「昨年金弘集日本行のとき、朝鮮人と称する李東仁という者が便乗して来国した。彼の人と為りは穎悟敏捷、才芸衆にすぐれ、朝鮮人というので信じて疑わず、機務参謀官に任ぜられ、王宮内に出入り、王と対座論議するのを日常とした。四五日前行方不明となり、始めて日本人スパイと覚り、捕縛にいったが、まだとらまえていない[36]」という箇所を紹介しているが、当時の状況からも、李東仁がスパイであるという認識は彼の活動の後半期にはすでに共有されていたことがわかる。

以上のように、真宗大谷派の初期布教活動を奥村円心と李東仁という人物に焦点を当てて若干触れてみたが、日本仏教と朝鮮との最初の接触に焦点を絞って、真宗大谷派の活動や朝鮮側の反応に注目しようとしたのが本項の狙いであった。中西直樹はこの時期の真宗大谷派の布教活動について、「大谷派の朝鮮布教は、政府とも密接な連絡をとりながら、清国＝儒教、ロシア・欧米＝キリスト教に対抗し、仏教を通じて朝鮮政府内に親日派を育成し、その勢力を拡大させようという意図のもとで始められたものと考えられる(37)」と指摘している。つまり、先行研究で論じられてきた「朝鮮侵略の尖兵」という評価からは、どうやら逃れられないようである。

さて、東アジア布教の初期段階における真宗大谷派の活動は、近代的布教方法を用いながら、「文明的」宗教という自覚のもとで、朝鮮への布教が開始されたわけであるが、朝鮮側においては、朝鮮を開化に導こうとする可能性への「動機付け」としての通路であったといえよう。そして真宗大谷派においては、海外への宗勢伸張と明治政府への協力といった複合的な姿が初期布教段階から窺えるのである。別のいい方をすれば、朝鮮における日本仏教の「近代化」への試みは、日本側においては「国家」と結びついた近代性を含有したものであり、それが他方、朝鮮側においては「文明」という近代性として受け入れられたといった、いわばその重なり合いのうちに行われたものであった。

この相異なりながらも重なり合う出会いが、その後植民地となる朝鮮における真宗大谷派の「近代」の経験の封切りであったのである。さらにここで考えなければならない問題は、この時期の李東仁のあり方に対する見解であろう。李東仁を現在の歴史的観点から「親日的人物」と断定することについては、より具体的な検討が今後必要であろうが、一八七〇年代の奥村円心と李東仁の関係において、「親日」とは何を意味するものであり、どのような行為を親日行為と断定するのか。さらに「日本仏教」であれ「朝鮮仏教」であれ、とくに「朝鮮仏教」という自己アイデンティティの認識を有していなかった当時の状況から、「親日」「抗日」という概念がはたして有効であるのか。この時期の「親日」言説を取り上げるためには、近代の宗教概念をめぐる多様な状況を踏まえて、今後丁寧な考察が必要であろう。

第二節　真宗大谷派の初期社会事業

一八七六年の日朝修好条規の締結以後、日本人の朝鮮居留は、日清戦争・日露戦争を経て益々増加していった。それと同時期に真宗大谷派の朝鮮布教は開始されることとなるが、次々と形成されていく日本人居留地に社会的秩序の安定を提供することが、真宗大谷派の最優先の任務として与えられた。とくに真宗大谷派の朝鮮における布教活動については、「開教」というよりは日本人の入植の後を追う形を取った「追教」であったという評価もあるが[38]、何よりも日本政府の政策に便乗した背景が大きく関わっていることは、前節で述べた通りである。

本節では、まず、真宗大谷派の朝鮮における社会事業（主に教育事業）の全体像を描き出すため、地域ごとに日本人居留民と朝鮮人にその対象を区分した上で、社会事業の実態を概観することとする。日本人居留民を対象とする社会事業は、日清戦争直後から朝鮮人対象の社会事業へと転換を迎えることとなるが、それは次頁の**表1**からも明らかであろう。

表1からわかることは、日清戦争以前には日本人を対象とする教育事業が主に行われ、その後は、朝鮮人を対象とする「日語学校」が隆盛し、日露戦争以後は、朝鮮人を対象とする社会事業が主に行われたということである。

こうした変化にも注目しつつ真宗大谷派の当該期の社会事業についてとらえ、近代的システムとしての社会事業がいかに朝鮮社会に形成され、そしてそれが、朝鮮人対象の社会事業にいかなる影響を与えたのかに焦点を当てて

表1　朝鮮における真宗大谷派の社会事業（一八七七～一九一〇年）

年	地域	実施対象		内容
		在朝日本人居留民	朝鮮人	
一八七七	釜山	小学校		居留地議長・総代の依頼により設立。三年間経営。
一八七七	釜山	●釜山教社		貧民救助、行路病者の救護を目的とする社会事業団体、一八八二年活動開始（壬午軍乱）。
一八七九	釜山	韓語学舎		奥村円心の布教活動とともに実施。
一八八三	釜山	補習学校		一八八八年まで運営。輪番に就任した太田祐慶師により設立。
一八八五	仁川	公立小学校		布教条件として教育事業に関与。一八九二年以後居留民に譲与。
一八八七	元山	公立小学校		居留民の要請、その後豊島了寛が学校長となる。
一八九〇	京城	共立学舎		居留民の要請、日清戦争以後閉鎖。
一八九五	釜山		草梁学院	日清戦争の結果によって日本語を学ぼうとする朝鮮人の要求、その以前すでに朴箕京なる朝鮮人先生が開城学校を運営。一九〇三年閉鎖。
一八九七	釜山	私立幼稚園		日本人居留民の幼稚園教育の必要性、一八九七年までに経営。その後は居留民団に譲与。
一八九八	光州		実業学校	日本移植民および朝鮮人の農業教育。
一八九八	木浦	木浦尋常小学校		教育勅語による居留民団と摩擦→居留民団に譲与。
？	郡山	小学校	小学校	日本人・朝鮮人子弟を対象。
一九〇一	鎮南浦	小学校		輪番の片野憲恵によって設立。二年後居留民団に譲与。

一九〇三	統営		統営学院	日語学校。草梁学院閉鎖以後設立。
一九〇四	城津	小学校		個人布教使の私的教育活動、一九一五年公立設立とともに布教使をやめ教育に従事。
一九〇六	京城	●京城教社		貧民救助、行路病者の救護を目的とする社会事業団体。
一九〇九	元山	幼稚園		日本人居留民の子弟を対象に実施。
一九〇九	元山		興仁日本語学校	朝鮮人対象の日語学校。
？	清州		時習学塾	朝鮮人教化の目的、国語および数学を教授、三ヵ月後閉鎖。
？	京城		●徳風幼稚園	本願寺系唯一の朝鮮児童を収容する幼稚園。

参考文献

大谷派本願寺朝鮮開教監督部編『朝鮮開教五十年誌』一九二七年／真宗大谷派本山寺務所文書課編『宗報』一八九九〜一九一七年／真宗大谷派本山寺務所文書課編『真宗』一九一七〜一九三〇年／真宗大谷派宗務所組織部『宗門開教年表』一九六九年／『教化研究』資料・真宗と国家Ⅲ（一九一二〜一九二六年）〈大正期編〉真宗大谷派教学研究所、一九八六年／『教化研究』資料・真宗と国家Ⅲ（一九二六〜一九三一年）〈昭和初期編〉真宗大谷派教学研究所、一九八八年

※「？」は設立時期が不明、「●」は韓国併合以後にも運営された施設である。「‖」は日清・日露戦争以前・以後であることを示す。

みる。これは、海外における日本仏教の近代化過程の一つとしてとらえることができ、一方、朝鮮側においては、近代的経験を日本仏教から受け入れようとする過程として読み取ることができるだろう。

そして、植民地となる空間で教育事業のような社会事業は、単純に日本仏教の海外布教、つまり教勢の拡張という側面だけではなく、そこには教団内部の事情や日本政府からの要望、現地人との拮抗した関係など、様々な問題が絡み合う形で実施されたはずである。植民地朝鮮における日本仏教の社会事業を考察することは、このような多

様な問題が同時に惹き起こされる中で表出される日本仏教と朝鮮人の近代性を確認できる作業となりうるだろう。以上が本節の目的である。

1　日本人居留民の登場

真宗大谷派の朝鮮布教は、奥村円心以前に、本願寺の僧侶奥村浄信が一五八五年に朝鮮に渡ったということは、前節で述べた通りであるが、「日本側の朝鮮在住者は文禄役のために釜山天正十八年四月一斉に朝鮮をひきあげている」[39]という記述をみると、詳細についてはいまだ不明であるものの、文禄の役（壬辰倭乱）以前にも相当の人数が朝鮮に渡っていたことが推測される。

一方、日本政府が釜山に目をつけた理由として、地理的近接性だけではなく、江戸時代以来、対馬との交易や倭館の存在もその要因であったといわれている[40]。一八七一年ごろには二〇〇人程度の居留民がおり、一八七二年には、対馬藩が朝鮮外交役を罷免されたために、日本人居留民は減少していたが、それでも五〇〜六〇人はいたという[41]。その中には、一八七三年一〇月に外務省が設置した草梁館語学所で学ぶ旧対馬藩士族が一〇人もいたという[42]。

一八七六年に日朝修好条規の締結により朝鮮は開港されるが、明治政府は西欧諸列強のアジア進出に危機意識を感じ、朝鮮における日本の確実な地歩を築くため、日本人の朝鮮移住政策を図っていた。こうした政策のもと、朝鮮への日本人の移住は、一八七七年の釜山開港にはじまり、日本人居留民は三四五人と激増することとなった。そうした中で、早くも同年五月には、一三人の児童を対象に、共立学校という名の小学校程度の学校が設置された。朝鮮における日本人学校の最初のものである[43]。やがて、一八八〇年末には居留民は二〇六六人に達していたという[44]。

一八七八年当時の釜山の様子を伝える『朝鮮通信』は、「屈指の大店」は東京の大倉組、山口の協同社、対馬の立新商会など五、六店で、「狭き場所なれ共、豆腐屋なり、煎餅屋なり、煮売屋なり、桶屋なり、下駄屋なり、窮乏人の為す可き商売は尽くあらざる無し（中略）甚だしきに到ては、対馬にて身代限りを為せし後、僅かに日雇にて活計を立て、一日二五銭の区費すら出す能わざる者あり」と書いている。(45) こうして日本人居留民は、日清・日露戦争を契機として急増、韓国併合の一九一〇年には居留民人口一七万を数えるに至っている。(46)

当初日本政府は、日本人の朝鮮移住政策の目的を果たすために、後述する移住専門の民間団体に補助金を出して奨励したほか、一八九五年の日清戦争の際には、朝鮮渡航に関する書類などを簡略化し、日露戦争直前の一九〇四年には一切の書類を無くし無作為で移住させた結果、不祥事による弊害が多くあらわれたという。結局、許可無くして朝鮮に渡るものを厳しく罰するとの「渡朝規程」を発布するに至った。(47) 以下は、一八七七〜一九〇四年までの日本政府による朝鮮渡航の便宜政策を表したものである。

【朝鮮渡航の便宜政策】

一八七七年　朝鮮側の日本商人家族連れ渡航は条約違反であるという抗議をつっぱねる。
一八七八年　朝鮮行旅券付与地を広島、山口、島根、福岡、鹿児島、長崎県厳原支庁に拡大。
一八七八年　旅券手数料通常二円のところ朝鮮行に限り五〇銭とする（八一年迄）。
一八九五年　居留民の一時帰国者は帝国領事館現住証明書によって再度船許可証必要なし。
一九〇〇年　韓国への漁業者の旅券必要なし。
一九〇二年　清韓両国を移民保護法の適用外とする。
一九〇三年　清韓両国渡航者出発時切迫等の為旅券願受の暇ない場合強いて之を要せざる。

一九〇四年　本人希望の外は渡韓に際し一切旅券の携帯必要なし。(48)

このような措置の背景には、一八七六～一八九〇年の間に朝鮮に渡った階層の過半数が無産者であり、日本で定職のない階層であったという側面が指摘できるが、日本が日露戦争で勝利をおさめた後、韓国統監府を設置し実質的に植民地統治をはじめたため、一九〇六年を起点に官僚および経済人の渡航が顕著に増えたことも一つの大きな背景となった。

一九一〇年一二月末の『朝鮮総督府統計年表』の職業別朝鮮在留日本人数は、商業四万八八〇二名、官使二万二九三一名、公使三三七六名、教員一九〇五名、雑業三万五五四三名であったが(49)、後述の通り、教員の中には真宗大谷派の各地域の布教所に派遣された僧侶の比重が相当に高かった。

このような状況下で、朝鮮に渡った日本人は各居留地を中心に様々な団体を組織し、自らの利害の調整、貫徹を図ろうとする動きがみられる。日本人居留民を代表する団体として「在朝鮮日本人居留民団」が挙げられるが、この団体は戸籍・土木・教育・衛生・消防・神社といった居留地一般の公共事業を議定・執行する総代役所の役割を果たしていた。このうちのいくつかを紹介すれば、衛生に関しては、民団立病院の設立、嘱託医師の招聘、衛生組合規則の制定、流行病予防費の計上などが行われており、消防に関しては消防器具の購入とともに消防組を組織し、警備機関としての機能ももたせて労働者の取り締まりなどを行っていた。神社に関しては、社殿の新築とその管理を行うのが通例で、一九一一年に京城では、大神宮社殿造営計画が立案されていた。土木に関しては、道路・橋梁・井戸などの管理・修繕のほか、埋築事業が盛んに行われた。最後に教育事業に関しては、妻子同伴の渡航が多かったことから、とくにその必要度が高かったようである。当初は寺院の慈善事業によってスタートしたが、随時居留地費による初等・実業教育が提供され、この業務は民団廃止後も「学校組合」という形で継承されたという[50]。

このような日本人居留民の組織であった居留民団は、朝鮮の各開港地に設立され、一九一四年の廃止の際には、新義州・鎮南浦・木浦・大邱・郡山・馬山・元山・平壌・仁川・釜山・京城の一一ヵ所に組織されていた。

日本人居留民の登場とともに、釜山を皮切りに開始された真宗大谷派の朝鮮布教は、その後、元山、仁川、京城、木浦に別院が設置され、群山、鎮南浦などに設置された布教所や出張所は韓国併合以前までに三四ヵ所に及んでいた。全地域の布教地ではないが、ほとんどの布教地域においては、日本人居留民の子弟を対象にする真宗大谷派による寺子屋式の学校教育が行われた。稲葉継雄はこの時期の日本人学校の最大の特徴として、設立初期において宗教色が強かったこと、換言すれば日本仏教各宗派の関与が大きかったことを指摘し、なかでも、その中心的役割として真宗大谷派の教育事業を取り上げている[51]。

一方、一八八七年初めごろから、日本国内では僧侶が初等教育に携わるべきとの議論が盛んに行われることとなる。その契機は、東京府学務課長庵地保が『国民之教育』（二冊）その他に発表した、「貧困児童の教育を僧侶に依頼するの説」であった。庵地の論は、国民の三分の一が不就学のため犯罪などを生み、国家の患いになっていると指摘し、その一方で僧侶は無為に日暮しをしているため、貧児教育を僧侶に依頼することは国家の利益にもなり、また仏教の利益にもなるという趣旨であった。それに応える形で、仏教新聞・雑誌の多くが貧児教育などを取り上げるようになったという[52]。このような日本国内における状況を踏まえると、おおむね同時期に日本仏教の近代教育への関与が朝鮮でも行われたといえよう。

このように、日本仏教が教育事業であれ、慈善事業であれ、中心的な役割を果たしたことについては、近代における宗教団体の「社会事業」がいかなる機能を有するものであったか、という問いから追究しなければならないだろう。日本国内の日本仏教による社会事業をながめてみれば、慈善事業、感化救済事業、社会事業など名称は様々であろうが、この事業の性格は、前章で引用したような中西直樹の指摘や前述の日本国内の状況のように、社会安定のシステムの論理として作用した部分も否めないだろう。しかも、植民地という支配空間における宗教の実践行為をいかに評するのか、さらにこれらの行為が日本仏教にはいかなる影響を与えたのかなど、多様な問題が生じる。この点を念頭に置き、以下では、釜山開港とともに実施された、真宗大谷派の各地域における日本人居留民対象の社会事業の全体像を描くこととする。そのためまずはその実態を概観し、これらの活動の有する意味合いを考察してみたい。

2　各地域における日本人居留民対象の社会事業

2-1　釜山・元山における教育事業

朝鮮における日本人居留民の登場は、妻子連れにより日本人子女の教育問題が要求されることとなり、日本仏教の布教開始地域には日本仏教が経営する教育事業が実施された。このような日本人居留民対象の教育事業は、真宗大谷派の教団が自ら動きはじめたというよりも、朝鮮に滞在していた日本人の要求、あるいは日本人移住政策による日本政府の要請によって行われはじめたという側面が強い。当時の状況は、「当時本願寺の計画は先づ釜山に別院を創設して、国威の進展に伴つて先んじて全鮮枢要の地に別院及布教所を建設して在留日本人の布教伝導《ママ》はもとより、更に教育と社会改善に従事する一方朝鮮同胞方面への開教を企図してゐたのであつた。その故各居留民の教育を創始するは勿論慈善事業の大部分は別院の手によつてはじめられた」[53]のであった。

この資料からも明らかであるように、朝鮮における当初の布教目的には、日本人居留民の布教や教育とともに、朝鮮人への布教も含まれていた。まず一八七七年一一月一四日、釜山布教所内に日本人居留民のための小学校が設置された。この小学校は、「明治十年一月釜山別院の成立を告げると、居留地議長青山如竹氏及び総代から居留民子弟の小学校教育を別院に依頼してきた。別院は直ちに之に応じ玄関の一室を教室にあて、平野恵粋師が教師となって教育を開始した」もので、後に日本人居留民の子弟の増加を背景に居留地総代らとの協議と近藤眞鋤領事の尽力によって「修斉学校」が創設（一八八〇年）されるに至るまでの三年間、経営されていた。[54]

小学校設立と同時に、同年一二月には慈善活動を中心とする「釜山教社」が別院内に創立された。これは貧民救助、行路病者の救護を目的とする真宗大谷派の唯一の社会事業団体であり、これが朝鮮における日本仏教の社会事業活動の嚆矢ともいわれている。[55]主な活動内容は、「毎月三日十五日の夜を以て別院に参集し見仏聞法の縁を求め毎年春秋両度社員一統の大集会を開きて一期の社務を整頓し社員の醵金及び寄附金は社費及び報恩慈善の用に供す現今の社員二四〇余名なり同地に於いて中等以上の地位にあるもの十中八九は同会に加入せり又此の外に女子講を取り結び同講員は八〇余名なるこれまた毎月三日十五日を以て別院に参集せり[56]」と記されている。つまり、釜山教社は、日本本国における真宗大谷派の初期の社会事業の特徴ともいえる「特殊布教」の性格が強かったと考えられる。

しかし、一八七七年に設立された釜山教社は、「釜山教社の最初の活動は、明治十五年壬午の変乱によって朝鮮における邦人財界に大影響を来たした時[57]」というように、設立五年目にしてはじめて救済活動を実施した。そしてその後釜山教社は、日清戦争・日露戦争の際に軍隊の事務所、奉公部を設置するなどして、軍人の慰問、出征軍人家族救護など、主として戦時救護事業を行った。

日清交戦中別院の全部を軍隊の事務所に当て軍隊の上陸毎に別院は主となって軍人の慰問に努めたので、恰も別院は救護本部の如き観を呈した。この間別院世話方及び婦人会の活動は実に目覚しいものであった。（中略）明治三十七八年日露役に当たっては、（中略）この戦役にも日清戦役に於けると同様、別院は軍隊の事務所となり、檀信徒挙げて軍務の援助に努めた[58]

こうした社会事業を先頭にした朝鮮での活動は、キリスト教のミッショナリーと同様の評価もなされているが[59]、日清戦争・日露戦争時の釜山別院の協力は相当なものであり、それは朝鮮人対象というより日本人居留民を対象として実施された社会事業であったといえよう。しかしながら、ここでの「釜山教社」の主な役割は、貧民救助、行路病者の救護を行ったというよりも、戦争の際に事務室と使われたり、軍人の慰問に努めたりなど、日本政府が帝国列強へ編入するのに協力する、いわゆる日本国内の感化救済事業の性格に基づいた活動であったことが指摘できよう。

たしかに日本政府は、戦争に勝利するため、海外に滞在する日本人を統合することを宗教の役割として期待したかもしれない。いずれにせよ、釜山別院は海外に滞在する日本人を統合する拠点として重要な位置を占め、仏教僧侶が教化者として大きな影響力を有していたことは間違いない。このような状況からいえることは、当時、真宗大谷派によって実施された慈善事業ないし社会事業が、今日我々が一般的に思い浮かぶ、個人の自由意識に基づき行われるボランティア的な社会福祉とは異なるということは明らかである。

さて、前述の小学校に続いて真宗大谷派の中等教育は、一八八三年に脇阪三應の後をうけて輪番に就任した太田祐慶によってはじめられる。小学校を卒業した日本人居留民子女のために、別院内で女学科・英語科・朝鮮語の三科を設けて、中等教育の補習教育を開始したのである。[60] 中等レベルの居留民補習教育機関としてはこれが最初のものであり、同時にそれは高等女学校の先行形態でもあったという。[61]

そして釜山別院は一八九七年三月、幼稚園の経営にも着手した。朝鮮における日本人（釜山別院輪番菅原磧城）による日本人のための幼稚園の嚆矢であった。[62] 開設以来、その経営権は後々まで釜山別院が保持していたが、その間何度か居留民団との間で経営権をめぐる綱引きをしたという事実は、[63] この事業が日本人居留民との妥協と摩擦の中で行われたということを物語っている。一九〇五年になると私立釜山幼稚園はさらに発展し、釜山別院が年額三千余円の経費を負担して経営していた。[64] こうして経営が軌道に乗った私立釜山幼稚園は、併合後一九一五年に釜山公立幼稚園が開設されるまで、釜山唯一の幼稚園であった。

このように釜山における真宗大谷派の日本人居留民対象の教育事業は、幼稚園、小学校、中等教育学校の全課程の教育施設と、社会事業団体の釜山教社に至るまで、他の地域と比べて幅広い展開をみせており、韓国併合以後にも一部の施設は存続することとなる。

一方、釜山に続いて元山が開港されたのは一八八〇年五月、東本願寺釜山別院元山支院（後に元山別院）の開設は一八八一年四月であるが、元山でも日本人居留民子女教育の必要が生じ、元山別院がこれに応じたのは一八八四年のことであった。その後、「明治二十一年（一八八八年―筆者）迄ハ本願寺元山支院ニテ教育ス同年公立小学校設立」[65] とされているが、一八八八年に元山居留民団の公立小学校となっても、豊島了寛は元山公立小学校の校長として日清戦争を経て元山を離れるまで在任し続けていた。[66]

やがて、元山別院が、幼稚園および実業補習学校を経営する形で再び日本人居留民教育に乗り出したのは、一九〇九年のことであった。

明治四十一年（一九〇八年―筆者）二月東条教奉師辞して長谷得静師が其の後を承くるに及んで、布教の進展を謀ると同時に元山教育の発展を計るべく、先ず六千余円の資金を投じて四十二年三月幼稚園を建築し、次いで元山教育を継承して教育会実業補習学校を起こし、更に朝鮮同胞の教育に手を伸ばし同年五月興仁日本語学校を創立した。久水理事官、大田儀三、渡辺半蔵、山崎豊次、鳥居貞三郎等の諸氏は此事業のために多大の後援をなし、その後数年継続されたが、幼稚園を除く外は近年廃止するに至った。幼稚園は現在年額六百円余の元山府の補助をうけて益々盛んに趣きつつあり、最近土井信暁輪番によって改築が計量されている。(67)

元山幼稚園は、一九〇七年六月、元山居留民によって「公立」として設立されたが、「大谷派本願寺寺院で一時運営」とも記されている。(68)しかし、上記の記述からみると、幼稚園とは別のものとして、私立元山幼稚園は東本願寺によって一九二七年まで継続して経営されていたようである。そして、元山教育会補習学校は、元山教育会による設立で、校名に始終「元山教育会」を冠していたが、一九〇九年の春以降は東本願寺元山別院の主導下に置かれている。(69)教育形態は、「毎夜三時間宛の教育時間にして之が科目は、商業要項、実業読本、作文、習字、算術、薄記等」(70)であった。また元山別院は、朝鮮人教育にも手を伸ばし、同年五月興仁日本語学校を創立するに至る。

2-2　仁川・京城における教育事業

仁川における真宗大谷派の布教開始は、真宗大谷派の朝鮮布教という目的よりも当初から居留民子女の教育を条件としてはじめられた。いわば「本願寺布教所建設は教育を本願寺に託するということがその動機の一つとなっているから、朝倉師は赴任早々教育に従事」(71)したのであった。一八八三年の仁川開港以来、日本人居留民の数は次第に増加していたが、居留地創始期のことで学校をはじめとする諸般の公共事業は、まだその緒に就くに至っていなかった。当時の仁川は、「僅かに居留民七百五十以内外、漸く妻子同伴するものが出来てきた位であったので、生徒は十名内外、全くの寺小屋教育」(72)という状況であったのである。そこで居留民会は、子女の教育を真宗大谷派に託すべく、釜山別院輪番太田祐慶に僧侶の派遣を依頼することにより、釜山別院仁川支院開設とともに日本人居留民の子女を教育するようになるが、それが一八八五年九月のことである(73)。

その後居留民会の財政も確立、一八九〇年居留民会は、公費をもって学校を維持・拡張すること並びに僧侶以外に専任教師を招聘することを決定した。ここに居留民会と仁川支院が共同運営する、いわば「半官半民」的小学校教育が開始されることになる。支院西隣の家屋敷を買収して移転し、専任教師の招聘にともなって教員組織が必要となり、支院輪番が校長を兼任することとなった。一八九〇年の専任教師招聘に続いて、一八九二年二月には専任校長角尾好義が就任し、学校は完全に仁川支院の手を離れて仁川公立小学校となった(74)。したがって、仁川支院が居留民小学校の経営に携わったのは、一八八五年一〇月から六年三ヵ月の期間である。

京城における日本人居留民の教育実施は、日本人商人山口太兵衛の尽力によって開始されたが、日本人居留民小学校教師の杉田熊蔵が職を辞したことにより新しい教師が必要になった。当時の状況は、「当時仁川には内地人が千人位居て本願寺の布教出張所があつたので私は京城における布教尽力の責任を引受ける。布教出張所を設置する経費を引受ける等の条件つきで本願寺より赤松慶恵師を入京させて貰ひ、杉田氏の後任を兼ねて頂くこと」(75)になったという。こうした背景から開始された京城における教育事業は、「共立学舎」といって、生徒は二五名からはじめられた。一八九二年八月二二日「京城公立尋常小学校」として開校式を行って以来、一八九三年一二月まで運営され、日清戦争とともにしばらく学校は閉鎖され、南山の本願寺所有の土地に校舎を建設した(76)。

このように最初の「共立」学舎という学校名からもわかるように、初期の教育事業においては居留民役所裏の朝鮮家屋一棟を借り上げて支院に提供し、その一室を教室に充てたこと、財政面からしてもこの段階での学校運営の主導権は、ほぼ全面的に居留民会側にあったことがわかる。(77)

教育事業のほかにも、釜山教社と同じく京城には「京城教社」が設立され、「京城教社　京城別院は慈善の目的を以て本教社を組織し、基事業として行旅病者の収容を担任し、数年此事に尽力せり。収容所は別院境内に設置せられ、本年更に二十余坪の新築を増加せり」と『宗報』(一九〇九年一二月二五日)に記されている。設立時期は不明であるが、一八九〇年京城別院が設立し、「数年此事に尽力せり」ということから、一九〇五年前後と推定できる。

2-3　木浦・その他の地域における教育事業

一八九七年に木浦が開港されるや真宗大谷派は、翌一八九八年三月西山覚流を当地に派遣、西山覚流は同年四月、日本領事館敷地の一部を借り受けて木浦支院を開設した。西山は布教を第一の使命として考えていたが、当時の日本人居留民子弟が教育機関のないまま放任されていることを憂慮した西山は、「未だ何人も手を染むることなかりし居留民子女の教育事業を企画し、直接の布教を寧ろ第二義に置き、校主として一義其の経営に努力」したのである。(78)その教育事業の初期状況は、「開校式は明治三十一年十一月十六日を以て挙行せり実に本港において教育事業の形象に顕れたる本校を以て嚆矢とす(中略)元来本校は木浦布教間接の手段として開設する見込みにて支院の事業已に端緒に就きし後において着手の考えなりしも躊躇すべからざる時機に遭遇し校舎の新築器具の調成を俟つの遑なく不得已支院の全部を挙げて仮校舎に充て第一着に設立の挙に及びたり」(79)とされている。

ところが、居留民会は、一九〇一年一一月二七日の臨時大会において、翌年一九〇二年一月一日以降、木浦尋常高等小学校を民会の直接経営とすることを決議した。「三十四年春校舎落成するや居留民団は実に不道徳にも教育勅語を楯として宗教と教育の混同は非として学校を民団に譲与すべきことを強要した。然し西山師は之を拒絶した。茲に於いて居留民団は西山師をおいて本山にこのことを請願した。本山に於いては種々協議の結果西山師を招致し事情を聴取、民団の所置に対して一時は非常に憤慨したが、本山の立場として且つは真宗教旨の上より居留民の発展を念ずること切なるものあるに鑑み無条件にて民団に譲与することにしたという。爾来木浦別院は教育事業に関与することをさけたのであるが民団は崇敬協会を組織して会費の半額を別院の布教費に提供し以てその厚意に報ることとした」[80]という。この決議は木浦支院の意に反するものであったが、結局木浦支院は、教育事業の管轄権を居留民会に譲渡し、木浦支院は布教のみに専念することとなったのである。

その他に日本人居留民対象の真宗大谷派の社会事業として、群山、鎮南浦、城津、馬山浦でも教育事業が確認される。群山尋常高等小学校は、『朝鮮開教五十年誌』に「明治三十三年三月十五日布教所の一部を開教して小学校教室に充てた。之が即ち群山小学校の濫觴である（中略）其後三十四年二月日本人会の設立を見るに及んで小学校経営を同民会に移譲したのであるが此時生徒の数は既に三十四名に増加し、鮮人中篤志家の児童数名をも収容して居た」と記している[81]。

ほかにも一九〇一年八月～一九〇三年九月にかけて小学校を経営した鎮南浦布教所や、布教使の私的教育活動が一九〇八年五月から併合後にまで及んだ城津布教所なども確認できる[82]。また、開設時期は不明であるが、一九〇一年一二月の『教育時論』には、馬山浦の小学校について、「同地なる我在留民公共の機関は、略ぼ整備したるも、未だ公立小学校の設立あらず、幸いに東本願寺の設立に係る尋常高等併置の小学校あり、児童の教育欠かざるも、何時迄も本願寺の手に依頼せん事は、在留民の案ぜざる所なれば、遂に民会々議にては、明年度より右本願寺の学校を引き受くることに可決し、直に本願寺に交渉せしに、快く之を承諾し、校舎及び器具共悉皆寄附する旨回答あり」と報じられている。(83)

以上のように、朝鮮における真宗大谷派の日本人居留民対象の社会事業活動は、朝鮮各地にわたって、日本人居留民の教育基盤を整える上において相当な役割を果たしてきたことが確認できる。真宗大谷派のこうした活動は、教育・社会事業を通して、閉鎖的であった在朝日本人社会の精神的基盤の一端を支えていたと指摘でき、(84)このような種々の教育事業は、日本人居留民の生活要求に応じたものであり、布教の足場を固め、教義を広める舞台となったことは確かである。しかしながら、その根底には日本政府・軍の勢力圏の拡大、真宗大谷派の教線の拡大、現地人の仏教の復興や生活便益の成就という要素がすべて密接に絡まっているといえよう。(85)

ここで留意すべきことは、こうした日本人居留民対象に整えられた社会事業的基盤は、その対象が日本人ではあるものの、それはあくまでも朝鮮で行われたという点である。いわば、真宗大谷派の教育事業制度が整備されていく過程において、日本国内よりも朝鮮という近代化されてない空間であったからこそ、よりはやく近代化が（日本人居留民によって）要請されたのである。いうまでもなく、こうした真宗大谷派の教育基盤は、朝鮮人を対象とした教育事業にも活かされることとなる。

さて、一九一〇年以前の朝鮮における日本人を対象とした日本仏教団体の社会事業の様相を、日本国内の状況を視野に入れ考えてみると、以下の資料が参考となるだろう。

由来教育万能主義を以て偏に学校教育に熱注し、而して宗教を疎外し念頭に置かさりし当路が、近来漸く国家政策上大欠陥あることを目覚し、宗教徒を利用して此の欠陥を補ひ、以て自家の重担を軽減せんとするは、恰も棄児を呼還して家事の手伝はしむるに似たりと雖も、兎も角人世の美事たると同時に当路施政上の良策たるを失はず、去れど既に棄児を呼還して家事の手伝を致さしむる以上は、最早棄児の取扱を以てすべきものに非るは勿論、刻下有用なる手伝人として、相当の衣服を支給し、相当の俸給を払ひ、且つ相当の待遇を為すに吝なるべからず。(86)

ここからは、社会事業（教育事業）を、日本仏教にとって復興のための絶好のチャンスとして受け止める姿勢が読み取れる。そして慈善事業を国家からの特権・待遇措置を引き出すための手段とみるこうした論調は、すでに一九世紀末以降に行われた日本国内の公認宗教運動でも数多くみられたものであり、仏教側に共通した認識であったという状況を考慮すれば(87)、日本仏教、とくに真宗大谷派による、植民地となる朝鮮においての社会事業は、日本国内とは異なる側面もあるものの、植民地であればこそ社会事業という形を通して日本仏教の復興を目指すその勢いはより鮮明にあらわれたことであろう。

結局、日本人居留民を対象とした幼稚園・小学校・中学校・高等女学校という近代教育体系の導入は、公的機関が関与するまでの期間に限られて運営されたものである。真宗大谷派にとって幼稚園経営は、日本人居留民との繋がりを作る重要な契機でもあったが、それも公立の幼稚園が存在しなかったために可能であったことであり、公立幼稚園ができると真宗大谷派は押し出されることとなった。しかし、教育の基盤形成という面からみれば、真宗大谷派の活動は非常に大きな意義を有するものであったといえるだろう。

3　各地域における朝鮮人対象の社会事業

3-1　釜山における教育事業

奥村円心は、「朝鮮人僧侶の改宗を通して、朝鮮民衆の入教を図る一方、在朝鮮日本人に対する朝鮮民衆の悪感情を解消する融和策に全力を傾注」することが目的であり、それを果たすためには、「真宗教旨を説法するより、まず座談に、物質的に、交遊に誠意を披瀝」した。そのため朝鮮人の「好意を得る」ことができたが、後には「朝鮮語の説法、または真宗教旨を朝鮮語に訳し参拝者に配るなど積極的な布教活動」を行っていたという(88)。

この姿勢が、朝鮮人を対象とした当初の方針ともなるものであろう。さらに一八七九年一月七日には、奥村円心により釜山別院内に「韓語学舎」が創立され、「幾多の本山留学生を収容すると共に朝鮮同胞にして日本語を学ぼうとする者をも収容して明治二二年まで之を存続した。韓語学舎は無論語学以外に仏教学をも授けた。加藤法城師は仏教教師として韓語学舎に教鞭をとった一人であった(89)」と記されている。これは、朝鮮人に真宗の教義を広めるため、その前段階として教育事業を行ったものといえる。

このような海外（とくに中国）における布教使による「日本語教育の形態」について、浄土真宗本願寺派の事例に注目した小島勝は以下のように分類している(90)。

（一）現地人の中から浄土真宗本願寺派の僧侶を養成する目的で教育機関を設け、その中で日本語教育を行う。

（二）非定型的に現地人に日常会話としての日本語を教え、生活上の便益を与える。

（三）現地人のための幼稚園を設立し、日本語を教える。

（四）現地人のための中等教育機関をつくり、日本語を教える。

真宗大谷派の場合も、韓語学舎の設立において、（一）の現地人僧侶の養成が優先課題であったことは確かなことである。いわば、日本人居留民の現地社会に適応しようとする意欲も窺えるが、それと同時に、語学以外に仏教学もともに実施したことからわかるように、真宗大谷派の日本人と朝鮮人を対象にした布教使養成の意図もあったのである。だが、前節で述べたように、教育の実施対象が主に朝鮮僧侶に偏っていたことからみると、彼らを改宗させるための融和策という側面も指摘されている。(91) そして、（二）を除外したその他の項目については、日清戦争後から次々にあらわれはじめる。

こうした日本語教育は、現地人に対する布教との接点であり、重要な回路となったが、アジア地域における「日本化」の支柱にもなったことも指摘されている。(92) しかし、ここでいう「日本化」なるものについては、より詳細な検討が必要であろう。つまり、真宗大谷派の僧侶が認識した「日本」とはいかなるものであったのかという問題を問わなければならないだろう。前節で述べた通り、一九〇〇年前後に、外部に対する自己言及として「日本仏教」という概念が登場したとするならば、一八七〇年代に真宗大谷派教団や布教使が認識した「日本化」「日本仏教化」については、今後より丁寧な考察が必要である。

さて、先述の「釜山教社」における慈善事業においても、朝鮮人対象の救済活動を行っていたことが窺える。「殊に特記すべきは朝鮮同胞の窮乏まことに酸鼻を極め黙視に忍びず食料品、綿布、金銭等を贈与し其窮乏を救ったことである。之等の費用実に二万余円に上り、之別院の活動に依つて両国民感情の融和に貢献したことは多大なものである」(93) と記述されている。しかし、これ以上の救済活動の実態については明示されていないが、前述したように釜山教社の初期の救済活動は、日本人居留民を中心とする選別的・制限的な救護活動であった側面が強いと考えられる(94)。

朝鮮布教開始以来、主に日本人居留民を対象に行われた教育事業は、一八九五年からは朝鮮人を対象にする「日語学校(95)」の登場へとその様相を変化させる。日清戦争直後の日語学校の設立は、朝鮮人側からみると、日清戦争の勝利が決定的となった情勢を反映し、高揚する朝鮮人の日本語学習熱に応えることでもあったと指摘できる。これは、先ほどの小島の指摘の（二）と絡んで、日本人との交流の手段である「商業用語」としての可能性がありうるだろう(96)。たしかに、英語の必要性が生じ英語教育を奨励した朝鮮政府の政策と相まって、次々と押し寄せる日本人の増加とともに日本語の必要性を朝鮮人は実感しただろう。

その一方で、朝鮮に日本語と日本的なものを植えつけようとする日本人側の意図も、この時期から少しずつあらわれはじめる。こうした背景から、真宗大谷派における正式な日語学校が釜山の草梁に発足するのは、一八九五年のことである。また、その設立時期は定かでないが、すでに朝鮮人教師による日語学校が開城で運営されていたことは、以下の資料からも確認できる。

明治二十七、八年戦役の結果、菅原輪番は日語を学ぼうとする者甚だ多きに鑑み、本山に交渉して草梁日語学校を起こし草梁学院と称し開校式を挙げた。これよりさき既に草梁には朴箕京、荒浪平治郎、二氏が開城学校と称する日語学校を経営して居ったにもかかわらず、草梁学院に入学する者百名を越え爾来年々成績見るべきものであった。然るに明治三十六年にいたり輪番井上香憲師は東亜同文会の勧めによって統営に更に日語学校を設立することとなり、草梁学院を閉鎖し生徒を開城学校に託し、統営学院に全力を傾注した。然れどもこれ

も財政上の困窮に接し遂に馬山浦領事に譲渡するのやむなきに至った。(97)

その後の実態については、「大谷派本願寺私立釜山学院」と題された教団側の雑誌『宗報』の記事から確認できる。(98)ここでは草梁学院とは異なる「釜山学院」の名称で紹介されているが、一九〇一年の状況を記した「独り釜山学院ありて漸く韓人の子弟を教育する」(99)という文章から、釜山には真宗大谷派の朝鮮人日語学校は一つしかなかったと考えられ、したがって両者は同一の学校であると推測される。

その実態について簡単に触れておくと、学年は予習第一学年、予習第二学年、初等第一学年、初等第二学年、初等第三学年の五つに分けられており、修身科、読書科、算術科、地理科、習字科、歴史科、体操科、唱歌科、図書科、外国語学科を授業科目として設けていたが、なかでも、修身科、読書科、算術科、習字科、体操科、外国語学科は全学年を対象に実施されていた。地理科には「韓国地理大要」、歴史科には「韓国歴史大要」が含まれており、外国語学科では「平仮名」「片仮名」「簡易なる漢字交じり文」というように、主な外国語は日本語を中心に構成されていた。一八九九年当時の全生徒数は朝鮮人一〇六名であり、その氏名も記されている。

このような草梁学院での真宗大谷派の教育事業は、早い時期に近代的教育体系を整えて朝鮮で実施されたものと把握できよう。そして、日本語が外国語として位置づけられ、日本語を含め広い範囲の授業科目が設けられていたこと、朝鮮人教員によって韓国地理・歴史などが教授されていたことには注目する必要があるだろう。つまり、ここには単に日本語を学ぼうとする朝鮮人の意図を見出すというよりも、近代的教育が経験可能な空間、日本・朝鮮・宗教といった次元のみならず、「近代」という文明が味わえる空間としての魅力を朝鮮人に提供する空間であったと言い換えることができるのである。

韓国併合以前、朝鮮人にとって近代教育という文明は、朝鮮時代の身分制度に反して下位身分でも立身出世が可能となる一つのルートと認識されており、この教育が日本人によるものであるにせよ、欧米の宣教師によるものであるにせよ関係なく、ともかく教育という近代文明を味わいたいという朝鮮人の欲望から、日本仏教の教育事業は出発したといえよう。かくして、こうした朝鮮人の欲望が、真宗大谷派の教育事業と合致し、より活発に行われるようになるのである。

さて、一九〇〇年当時、日本人が設立した日語学校は全国に一一ヵ所存在していた。すなわち、京城学堂、三南学堂、釜山学院、開昌校、達成学校、実業学校、平壌・元山・城津の日語学校、韓南学堂、安城学校である[100]。この中で真宗大谷派の日語学校は、釜山学院と、後述する光州の実業学校であった。また時期はやや遅れるが、元山別院においても一九〇八年、朝鮮人教育に着手し、興仁日本語学校が創立された。しかし、その実態・廃止時期などはいまだ不明である。

3-2　光州における教育事業

光州における真宗大谷派の教育事業を説明する際、欠かせない人物は奥村円心の妹である奥村五百子である。奥村五百子について、守田佳子は「奥村五百子（一八四五〜一九〇七）は、幕末の一八四五（弘化二）年に生まれ、若い頃から尊王運動に関わり、二度目の結婚に破れた四三歳からは、選挙運動や郷土唐津の開発事業に尽力した。一八九七（明治三〇）年五三歳で韓国光州の「日本村」建設に着手し、中国への視察や軍慰問も行った。一九〇一（明治三四）年には愛国婦人会という軍事救護団体を創設し、一九〇七（明治四〇）年六三歳でなくなるまで「お国のため」に働いた。愛国婦人会は、総裁に皇族妃を置き、華族・将校・知事などの名望家婦人を集めた団体で、四〇年以上存続し、解散時には六〇〇万人以上の会員数を誇る世界にもまれにみる婦人団体となった。奥村五百子は、この愛国婦人会を主唱したことで著名になる。第二次世界大戦終結までに多くの五百子伝が刊行され、劇や映画にもなり、教科書にも掲載された。しかし敗戦以後、五百子は忘れられてしまった」と紹介している(101)。

ここで、重要な二つの事柄は、朝鮮へ布教に乗り込んで「日本村」を建設したこと、愛国婦人会を創設したことである。この点は、軍国主義を身に纏って生きた人物として評価を行うのに適した女性であると判断される部分であろう(102)。この二つの側面の接点を考えるならば、近代化過程の中で、国家主義的志向を朝鮮の実業学校という社会事業を通じて実現させたともいえよう。

以下では、真宗大谷派の朝鮮人対象の社会事業の性格を、韓国併合以前の早い時期に設立された、朝鮮における唯一の光州「実業学校」に着目し、その設立経緯を奥村五百子の動向を中心にとらえていく。そこから見出される、日本仏教の近代ともいえるものに注目したい。

奥村円心が光州布教を思い立ったのは一八九七年六月のことである。妹奥村五百子とともに上洛、さらに東上して、布教認可・布教地選定などを整え、同年七月一六日朝鮮へ渡航した。布教地選定にあたっては、「昨年六月十四日奉名東上し、当局大臣及び要路知名の士を訪ふて意見を叩き、且つ、保護を求む。諸公皆大に之を賛成し（中略）始成鏡北道に入り、漸時露境に及ばん計画なりしも、近衛、小笠原諸公先づ之を排し、全羅慶尚の間を選ぶの得策たるを指示せられ、当局大臣又之を賛せられしを以て、茲に愈々木浦附近を目的地として、視察を遂ぐる事とし(103)」というように、近衛篤麿・小笠原長生の意向が大きく作用していた。

そして、一八九七年一一月二九日、海軍大佐出羽重遠・南条文雄・天野喜之助などが出席して近衛邸で会合が開かれた。この席で奥村五百子は、真宗の布教施設だけではなく、養蚕と桶や提灯などの雑具を生産する実業学校の設置の計画を話し、事業の経費を外務の機密費から捻出してもらえるよう依頼する。(104)こうした奥村五百子の実業学校事業の経緯は、故郷唐津の開発事業の影響も少なからずあったことは間違いないだろう。とくに養蚕事業に尽力したことは、朝鮮における活動にもその影響が作用していたといえる。(105)

その後、光州には約一週間滞在、兄妹で種々協議の末、一八九八年に今後の布教目的および方法について、次のごとく本山へ提出している。

第一　殖産興業を奨励し可成物質的の開発を勉む事。
例へば農業改良を図り養蚕を奨励し以て輸出品を増さしめ、当地方産出の小麦を利用して一般に嗜好する素麺の製造を教ふる等より、尚又附近各地産の製紙輸出の途を発見する事。

第二　不問僧俗、地方著名の人物を奨励して日本を観しめて以て一般の開発普及を図る事。
来遊は年に必ず二名を下る可からず而して又内地に布教に尽力する者は不問僧俗特別の取扱をなす様商船会社へ向かつて総務殿より照会の事。(内地とは蓋し朝鮮内地なり)

第三　学校を成立して以て青年を開発する事。
最初彼等の怪みを受けざる様韓人教師一名を雇ひ而して生徒は総て無月謝とし尚常筆紙墨を給与し初は専ら在来の学芸を修せしめ自然筆算、地理、歴史等に及ぼし終に宗教的の倫理を教育する事而して又生徒は凡十名位を限りとし観察使地方官等に交渉し可也中以上の生活をなし且俊秀なる者を抜擢する事。(106)

上記の計画からは、朝鮮人布教に接点を置きながらも、「実業」「教育」が相当程度強調されていたことがわかる。

第一の項目においては、宗教的色彩をあまり帯びておらず、奥村円心、奥村五百子の二人で協議したとはいえ、第一と第三においては奥村五百子の意図が強く窺えるのである。そして、このような光州における布教方針が出された時点で、すでに奥村五百子は近衛篤麿に対して、実業学会設立につき会長を依頼していた（一八九五年三月）[107]。ところで、奥村五百子はなぜ光州に実業学校を起こす計画に取り組んだのであろうか。ここにはいかなる意味合いが内包されていたのだろうか。

　奥村五百子が朝鮮の社会事業に臨んだのは、「刀自が朝鮮に渡つて仕事をしたには種々の原因がある。奥村家の祖は奥村掃除《ママ》の介と云ふ人で、釜山高徳寺の開山である。釜山海の号は後に豊公の賜へる処で元高徳寺は釜山にあつたと云ふ、其因縁浅からずして刀自の兄円心は明治十年に東本願寺の命を受けて布教師となり、釜山浦なる東本願寺の別院に行く事となつた。是が刀自の朝鮮にて仕事を為すに至つた直接の原因である」[108]と記されている。そうして開発事業を起こすこととなるが、奥村五百子は「朝鮮を開くには蚕業と農業とでなくてはならぬ」と考えたのである。それは、一八九四年六月、当時の日本政府は「実業教育費国庫補助法」を公布するなど、実業教育を積極的に奨励していたこと、そして養蚕は当時日本の外貨獲得（軍需品購入資金稼ぎの輸出品）産物として重視されていたことなど、当時の背景も視野に入れて考えるべきだろう。

　そのため、「其次女光子を東京蚕業講習所の本多岩次朗氏に托して数年間蚕糸業の講習を受けさせ」、光子の業が成るのを待って「三十一年の三月光子及び光子の夫山田節太郎、この両人の間に出来たる乳呑児、並に郷里の大工職、桶職人などを連れて韓国全羅道光州府に渡り、それより木浦に地をトして実業学校を建てたが、其間の辛苦は容易なものでなかつた」と記されているように、奥村五百子は時間をかけて徹底的に準備をしていった。そして「養蚕製糸の二つは光子が教授の任に当り、刀自は韓人の招きに応じて到る処で農事を教」える形で、光州における実業学校は開始されたのである(109)。

こうした事業の「表面の目的は殖産工業を起すと云ふので裏面では国家の為外交線上に立つて立働いた(110)」と述べられている。そしてその成果については、「実業学校は学校としては余り多くの目的を達成する事が出来なかつたが、陸海軍人の偵察隊が宿泊所としては最も功があり、福島陸軍中将、長岡陸軍少将などはこの時代に専らは交りを結むだのである(111)」と、朝鮮における実業学校としては成果を挙げられず、日本軍との共助関係においては相当の影響力が発揮されたことと理解できよう。

一方、一九〇三年、「養蚕学校」と記されている記述では、「金玉均、朴泳孝を庇護してより朝鮮と関係を有する様になつて遂に大谷派本願寺と計つて同国光州に養蚕学校を立てたが美事に成功して光州の府民は今日でも女史を敬することは神の如くであるそうな(112)」とも評されており、実業学校の成功可否については食い違いが窺える。とはいえ、光州実業学校の運営に必要な財政に関する相談のため一時帰国した奥村五百子は、近衛や小笠原らと面会し(113)、その結果、一万八〇〇〇円を交付されることとなる。しかし、これは外相大隈重信により、本願寺の布教費に支出したという名目で、外務省の機密費を光州実業学校の運営費に充てたものであり、京城の公使館を通じて、校長である奥村五百子に給付されたのである。そして九月一〇日には、校舎の棟上げ式が行われることとなった。

奥村五百子のこの事業について三井邦太郎は、「無我の愛」と題して次のように述べている。

奥村五百子が、朝鮮光州に実業学校を建て、幾多の困難を排して朝鮮の開発に骨を折つたのは、決して自己の名誉や、事業慾の為ではなく、全く、無智な隣人に対する彼女本来の無我の愛に基づくもので、女史はただ、気の毒な彼等に同情し、これに農耕蚕糸の業を教へて、これを文化に導き、今少し人としての幸福を享受せし

めやうと考へたのである。(114)

また、渡辺霞亭の『奥村五百子』によれば、次のように「殖民地」という用語が露骨に登場する。

「実業と教育―此の二つを以て無智の朝鮮人を誘導したら、そして彼処に殖民地を建設したら」斯う考へ付いたのは、それから間もない事であつた。殖民地建設―此の事に考へ及んだ時、五百子は飛たつて悦んだ。欧洲列国も挙つて殖民地問題に腐心してゐる。或は南米に、或は阿弗利加に、或は南洋に、さうして内地に溢るゝ国民を発展させ、無限の富を不毛の地から産出してみる。年々非常な勢ひを以て人頭の増加して行く日本は、此人口を如何に始末するか、それは殖民地獲得の外なからう、それには手近い朝鮮を―と、五百子は斯う考へた。(115)

このように著者によって表現は異なっているが、実際奥村五百子においてどちらの比重が大きかったかは知る由もない。しかし、このような両方の性格が朝鮮における実業学校を誕生させたことは確かなことであろう。文明化されてない朝鮮人を救済しようとする宗教的な実践行為が見られる一方、教育事業という近代的なシステムを利用し、植民地民となる朝鮮人を帝国の射程に入れようとする狙いがそこに存在したともいえよう。この二つを充足させるための近代産物として、教育事業が朝鮮で行われたのである。

ところが、事業運営は順調に進まなかったようである。生徒の募集はそれほど成功せず、大隈内閣が倒れたことにより学校経営費が支出されなくなった。このような状況において、奥村五百子にとっての最大の困難は、朝鮮人たちの激しい抵抗であった。当時光州においては、次々に資材を携えて日本から渡ってくる一団（大工、左官、井戸掘、桶屋、豆腐屋、傘屋、等々約一〇〇名[116]は、日本軍による光州占領の尖兵であると周囲の朝鮮人からは受け止められ、学校には常時投石があった[117]。これに対抗して非常に厳重な警備をするため、奥村五百子は一八九八年一一月一九日付で近衛に宛て、「昨日より各郡にて夫々集合仕候者雲霞のごとく（中略）当府警務署に於ても大いに心配仕（中略）依て出張日本警官と合議の上、更に臨時出張二名応援方願出、併せ銃器五挺、弾薬二百発併送願出致候処、今晩正に来着相成一同安堵仕候[118]」との書簡を出している。

その後、光州の実業学校は、大体一八九九年を起点として引き揚げられたと言及されているが、一九〇〇年七月一九日付で林權助公使は、外務大臣宛に「光州奥村実業学校運営ニ関スル件」として機密第六九号を出している。ここでは土地の問題から学校名義人の問題、これに対して観察使および郡守拒否の件など、実業学校の運営が設立当初から様々な問題を抱えており、一九〇〇年になってからも学校の存立が危うい状況であったことなどがよくあらわれている。しかし、確かなことは、一九〇〇年までは運営されていたということである。以下長くなるが、当時の実業学校設立運営をめぐる様々な斡旋関係が読み取れるため、引用しておく。

機密第六九号

近衛公爵ヲ総裁ニ仰キ東本願寺附属ノ名称ノ下ニ当国全羅道光州地方ニ設立セル奥村実業学校ナル者ハ其実陸軍省ノ輔助ヲ得現ニ陸軍付官ニシテ士官学校教授ノ任ニアリシ某ヲ該校次長トシ専ラ該地方人民ニ実業上ノ智識ヲ与フルヲ目的トセル者ニ有之候処該校附属事業トシテ同地方ニアル柳林藪ナル荒地ノ開墾ヲ企画シ昨年中該校主任奥村五百《ママ》当地ニ来リ前任加藤公使及秋月領事等ノ賛助ヲ得テ該開墾ノ特許ヲ当政府ニ得ン事ヲ運動致候処何分ニモ捗ルシキ効ヲ奏スルニ至ラス終ニ表面当国人李某ナル者ノ名義ヲ用ヒテ宮内府水輪課ノ許可ヲ得

裏面該校ハ同人ヨリ開墾一切ヲ依托セラレタル者トシテ兎モ角モ其目的ヲ達セントスルノ運ヒニ立至レリ然ルニ光州観察使ニ於テハ該事業ノ表面上日本人ト関係ナキヲ口実トシ故障ヲ申立候由之カ為メ去五月中該校員入京開墾着手ノ義更《ママ》ニ名義人ト協議ノ上這回ハ農商工部大臣ノ訓令ヲ齎シ郡守ヲ説服シ其実行ヲ試ミント企テ終ニ其結果郡守ヘノ開墾訓令及有力家ノ計画書等ヲ携ヘ同地ニ赴キタルモ是亦該郡守ノ否拒スル所トナリ成効ヲ見サルノミナラス該郡守ハ該校員等ヲ出抜キ反対ノ意見ヲ具シ中央政府ニ上申シタル為メ忽チ物議ヲ挑起シ該名義人ナル韓人ヲ逮捕スヘキ旨ノ厳達ヲ為ス等事態稍々困難ノ情況ヲ呈セルヲ以テ折柄入京致候該校教員ノ願出ニ由リ一応ハ当政府其筋ノ意向相探リ候処此際成効ノ見込覚束ナシトノ事ニ有之候

尚ホ観察使及ヒ郡守拒否ノ理由ニ付キテハ事実ハ兎ニ角一応ノ体ヲ備ヘ居候事ニモ有之候ヘハ強テ名義人ノ得タル許可及名義人トノ契約ヲ楯トシ之ヲ遂行セントセハ或ハ一場ノ物議ヲ惹キ起スヤモ測ラレス其結果トシテ光州ニ於ケル該校ノ存在ニ付世上ノ注意ヲ喚起スル事モアラハ自ラ不利ヲ招テ一挙シテ両ナカラ之ヲ損シ該校ノ立場迄モ失フノ場合アラン歟ヲ掛念致候ニ付暫ク時機ヲ見計ラヒ候方得策ナル旨ヲ説諭シ尚ホ其旨木浦領事ヘモ申含メ置候然ルニ近頃ニ至リ該名義人ナル李某ナル者該地検分ノ上事状申出候処ニ拠ルニ該地ノ開墾ハ為メニ水害ヲ来スノ患アリトハ事実ノ如クナラサルモ右理由ノ下ニ該地ハ土地台帳ニ編入セラレサレハ表面ハ飽ク迄荒蕪地ニ属スト雖モ其実ハ概ネ現ニ開墾セラレ今ヤ纔ニ掌大ノ荒地ヲ余スノミニ有之而シテ該開墾地ヨリノ収入ハ一切該地方官秘密ノ収入ニ属シ毎年凡ソ三千円ニ達スル由ナレハ到底該地方官カ該地ヲ他ニ譲リテ自家ノ収入ヲ欠損スルカ如キ挙ニ出ツヘキナク又実際ニ於テモ若シ土地台帳ニ登ラサルノ故ヲ以テ荒蕪地トシテ現墾者ヨリ取上ルハ事情ニ於テ為シ得ヘカラサルノミナラス若シ強テ之ヲナサハ該地方ノ民擾ヲ招クハ必然ナルニ付勢ヒ開墾ノ許可ヲ放棄セサルヲ得ス云々

右ハ悉ク事実ナル哉否ハ確保致難候得共多少之ニ類スル形跡アリトセンカ該校員等カ有スル該地開墾ノ企画ハ到底成効ノ義覚《ママ》束ナク加之ナラス昨今当国政府カ内地各所ニ散在スル外国人ノ居住ニ対スル政略方針ニ由ルモ頗フル厳重ナル内訓ヲ地方官ニ布キ可及的内地居住者ヲ居留地内ニ退縮セシメント力メッツアルヲ以テ（実際行ハレサル迄テモ）地方官タルモノ右方針ニ背馳スル行為ハ可成的之ヲ避ケンコトヲ欲スルハ必然ニ有之左スレハ大体該校ノ存在スラ今日ハ逆境ニ立ツニモ拘ハラス進ンテ地方官ノ感情ヲ害シ若クハ人民ノ産業ニ影響ヲ与ヘントスルカ如キハ得策ニ非ラスト思考致候ニ付寧ロ今日ハ其境遇ニ鑑ミ勉メテ地方人民ノ同情ヲ求ムルノ策ヲ講シ其地位漸ク堅牢ナルニ及ンテ漸次地歩ヲ進メンコト可然乎夫共実業啓発上土地ノ必要ヲ感スルニ於テハ彼羅島「カトリック」教会ノ常用シ来タル韓人名義ノ下ニ土地買収手段ヲ執リ姑ク之ニ満足スルモ亦一便法ト認候間右ノ事情御諒察ノ上該事業ニ関係浅カラサル近衛公爵ヘモ本官ノ意見御内示置相成候様御取計相成度希望致候此段及具申候　敬具

明治三十三年七月十九日

林　公使

外務大臣宛

結局、近衛篤麿、東本願寺法主の大谷光演らが協議し、奥村円心、奥村五百子を光州から引き揚げさせることになる(119)。こうして奥村五百子による光州実業学校事業は短期間で挫折するが、その後も朝鮮人を対象に養蚕および茶樹栽培など農業に関する技術を教えていたという(120)。そして、光州の事業は廃止されたかのような記述があるが、実はその後韓国併合以後にも光州実業学校は存続している(121)。

このように、光州における実業学校の設立動向において、奥村五百子が中心的役割を果たしたことは間違いない。近代化されつつある日本の政治・経済などの状況を念頭に入れ、それをベースに朝鮮にも有効な事業として養蚕業を実現するため、数年前から準備を行っていた。そして日本の政界の重要人物の協力を得ながら光州に実業学校を設立するが、様々な問題が持ち上がり結局、それを乗り越えることができなかったといえよう。こうした奥村五百子の朝鮮での業績については、「お国のため」(122)という表現からも窺えるように、海外へ進出していく日本の帝国的「近代」が、そのまま真宗大谷派の奥村五百子による朝鮮の実業学校にも反映されていたといえる。しかし、「無我の愛」のように、唐津の人々のための開発事業にだれよりも尽力した彼女の行いは、早い時期に朝鮮に学校、教育、産業といった近代的制度を用いることに繋がっていったことは確かである。こうして光州における真宗大谷派の実業学校は、海外における日本仏教の近代化過程において帝国的性格が発露した、社会事業の「萌芽」とも呼びうるものであった。

3-3　その他の地域における教育事業

すでに述べたように、朝鮮における朝鮮人対象の日語学校は、代表的なものとして釜山の草梁学院が挙げられ、ほかにも元山別院内の興仁日本語学校が短い期間ではあるが運営されていた。そのほかには、清州において時習学塾なる日語学校も運営されたことがあったとのことであるが、これについては、「一時鮮人教化の目的を以て時習学塾を創設し国語及数学を教授したが三ヶ月を経ずして閉塾の止むなきに至つた」(123)と非常に簡単に記されている。

また、群山布教所が時期的に食い違いはあるが、日本人・朝鮮人をともに対象として教育事業を行ったことは、前述の通りである。また、設立年度は定かではないが、京城においては徳風幼稚園が設立されていた。これは奥村五百子の娘によるもので、「京城に於て現在故奥村五百子刀自の遺子敏子女史が徳風幼稚園を経営してゐる。之は本願寺系の唯一の朝鮮児童を収容する幼稚園であるが、経済的に困難な立場にあるにもかゝはらず、敏子女史特有な積極性はよくその忍苦にたえて益々繁栄を企図しつゝ今日及んでゐる」[124]となっているが、この幼稚園が本願寺系唯一の朝鮮児童を収容する幼稚園であった。

以上、韓国併合以前の朝鮮における真宗大谷派の朝鮮人を対象とした教育事業を、釜山、光州地域を中心に触れてきたが、社会事業の内容面における特徴としていえることは、「日語学校」「実業学校」という二つの教育事業が展開されており、前者においては、朝鮮側の日本語習得の必要性という「文明」的側面、早い時期に「日本的なもの」を移植しようとする日本仏教の意図が巧妙に内包されていたといえる。なによりもこうした基礎を構築したのには真宗大谷派の布教使の役割が大きく、宗教的文脈としての布教活動的要素も同時に確認することができた。後者の「実業学校」は、早い時期に近代的実業としての「養蚕」事業に注目した奥村五百子の活動が目立つものであるが、ここでは明らかに彼女の国家主義を強調した姿勢が強くあらわれており、宗教者としての「実践」といった側面は縮小化されていたといえよう。いずれにせよ、こうした二つの「近代」と呼びうる性質は、真宗大谷派（布教使）の手によって作られた近代的産物にほかならない。しかしながら、その根底にはすでに帝国的性質を孕んだ「近代」が流れており、それは奥村五百子の実業学校の設立経緯に顕著にあらわれていたといえよう。

最後に、植民地を目前としている支配空間で、日本仏教の慈善に基づき行われた社会事業的な行為そのものについて若干考察を加えたいと思う。前節でも述べているように、植民地となる空間で社会事業を実施するということは、おそらく、日本国内の社会事業の影響という側面は否めないが、ここで留意すべきは、近代以前の「慈善」というものが近代になっていかなる意味合いを有するものとして変貌したかということである。「社会事業」という用語自体はドイツからの影響とはいえ、それが日本へ受容される際に、ドイツの社会事業という概念が移植されると同時に、日本的な社会事業、つまり近代以前の「慈善」が日本国家との関わりが強い「慈善」に変わり、「日本型社会事業」として新しく生まれていったということである。

このような、日本的なものとして概念化過程を経た近代的な「慈善」は、さらに植民地という空間へと移植され、植民地朝鮮における近代的な慈善として再び概念化される。このような社会事業は、国家との関わりが薄かった宗教者一人で実施されていたかつての「慈善」とはかなり異なる、近代的な「慈善」を随伴した社会事業として表出されたのである。今まで考察してきた韓国併合以前の朝鮮における真宗大谷派の社会事業は、まさにこのような過渡期に行われた社会事業であったといえよう。

第三節　植民地朝鮮における真宗大谷派の社会事業――「向上会館」を中心に

日本の米騒動（一九一八年）、朝鮮の三・一運動（一九一九年）、台湾の議会設置運動の高揚（一九二一年）などを背景に実施された日本と東アジア植民地の社会事業は、帝国主義的な手段であったという政治的な意味での共通基盤を有していた。ここで見逃してはならないのは、救貧や防貧という社会事業の果たす本来の機能のほかに、民心安定、秩序維持、社会統治の側面に当局者が注目したことである。このような政治的手段としての社会事業の実施において、当然、宗主国日本と植民地とは区別されており、いわば、社会事業のもつ政治的性格は植民地体制下で一層明確な形をとるものとなった。そして、いうまでもなく、このような状況の中では宗教者が語る、あるいは実施する「慈善」にも、やむを得ず近代的な変化がもたらされたのである。

さて、一九一九年の三・一運動は植民地当局に大きな衝撃を与えた。新たに就任した斎藤実総督により「文化政治」への転換が図られ、朝鮮民族主義運動の分裂・解体を目指した政策が実施されたが、この時期に、真宗大谷派や浄土宗は朝鮮人対象の社会事業に本格的に着手することとなる。ここで植民地朝鮮における社会事業政策について若干触れておくと、社会事業という用語が、植民地朝鮮において実際に登場しはじめるのは、一九二〇年代のことである。それ以前の社会事業は、総督府の報告書における一九一〇年までの記述によれば、「賑恤」と「衛生」とに大きく分けられ、一九一〇年代以降、「慈恵救済」と「衛生」に変わり、「衛生」の内容には、伝染病および阿片取締なども含まれていた。三・一運動直後から「社会事業」の用語が登場し、「社会事業講習会」「朝鮮社会事業研究会」が結成されたほか、「京城方面委員制度」の設置など、社会事業全般に関する広報活動が盛んに行われるようになった。一九三〇年代には「教化事業」に関する各種団体が組織され、社会事業の主流を担うようになった(125)。

これが植民地朝鮮の社会事業政策における大きな流れとなるが、日本仏教の社会事業も全体的な動向としては、こうした朝鮮総督府の社会事業政策に大きく沿う形で実施された。

さて、植民地朝鮮における真宗大谷派を含む日本仏教の社会事業に関する主たる先行研究には、序章で取り上げた尹晸郁、木場明志、中西直樹の研究が挙げられる。尹は、真宗大谷派の当該期の社会事業を日本政府による植民地政策の一環としてとらえており、木場は「仏教福祉」という観点から評価している。さらに近年、植民地朝鮮の仏教活動について新たな研究成果を発表している中西は、日本仏教の朝鮮人信者の確保の失敗に焦点を当て、日本仏教の社会事業の背景について、次のように語っている。

総督府としても、キリスト教の牽制・懐柔策、朝鮮仏教の振興・利用策に比べると、日本仏教の直接的な朝鮮人布教に多大の成果が期待できないことを理解していたであろうが、朝鮮人側に日本仏教の動向が総督府と一体のものと理解されている以上、何らかの対策を講ぜざるを得なかった。そこで、日本仏教による朝鮮人の宣撫工作として重要視されたのが、社会事業の推進であった[126]。

しかし、これら日本仏教関係者の諸事情が、朝鮮仏教の指導や朝鮮人の布教・感化の面で大きな成果を収める見込みはなかったと中西は指摘する。それゆえ朝鮮総督府にとって、朝鮮仏教の御用化、あるいは日本仏教に向けて活動する新たな協力団体の必要性が生じ、模索することとなる[127]。

本節では、先行研究を参照しつつ、植民地朝鮮における真宗大谷派の社会事業の動向を、日本国内で実施された日本仏教の社会事業を念頭に置いて検討していく。研究対象としては、一九一九年の三・一運動以後に設立された「向上会館」という社会事業施設に注目することとするが、植民地朝鮮における日本仏教の社会事業は、この時期から出現し、やがてその活動を表面化させていくことになる。こうした日本仏教における社会事業への積極的関与は、植民地社会での秩序安定がより求められた一九二〇年代から組織化される傾向にあったが、この背景には、植民地の朝鮮人の独立運動といった特殊な内的要因も大きく反映されたものであったことはいうまでもない。だが、朝鮮国外、とりわけ、日本国内の日本仏教における社会事業の動向も少なからず影響を及ぼしていたともいえる。

以下、第一章第二節の論旨を踏まえつつ、真宗大谷派における植民地朝鮮での社会事業について考察していく。とくに、社会事業の実施主体が同じ宗派でありながらも、その実施対象・場所（宗主国／植民地）の相違は、実際においていかなる差異をみせるのかに焦点を当てる。また、そこから析出された、植民地朝鮮における日本仏教の

「社会事業」を媒介とした「近代性」とはいかなるものだったのかにも注目してみることとする。宗教者によって行われる宗教的な実践である布教、慈善という行為は、それが近代になってどのように「近代的なもの」となり、さらに実施対象が植民地という特殊な空間においてはいかなる近代的な変化を引き起こすのであろうか。本節では、このような近代的な変化を社会事業から見出し、日本仏教と朝鮮人の多様な近代性を確認していくことを目的とする。

さて、韓国併合以後の植民地朝鮮における真宗大谷派の社会事業は、従来からの事業を継続、閉鎖するなどの再編成を行う一方で、新事業も開始されている。**表2**は、植民地朝鮮における真宗大谷派の社会事業についてまとめたものである。

真宗大谷派の布教使が教育事業などの社会事業に携わったことは、すでに併合以前から確認することができるが、それは韓国統監府設置とともに朝鮮統治に組み込まれていくこととなる。第二次日韓協約の直後の一九〇五年一二月一八日に、伊藤博文は「朝鮮布教注意」として、次のように述べている。

> 韓人の教化は文明人に望む夫と同様の考へを以てせば何等効果をも修め得されん、韓人は先づ身体より造り替へざるべからざれば、宗教の如きは第二に属し完全なる身体上の教育を以て後ち精神教育に及ばざれば或いは其の効果なからん、故に韓人指導には宗教家の手を待つこと最も急なりと云へども、まづ寺院は小学校の如く僧侶は教師の如き考へを以て韓人の指導教育に当らんことを望む。(128)

このことは、先述した日本国内における僧侶が初等教育に携わるべきとの議論からは多少遅れているが、確実に

表2　植民地朝鮮における真宗大谷派の社会事業（一九一〇～一九三三年）

年	地域	名称	内容
一九一〇	京城	同仁学校	京城別院内に創立、朝鮮人対象の中等教育機関、各々二ヵ年の本科と夜学科をもったが、一八歳から四〇歳までの生徒に内地の中学校相当の科目を教授。
一九一一	大邱	大谷達成女学校	朝鮮人子弟（女）を対象に中等教育を教授。
一九一七	京城	仏教慈済院	別院内の行路病者救護収容所を改組し京城仏教寺院連合会の経営に移す。
一九二三	京城	向上会館	朝鮮人の教化を目的とする。
	鳥致院	幼稚園	鳥致院布教所に幼稚園を併設。
一九二九	釜山	同朋女学校	釜山別院内に開設。料理の講習、茶道、華道、作法などの補習教育。当時二一七名。
一九三〇	京城	朝鮮大谷派児童協会	朝鮮における別院布教所の日曜学校の連絡統一を図るため朝鮮大谷派児童協会を結成し、本部を監督部内に置く。
一九三二	京城	若葉幼稚園	朝鮮、京城古市町に「若葉幼稚園」を開設。
一九三三	京城	朝鮮真宗夏期学校	京城別院内に置かれた朝鮮僧侶養成所。

参考文献
大谷派本願寺朝鮮開教監督部編『朝鮮開教五十年誌』一九二七年／真宗大谷派本山寺務所文書課編『宗報』一八九九～一九一七年／真宗大谷派本山寺務所文書課編『真宗』一九一七～一九三〇年／真宗大谷派宗務所組織部『宗門開教年表』一九六九年／『教化研究』資料・真宗と国家Ⅲ（一九一二～一九二六）〈大正期編〉（真宗大谷派教学研究所、一九八六年）／『教化研究』資料・真宗と国家Ⅲ（一九二六～一九三一）〈昭和初期編〉（真宗大谷派教学研究所、一九八八年）

一九一〇年を前後して朝鮮人対象の教育事業が実施されていたことをあらわしている。また「大谷派韓国開教現況」によれば、「慈善教舎は各別院に於て、必ず之を組織し、行路病者の救済に努力せり」[129]とされていることからも窺えるように、大谷派内部においても社会事業の必要性は認識されていた。

さて、日本における真宗大谷派の社会事業は、第一章で述べたように、一九〇一年に浅草神吉町で大草慧実による無料宿泊所の設立を皮切りとしている。さらに組織化された動きは、「大谷派慈善協会」の設置からであるが、これが一九一一年のことである。無論、このような日本国内の社会事業の動向は、社会問題の解決という「時代の要求」に起因する国家の要請、あるいは、日本仏教内部の反省も含めて発生したものであった。一方、植民地朝鮮における社会事業の組織化が図られるのは、日本国内より遅れ、一九一〇年代の後半からである。

一九一七年に、日本仏教連合による「京城仏教慈済院」「平壌仏教広済会」、一九一八年になると、「仁川仏教悲田院」「大田仏教慈済会」が設立されたが、韓国併合以後の日本仏教の植民地朝鮮における社会事業は、三・一運動発生の翌年から総合施設として整えられ、盛んに行われることとなった。一九二〇年から浄土宗の「和光教園」「釜山共生園」、真宗大谷派の「向上会館」、日蓮宗の「鎮海立正慈教園」「立正学院」、曹洞宗の「馬山副寿会」、真言宗の「金剛寺大師医院」、日本仏教連合の「羅南行旅病人救護所」「光州仏教慈光会」が設立され、種々の社会事業活動が行われはじめたのである。[130]

次に、一九二〇年代の日本仏教の布教活動と社会事業の動向をみると、「併合後其ノ他ノ各派亦争フテ布教ニ従ヒ信徒ノ結集、寺院教会所等ノ設備年ヲ逐ヒテ増加スルニ至レリ現在朝鮮布教ニ従事セル諸宗派ハ真宗、浄土宗、曹洞宗、真言宗、日蓮宗、法華宗、臨済宗及黄檗宗ニ属スル十六宗派ニシテ大正九年末ニ於テハ布教所数二百二十六、布教者数三百三十七、寺院数六十七、信徒数十四万八千余人、内朝鮮人信徒一万一千余人、外国人五人ヲ算シ従来神道ト同シク在鮮内地人間ノ布教ヲ主トセシモ最近漸次朝鮮人教化ノ途ヲ開カムトスルノ傾向ヲ示スニ至レリ而シテ是等諸宗派ハ専ラ布教ニ従事スルモノニシテ其ノ傍ラ社会事業ヲ経営スルモノニハ京城ニ於ケル労働宿泊所及隣保事業、龍山ニ於ケル行路病者収容所及開城ニ於ケル商業学校ノ施設其ノ他三四孤児院等ノ経営ヲ為スモノアリ」[131]と当時の状況が述べられている。

ここでの「京城ニ於ケル労働宿泊所及隣保事業」とは、第三章で検討する浄土宗の「和光教園」のことであり、「龍山ニ於ケル行路病者収容所」は、日本仏教連合による「京城仏教慈済院」、「開城ニ於ケル商業学校ノ施設」は、浄土宗の「開城学堂商業学校」を指している。このような状況から、一九二〇年代における日本仏教の布教の特徴は、朝鮮人を対象にした社会事業的な性格を強く有していたことが窺える。

1　向上会館の設立背景

向上会館の活動について検討する前に、なぜ真宗大谷派は向上会館を設立しようとしたのであろうか。そして、なぜ、朝鮮総督府は日本仏教に積極的姿勢をみせたのか。まずこのことを追究しなければならない。朝鮮総督府の日本仏教への期待が示された資料として、一九二〇年の秘密文書「朝鮮民族運動ニ対スル対策」[132]を参照しておこう。

三・一運動後新たに総督となった斎藤実は、この秘密文書において植民地統治における宗教利用を強調する。まず朝鮮仏教に関して、「仏教ハ李朝五〇〇年ノ圧迫ヲ受ケ社会的勢力ヲ失墜セルノ観アルモ民間ニハ相当ナル信仰的勢力ヲ保有スルヲ以テ之ヲ復興シテ之ノ上ニ国民信仰ノ起趣ヲ築クノ最モ大切ナルヲ信ス」と指摘し、そのためには①「寺刹令ヲ改正シテ京城ニ総本山ヲ置キ之ヲシテ三十本山ヲ統轄セシムルノ制度トナ」し、②「総本山ニハ管長ヲ置キ親日主義者ヲ以テ之ニ充」て、③「仏教ノ振興ヲ促進スルヲ以テ目的トスル団体ヲ設ケ之ヲ以テ総本山ノ擁護機関タラシムル」こととし、④「上述ノ団体ハ本部ヲ京城総本山内ニ置キ支部ヲ各本山所在地ニ置キ其会長ハ居士中親日主義ナル有徳ノ士ヲ以テ之ニ充」て、⑤「一、一般人民教化、二、罪人の感化、三、慈善事業」などを行わせ、⑥「総本山並各本山及仏教団体ニハ相談役トシテ人格アル内地人ノ顧問ヲ置ク」とされている。

ここでは朝鮮人の「日本人化」が重点になっており、そのための代案として提示されたのが⑤に取り上げた「一、一般人民教化、二、罪人の感化、三、慈善事業」であり、これらを担うことが日本仏教の社会事業に期待された役割であったことが推察できよう。そして、朝鮮総督府が日本仏教による社会事業への取り組みを重視したことについては、一九一一年一月に総督府が刊行した『大正十年最近朝鮮事情要覧』掲載の「宗教団体の社会事業」からも窺える。

宗教団体の社会事業は主として外国宣教師の手に依つて経営せられた学校、病院等各種社会的施設の見るへきもの尠からす彼等か先つ社会的事業以て日常生活上の実際的要求をみたさしめ徐徐に民心に根底ある基礎を築きて宗教の宣布に着手する熱心と努力とは偉とへきものあり之に反し内地人宗教家の社会的施設は只龍山に仏教各派か行路病者収容所を設け一箇年七千円余の経費を投して二十名内外の患者を収容せる開城に浄土宗の経営に係る商業学校ある外十二孤児院を有するに過きす今後内鮮宗教家の努力を要すへきは主として此の点に在るを認め本府に於ては相当の援助を与ふへき旨を示して宗教団体に対し其奮起を促し最近浄土宗に於て簡易夜学校及人事相談所設置の計画あり又大谷派本願寺等に於ても青年会館を建設して各種の社会事業を経営せんとする計画を進めつつある。(133)

ここからもわかるように、宗教団体による社会事業の重要性やその効果については総督府も共感しているところであり、その役割を日本仏教が担ったということであるが、それが、真宗大谷派と浄土宗であったのである。日露戦争後、日本国内の仏教社会事業（感化救済事業）が、吉田久一が指摘するように、国家が社会事業に乗り出すことによって、「防貧→教化」へと転換し、最終的には教化による「良善の国民」を養成したという文脈は、その性質こそ異なるものの、植民地朝鮮においても類似していたといえよう。(134) ただし、日本本国における国家の社会事業への関与は、日露戦争後の早い時期であるが、植民地朝鮮では三・一運動の後の一九二〇年代のことであり、時期的な相違が存在する点も付け加えておきたい。

一方の真宗大谷派側における事情はどのようなものであったのであろうか。まずは、教団機関誌『宗報』に掲載された「「鮮人教化」のための向上会館設立」を確認してみよう。

然るに我一派の鮮人教化といふ大理想は如何程進められたのであらうか。畏くも陛下は「一視同仁」と詔らせられた。政府当路の行政も全くこの一句の中に立脚して居る。我大谷派だけが内地人に厚く鮮人に薄いといふ理由は少しもない。教や宗門に国境なく、み光に東西の別はない。同じ無碍光の真唯中に住んで居ながら、如何に困難なる情があるにせよ、それを導き、教へ、覚らしめずに、手を拱いて居る訳には行かない。(135)

この資料から窺えるのは、宗教的な性質、とくに何らかの「平等」というものを強調しているということであるが、ここでいう平等的なものとは何であるのか、やや疑問が生じる。

さらに、『朝鮮開教五十年誌』は、向上会館の設立動機を以下の三点にわたって述べているが、第一の動機は、

「即ち朝鮮同胞なるが故に救はねばならぬとか、他国人なるが故に捨てゝおくべきだとかいふ差別的見地から組み立てられた事業ではない。偏に衆生若不生者のお誓ひ[136]が根本となつて生まれ出たものである。真宝至純の絶対愛がそのまゝこゝに姿を現はして居るのである。それ故本会館建設の第一動機は専ら如来の本願に基づいて居るのである[137]」と記されている。これは、宗教的見地、つまり、真宗の教義に基づいた事業であることを強調しているのである。

第二の動機は、「吾々は折角兄弟の縁を結んだからには、互ひに愛し愛されて行きたい。愛し又愛される為には、文化の程度を同じ水平線に迄導いて来なければならない。兄は兄とし、弟は弟として世界の大地を活歩したい。いふ迄もなく着るべき衣服、食ふべき食物、住むべき家を内地と同様のものとしたいといふのではない。兄は兄の天稟を発揮し、弟は弟の性能を完成すればそれでよいのである。それ故向上会館の建設の第二動機は、吾々兄弟国民として止むに止まれぬ愛の念願そのものに基づいて居るのである[138]」と記されている。このことは、「兄弟国民」として「愛の念願」を達するためには朝鮮人の「文化向上」が優先的に必要であることを強調しているのであろう。しかしながら、一方で「兄」「弟」という表現を用いており、暗に上下関係を示していることもみてとれる。

第三の動機は、「ところが現在五十に近い寺院及布教所の教化状態は如何なる方向に向ひつゝあるか。遺憾ながら内地の寺院を朝鮮に迄延長したといふに過ぎぬ現状にある。即ち現在の寺院及布教所はその殆どすべてが内地人の為に設けられたものであつて、朝鮮同胞は少しもその恩恵に浴して居らぬといつて敢て過言ではない。（中略）向上会館の諸施設は専ら朝鮮同胞専用の為に設備せられてある。即ち全く朝鮮同胞の人情風俗言語習慣その他を徹頭徹尾尊重してその諸機関を運用する事となつて居る。それ故わが向上会館は我本願寺三百年の宿志を縁として生れ出でたものであつて、これが本会館建設の第三動機である[139]」と、朝鮮における布教活動が在朝日本人対象の活動でしかなかったことへの「反省」を含め、唯一の朝鮮人のための社会事業機関を設立したことをその動機として語っている。

ここで、これら三つの動機とともに向上会館の設立背景として大きく働いていた朝鮮総督府との関わりをみていくため、次の資料に注目したい。以下は『中外日報』の「総督府大谷派の為に鮮人教化費を計上す」という記事である。

昨年来企画せる鮮人教化の会館建設の議はその後内地在住者の応援をもとめ居れるが総督府に於ても明年の予算中にこれが経営費中補助金を計上し居る位なれば一日も早く会館を建設せざれば事業を開始する事能はず、従つて総督府の補助金交付を受くること能はざる訳なれば先づ会館建設に全力を集注して会館を建設し以て鮮人教化の策源地とすべく種々画策をめぐらしつゝあり、鮮人教化は布教を第一義として進行し難き特種なる事情ある故に基督教の如く社会事業を以て彼等と結び徐に第一義諦を力説高調すべき方針なり今回の試みたるや全く仏教徒のノルかソルかの重要施設にしてその成績は一派の企画として軽々に看過し去るを許さざるものあり、会館建設地は裏に総督府より内地の境内官有地の如く無償貸与せるものにして前公使館跡の千三百坪なり、布教監督部の経営する所なければ本山直属の事業なりて。(140)

ここからまず窺えることは、三・一運動が向上会館設立の大きな要因として作用していたという点である。そしてもう一つは、キリスト教との関係を表に出している点である。これと関わって、「朝鮮の英字紙に現れた向上会館の新運動」（『中外日報』一九二一年七月五日）という記事では、「朝鮮に於る日本仏教僧侶の伝道は隆盛といへないが真宗は六十余年前に伝導《ママ》を開始し浄土及び曹洞もやつて来た。（中略）朝鮮人間に仏教を復興するやうな進行が少ない。（中略）僧侶の指導者は夫を知つてもつと活力ある宣伝を行はうと企て丶ゐる。吾々は最初に伝来した真宗、南山の麓に於ける本願寺の本部が現代的計画を起す事を聞いて喜びに堪へない。（中略）如上の渓内監督及後援者の計画は基教青年会の運動の方針によるものである。現今京城には鮮人の為と日本人との為に二個の基督教青年会があつて優秀な事業をやつてゐるが然し夫だけで全領域に行き亘つてゐるとは言へないのであつて其所に仏教徒が足を踏み出し友誼的態度で基教徒と争つて京城に於ける鮮人及び日本人の道徳的向上をはかるべき領域が仏教徒のために残されてゐる、公衆は必ずこの渓内監督及其友人に強き援助を与へ推奨すべき計画をなし遂げしめる事と信ずる」と、向上会館の計画を基督教青年会の運動の方針によるものであることを伝えている。

社会事業を媒介に朝鮮人信者の確保に成功していたキリスト教の伝道活動を相当意識していた日本仏教の立場としては、基督教青年会との「協力」という形態は、多少納得しがたい部分がある。しかしながら、植民地という特殊な空間では、教育、宗教、社会事業といった文化領域においては西洋の宣教師との葛藤、衝突が予想される場である一方、必要によっては逆に「協力」という形をとる場合も生じるといえよう(141)。

以上のことから向上会館の設立背景をまとめると、三・一運動という植民地の時代的状況、そしてこれによる朝鮮総督府の社会事業への関与という接点が成立する。これは、日本国内における感化救済事業――国家権力の関与――と同様の性格を帯びはじめたとも言い換えられよう。実際、植民地朝鮮における社会事業政策は、一九二〇年代から政策としての組織化が本格的に実行されるが、これは日本国内に比べやや遅れて実施されたものである。つまり、日本国内における日本仏教の慈善事業、感化救済事業を前提に、朝鮮総督府は植民地統治における有用性を認識し、その媒介として日本仏教の社会事業に注目したのである。何よりも、日本国内の社会事業の動きとしての一九二〇年代の「社会課」設置は、既存の社会事業を国家管理の近代的なシステムとして整理・体系化させる契機となり、植民地朝鮮の社会事業に大きな影響を与えたのである。

他方、真宗大谷派の側からみれば、朝鮮人布教の不振を、社会事業を推進することで改善し、その際にキリスト教の社会事業を模範としようとしていた点が窺える。またとくに注目しておきたいのは、「真宝至純の絶対愛」「専ら如来の本願」という宗教的実践に基づく、朝鮮人の「文化向上」といった動機が含まれていた点である。つまり、植民地朝鮮における真宗大谷派の社会事業の特徴は、朝鮮人に対し、文明的な手段、普遍的なものとしての宗教をともないながら実施されたということであろう。しかし、それは、矛盾や衝突を繰り返す植民地という〈場〉においては変化を余儀なくされ、「植民地主義」という「近代性」が強く内在化される過程で発露していくのである。別の言い方をすれば、宗教者の宗教的な実践としての「慈善」の近代的な変化の手がかりとなったのが、植民地朝鮮における日本仏教の社会事業であったのである。

2　向上会館の事業内容

こうした真宗大谷派の向上会館の社会事業は、渓内弌恵という人物によって具体的に展開されていく。その経緯は以下のようである。

南山本願寺別院輪番渓内（弌恵）文学士の主唱で、今度新たに仏教徒空前の試みとして鮮人教化を専門とする向上会館施設が生れやうとして居る。渓内文学士は明治四十二年東大歴史科の出身で、卒業後約三箇年間大谷派の本山が経営して居る真宗京都中学に教鞭を執つて居たが、その後思ふ処があつて元山別院で輪番となつて就任し八年間同別院で布教に力を尽し、大正七年春京城別院の輪番に栄転し、兼ねて同派の朝鮮布教管理者となつた、それ故満十年以上の歳月を朝鮮で暮した関係上、朝鮮問題に対しては、牢乎として抜くべからざる一家言と所信とを持つて居る。（中略）溪内氏個人としても朝鮮には深い因縁があり偶々朝鮮の現状が、あらゆる方面から宗教家特に内地側宗教家の奮起を促しつゝあるといふ関係から、今度の会館建設と迄話が進んだので、総督府もその行を賛成して府内天然洞の旧日本公使館跡に一千二百余坪の敷地を貸附する事となつた。(142)

溪内弌恵という人物が、なぜ朝鮮の元山まで来て輪番になったのかについては明らかではないが、韓国併合と同時に元山の輪番となった点、京城の輪番と同時に朝鮮布教管理者となった点、そして後述する文部省開催の「教化総動員の計画に関する会議」に真宗大谷派の代表として東京寺務出張所長の資格で参加した点などを考慮すれば、真宗大谷派において相当重要な人物であったことは理解できよう。このような人物が向上会館設立の中心人物として力を尽くしたということは、真宗大谷派の植民地布教にとって向上会館の占める意味が極めて大きいものであったといえるだろう。

では、溪内弌恵を中心として実施された向上会館の具体的な事業について、検討を行いたい。向上会館の具体的事業は、朝鮮総督府との打合せによって進められた。その経緯は次の資料からみてとれる。

会する者は総督府第二課より飛鋪、山名の両属同宗教科より福岡属、道庁地方課よりは大村属、府庁よりは澤村第一課長の五名及別院側よりは溪内、青森両氏都合七人で各々熱心に意見を交換した。官庁側の意見を綜合すれば、（一）、浮浪児の教化。（二）、簡易職業教育。（三）、簡易学校教育の三項目にしてその他隣保事業実費診療等の提案も出たのであつた。けれども隣保事業は現在選定せられた土地の関係で都合悪しく実費診療は総督府病院その他にも相当の計画ありて必ずしも本願寺に待たざるべしとの事となつた、上記三項目詮考の理由としては（中略）未だ十分な徹底的施設を見ず加ふるに浮浪児の数は現今益々増加の傾向がありて今に於てこれが感化訓育の用意を成し置く事は朝鮮の時局及社会風紀の上に大なる効験あるべきを以て本事業こそ本願寺の手に待たざるべからざるものなり(143)

真宗大谷派の「向上会館」における事業として取り上げられたのは、「浮浪児の教化」「簡易職業教育」「簡易学校教育」の三項目であり、これは「向上会館設立趣意書」において「教養部」「修学部」「授産部」といった具体的事業として計画されることとなった(144)。これらは、向上会館の設立とともに「教養部」は「宗教部」へ、「授産部」は「産業部」へ、そして「修学部」は、一九二四年に設立された「向上女子技芸学校」として運営されることとなる。その後、「授産部」「修学部」「教化部」「隣保部」の四つに分けられて実施されたようであるが(145)、一九三六年以降になると向上会館の社会事業は、「修学部」「社会事業部」の二つに分けられて実施されていった(146)。

本項では、まず設立当初の向上会館の主な事業内容である「産業部」「宗教部」「修学部」、そして「土幕民」移住事業について、『向上会館事業要覧(147)』（以下『事業要覧』と略す）や『旧東本願寺教学課資料(148)』を中心に検討することにする。しかしながら、資料の制限という事情もあり、朝鮮人の動向については主に産業部が中心となることを、予め断っておきたい。

2-1 産業部[149]

ここで取り上げる向上会館の「産業部」は、唯一、若干ながら朝鮮人の動向を窺うことができる事業である。よって、ここでは、真宗大谷派の社会事業における日本人や朝鮮人の動向から読み取れる「近代性」に注目し、その近代的なものについて日本仏教の「慈善」や「植民地公共性」をキーワードとして考察していきたい。なお、ここでいう「植民地公共性」とは、「植民当局に対する抵抗と協力が交差する地点に存在するもので、日帝時代の行政機関移転反対運動のように、公共の利益を確保するため行われる日常の政治的な側面」であると、尹海東は定義している[150]。朝鮮人生徒にとっては、こうした日本仏教の社会事業の空間は自立性が制限的であり、未成熟な状態であったものの、それなりに「社会的なもの[151]」としての領域が形成されていった領域であろう。また日本仏教の社会事業の空間によって創出されたこの「領域」では、植民地を挟んだ〈支配者／被支配者〉の抑圧や抵抗、あるいは葛藤や協力といった関係の中で亀裂が生じたり、ある事件を通しては公共領域へ浮上し「政治的なもの[152]」として表出されたりする。こうした「産業部」の状況からみてとれる真宗大谷派の関係者や朝鮮人の動向の拮抗関係によって、植民地空間における前近代的な日本仏教の慈善にいかなる変化が惹き起こされるのか。そしてその空間の朝鮮人はいかなる影響を受け、自己認識する近代的な人間としてあらわれるのか。「向上会館」という植民地近代空間を通して、日本仏教、朝鮮人の「近代性」はいかに表出されるのかを、ここでは検討していきたいと思う。

①産業部の事業内容

『事業要覧』は、一九二二年六月現在の時点における「産業部」を次のように記している。ここからおおまかな「産業部」の内容を概観してみよう。

開　設　大正十一年十月一日
目　的　朝鮮人子弟ニ洋服及洋靴製作ノ職業ヲ授ク
修業年限　本科一年六ヶ月
　高等科　同上
入学資格　本科ハ普通学校四年修了程度
　高等科ハ本科卒業生中ノ志願者ヲ収容ス
工賃給与　本科修業年限一年六ヶ月ヲ三期ニ分チ第一期六ヶ月間ハ一ヶ月三円宛ノ伝習科六ヶ月分金十八円ヲ前納セシムルモ第二期以上ノ伝習生ニハソノ技能ニ応ジ工賃ヲ支給ス
学科教授　全伝習生ヲ学力ノ程度ニヨリ六学級ニ分チ毎朝五十分間宛、公民トシテ必要ナル学科（修身国語算術珠算英語代数薄記等）ヲ教授ス
伝習生数　洋服科（七十六名）　　洋靴科（二十四名）

洋服科		洋靴科	
高等科第一期	十三名	高等科第一期	五名
本　科第三期	十六名	本　科第三期	六名
本　科第二期	十九名	本　科第二期	二名
本　科第一期	二十八名	本　科第一期	十一名

向上会館の諸事業のうち、最初に設けられたのは「産業部」であった。その主たる目的は「朝鮮人子弟ニ洋服及洋靴製作ノ職業ヲ授」けることであり、入学資格は「本科ハ普通学校四年修了程度」となっている。これは先述し

た「向上会館の建設動機」における真宗教団側の設立動機とは、やや異なっているように思われる。この点をさらに明らかにするため、「産業部」の入学試験の状況について一瞥してみよう。

入学試験は左の数項に別れてゐます。
一、状況記入　二、身体検査　三、口頭試問　四、学科試験
一から三までは試験の第一日に施行せられます。状況記入といふのは入学以前に本人及家庭の状況を知つて置く為に行ふのであります。これはこちらから書き入れるべき用紙を渡しますからその用紙に書き入れゝばよいのです。（鉛筆持参）身体検査は身体の各部を検査しますからサルマタをはいて来る方がよく、口頭試問の時は国語ではつきりと答へ、学科試験の時は国語と算術とですから鉛筆消しゴム小刀を用意しなければなりません。国語と算術との試験は普通学校四学年修了の程度で出ます。又試験期日及時間は願書締切の日（二十日）に会館に掲示されます。

入学する生徒の家庭の状況や身体検査、そして口頭試問が日本語で行われるということから、誰もが入学できる状況ではないと推測されよう。ちなみに一九二一年の植民地朝鮮の普通学校就学率は、公立学校が五・三パーセント、私立学校が二・二パーセント、書堂が一〇・三パーセント、平均一七・七パーセントにとどまっている。(153) こうした状況を考慮するならば、口頭試問の際、日本語ではっきり応答可能な受験者は極めて限られたものであることがわかるのである。したがって、当時の状況を念頭に置くならば、向上会館の「産業部」の生徒になるということは、相当に難しいことになる。

また、この部の一つの特徴は、技術を習得する一方で、入学して六ヵ月以後からは、伝習生の技能に応じて工賃が支給される点である。だがそれは、当時の朝鮮人・日本人労働者の賃金と比べればまったく少ない金額であった。[154]また、こうして作られた生徒の製作品は、一般人を対象に販売された。

なお、この部では毎朝四〇分間ずつ修身などの学科を教授しており、全体を四学級に分けて第一学級には修身、国語、算術の三科目、第二、第三学級には以上のほかに珠算を加え、第四学級には修身、国語、英語、代数、珠算の諸科目を課し、この学科も洋服科、洋靴科の実科と同様、六ヵ月ごとに一学級ずつ進級するシステムとなっていた。[155]一九二七年には一年の補習科を新設し、四科構成になる。しかし、洋靴科は一九二八年の向上会館の財団法人化とともに廃止され、[156]「産業部」に重点を置いていた向上会館の事業は、一九二九年になると「宗教部」の教化事業に主な重点を置く社会事業として展開されていく。

さて、ここで注目したいのは、向上会館はこうした実科科目とともに「精神講話」にも力を入れていたことである。

洋服科の四学級には専任の講師を定め、毎週二回づゝ、精神訓練を目的とする講話を行ふ。

毎月一回「向上青年」なる朝鮮文謄刷冊子を発行し一は館内会員の修養に資し一は館外卒業生その他との連絡をとる。

職員及補習科生は毎朝仏典にて朝鮮音偈文を読誦し一般生徒は館庭にて朝礼及向上体操をなす。

「向上青年会」あり毎月一回例会を行ひ主として名士の来演を求めて聴講す、中に庭球部あり臨時に遠足運動会などを催すことがある。

> 卒業生中京城在住者は毎月十五日には館に集り食事を共にし信仰座談会を開く[157]。

「精神訓練」「朝礼」「向上体操」「運動会」「卒業生の信仰座談」といった活動は、後述する宗教部の「教化事業」として朝鮮人生徒を対象に行われた。だが、このような活動は、真宗大谷派の布教活動の一環としてもとらえられるが、植民地規律権力という研究視角を踏まえるならば、このような活動こそ植民地支配権力と密接に結びついた側面――身体の「規律」化――であったといえよう[158]。以下においては、実際そこに所属した産業部の朝鮮人生徒がどのような状況に置かれていたのか、その動向をとらえていく。

②産業部の朝鮮人生徒の動向

一九二四年、向上会館の青森徳英主監は、次のように産業部の効率的側面を語っている。

> 向上会館の事業は、産業、教育、宗教の三方面から組立てられてあります。大正十一年十月開館早々開設せられ爾来一年八ヶ月、その間ほゞ当初の目的に迫《ママ》ふ事のできたと思ひまするのは産業部の経営でござゐます。朝鮮の社会状態は内地のそれと多少趣を異にして居るのであります。それは国家としても民族としても繁栄の基礎となるべき中産階級が至つて少数なのでござゐまして「富者に非ずんば貧民」と申されて居りまするのは多少妥当な言葉だと存じます。それ故朝鮮を救ふ唯一の道はさしづめ産業的気運を復興せしめ而してその実を挙げなければならぬのでござゐます。そこでこの部では洋服と洋靴との両科に別れ、現在洋服科に七十八名洋靴科に二十二名の伝習生が毎日その技術の習得にいそしんで居ります[159]。

しかし、こうした産業部事業は、社会事業とはいえ、その実態においては「工場」の「職工」のような性格を内包していた。そうした性格が、産業伝習生と向上会館との摩擦として最初に表面化するのは、一九二三年二月のことであった。

一九二三年二月七日、京城向上会館の産業部洋服製造労働者三十名が裁縫教師技術拙劣に抗議し罷業。幹部及び父兄の説得によつて業務に復帰。(160)

このように向上会館の生徒たちを「産業部洋服製造労働者」といい、また、この事件が朝鮮総督府内務局による『会社及工場に於ける労働者の調査』の対象となっていたことは、向上会館の「産業部」が「工場」の性格、生徒は「職工」の性格を強くもっていたことを端的に示している。そして、翌年には教師の技術に対する生徒の不満が、同盟休業という具体的な行為として表出することになるが、その様相を『東亜日報』の記事からみておこう。

西大門天然洞にある向上会館の産業部の洋靴科生徒十九名は、去る十日から先生を代えてほしいという条件で同盟休業を断行した。その内容を詳しくみると、本来洋靴科には日本人の先生一名と朝鮮人の先生二名が教えていたが、その先生らは全員技術不足を理由として、最近生徒の間では常々不満がたまっていた。その際、去る十日には最後の手段として万が一先生の交替ができない場合、当然授業を受けないといって、結局同盟休業にまでに至ったという。これに対して学校側では今の時点では先生の青森氏も折りよく東上中で、急に先生たちを全部交替できないといって、まだ何の解決もできてない状況である。(161)

産業部の朝鮮人生徒のこのような不満は、教師の技術に対する不満も含め、一九二九年に最高潮になり、同盟休業、ひいては陳情書の提出にまで至る。この内容は多数の新聞で報じられているが、一例を挙げると、『東亜日報』では事件発生の原因は向上会館の「表裏不同な社会事業」とされている。[162]

七名黜学（放校）が導火線

去る十五日、市内天然洞にある向上会館産業部の洋服製法教授の伝習生四十三名は、連盟捺印して九ヵ条の件の陳情書を会館長に提出して、同盟休学を断行し十九日までに当局の回示を待っていたが、機関当局では何の瑕疵もないといって、現在この間退館した七名の伝習生のなかで二名は今西大門署で取調中である。その詳しい内容は、この会館で表裏不同な社会事業に関して、保証人も知らずに犠牲となった伝習生のことを生徒が警察署に依頼したのである。その会館主監青森氏の話によると、「この会館の伝習生は他の学校と違って生徒を客のように取り扱えないし、一方工場の職工のような取扱いは会館自体がもともとそうであります。陳情書のなかでは、ある条件は応じますが、ある条件は無理で退館処分をした生徒の中では、煽動した生徒は容赦できませんが、その他は考慮できます」と言い、両方はまだ頑強である。

新聞資料ということで、事件の詳細についてはこれ以上明らかにし得ないため、『国内外抗日文書』に収められた関連資料からこの事件の流れを概観することにする。官憲の手による以下の資料から、事件についての正確な情報がどれほど読み取れるか多少疑問も生じるが、事件の大略は把握できると思われる。長い文章になるが、引用しておく。

本月十四日始業式当日向上会館主幹青森徳英ヨリ制度改正ノ説明ヲ受ケ其日ハ何等不満ヲ漏スモノナシ夫々帰宅シ十五日ノ両日ハ館内ノ掃除及制度改正ニ従フ館内ノ整理ニ従事シ十七日ニ至リ作業着手前各所ニ改正制度ニ非ヲ唱スル者アリテ遂ニ一同ニテ青森教師ニ質問セントシタルモ青森教師ハ伝習十訓ニ基キ生徒絶対服従ニテ応答ノ要ナシト拒絶シタル為生徒等ハ之ニ憤慨シ三年生李弼会ノ発起ニテ全生徒連名ノ陳情書提出ヲ議決シ其草案者ヲ三年生李弼会沈鍾来趙鶴元張潤萬金東元二年生黄敬鳳申世均金炳寅一年生朴石同ノ九名ヲ選出シ翌十八日パコダ公園裏礼拝堂跡（救世軍第三宮？）集合シテ陳情書ニ捺印スルコトヲ申合セ散会シ前記九名ハ十七日夜天然洞番地不詳前記黄敬鳳方ニ集合シテ陳情書ヲ起案シ翌十八日天然洞十二番地沈鍾来方ニ集合陳情書ヲ浄書シ今日午前十一時パコダ公園裏礼拝堂ニ到リテ一同ノ集合ヲ待チテ陳情書ノ捺印ヲ了シ一同向上会館ニ行キ金炳寅代表トナリテ青森徳英ニ提出シ十九日中ニ回答スベキヲ要求セリ然ルニ青森徳英ハ之ニ回答ヲ為サ、ル為二十日午前十一時社稷洞公園ニ一同勢揃ノ上向上会館ニ到リ陳情書ノ回答ヲ求メタルモ依然拒絶セラレタルヲ以テ翌二十一日延禧面陵内里ニ集合協議スルコトヲ申合セ散会セリ越ヘ《ママ》テ二十一日陵内里ニ集合セル者三十五六名ニ達シタルガ生徒中ニハ陳情ノ不成功ナルヲ覚悟シ謝罪ノ上入学ヲ申出タルモノ既ニ十五六名アリシヲ以テ聊カ狼狽シ之等ニ対シ極力結束ヲ勧誘シタルモ結局纏ラスシテ翌二十二日更ニ陵内里ニ集合ヲ約シテ散会セリ然ルニ右事件ヲ同窓生ノ知ル所トナリ二十一日夜同窓生十二三名天然洞十二番地沈鍾来宅ニ集合シ同窓生金炯順金明吉ノ両名ヲ代表トシテ青森徳英ト面会生徒等ノ状況ヲ具申シテ諒解ヲ求メ青森ハ陳情書中ノ第四第五項ヲ答ル、事トナリタルヲ以テ金炯順ハ翌二十二日一同ノ集合場所タル陵内里ニ於テ青森ノ意向ヲ伝ヘタルニ一同何等協議スル所ナク二十三日向上会館ニ集合ヲ申合セテ散会セリ生徒等ノ動静以上ノ如クナルカ向上会館ノ態度比較的強硬ニシテ要ノ不成功ナルヲ悟リ二十三日迄三十名ノ復校申込アリテ他モ近ク謝罪シテ

円満解決ヲ見ルモノト認メラル
当署ハ事件発生以来裏面内査ニ止メ不干渉主義ヲ採リ来リシモ復校生徒ノ自由意志ヲ制肘スルガ如キハ穏富ナラサルヲ以テ主謀者ト認ムベキ李弼会沈鍾来金炳寅ノ三名ニ対シ警告トシ置キタリ右報告通報ス(163)

また、朝鮮人生徒が提出した「陳情書」は以下のようなものであった。

陳情書
一、金與権ト元山根ノ両先生ハ制度改正シタル為メ係ガ異リタルヲ元通リ希望スルモノナリ
二、伝習生ハ向上会館ノ如何事業ナルカヲ諒解セズ慈善事業ヲ標榜シテ営利事業ナリトノ意ナリ
三、第四罰則ヲ定メタルヲ人権ヲ無視シ生徒ノ人権ヲ尊重セサル意ナリ
四、出勤不規律ニシテ無届等ナルモノアリ之等ヲ防止スベク所謂奨励ノ意味ニテ制度改正ノ一項トシテ制定シタルモノナリ(164)
五、職員任免ノ時ハ生徒ニモ発表サレタシト謂フモノナリ
六、生徒等ハ前制度ヲ希望スル意ナリ
七、従来生徒入学ノ際ハ修学予納金トシテ十八円ヲ徴収シ之ヲ以テ修学中ノ作業衣裁縫用具ヲ購入シテ与ヘ現金ニテ返納セザリシカ今後ハ修学予納金ヲ徴収セザルコトトナリシ為メ早速返納スル旨生徒ニ漏シタモノナリ然ルニ既ニ徴収シタルモノハ返納セズ
八、修学予納金ハ清算シテ本科（三年）卒業ノ時残額ノ返還ヲ要求スルモノナリ尚中途退学者ニモ残額ノ返還

ヲ要求スルモノナリ

九、裁断ハ専門的ニ教師ニテ行ヒ居リテ卒業前ハ之ヲ伝習セズ補習科ニノミ教育シ来タルヲ今後ハ本科卒業前ニ伝習ヲ望ムモノナリ(165)

以上の資料は、文書名「思想問題ニ関スル調査書類（六）」中に含まれているものであり、発送者の京城西大門警察署長から警務局長、京畿道警察部長、京城地方法院検事正、府内各警察署長へ送られたものである。先述したように、文書を作成する過程で、朝鮮人生徒の陳述がどの程度斟酌されたかについては疑問も残るが、事件の流れや「陳情書」の項目からは、当時の朝鮮人生徒の動向や向上会館側の動きがみてとれるだろう。この事件は、結局、警察が関与することによって「陳情書中第四項第五項ヲ経営者側ニテ容認スルコト、曩表ノ退学処分ニ附シタル沈鍾来外九名ハ謝罪ニ依リ復校ヲ許可スルコト(166)」により解決をみることとなった。以下、この事件から向上会館における朝鮮人生徒の詳細な動向をとらえてみたい。

まず、朝鮮人生徒が向上会館に対して抱いていた不満を、陳情書から検討してみよう。資料を整理してみると、制度改革による教師の技術に対する不満、慈善事業にもかかわらず営利を追求している点、罰則による人権無視、出勤不規律の無届に対する制度改正、職員任命の生徒への発表、修学予納金制度改正による予納金返還など、全体的に制度改正に不満をもち、以前の制度への復帰を希望するというのが主たる陳情書の内容である。このような向上会館の運営システムに対する朝鮮人生徒の抵抗の露呈は、共通の利害（陳情書の内容）を貫徹しようとする志向から表出された「公共の価値」であったと考えられよう。しかし、こうした「公共的なもの」は、向上会館を媒介してこそあらわれてくるのであり、これはやがて「政治的なもの」として表出され、植民地権力と遭遇することとなる。「政治的なもの」は常にヘゲモニーという不平等な関係に絡めとられた形で出てくるものであるが、ここでの「政治的なもの」の表出は、「向上会館」を媒介してこそ植民地権力に近づくことができるのである。(167)

さて、このような生徒の具体的要求に対しては、警察が関わることとなるが、西大門警察署のみではなく、警務局長、京畿道警察部長、京城地方法院検事正、府内各警察署長といった中枢機関にまで文書が送られたことは注目に値する。このことは、植民地当局の権力、つまり植民地を支配するシステムが日常のすべての事件にまで関わっていたことを示すものであろう。

より興味深いことは、この事件により形成された朝鮮人同士の重層的な関係である。朝鮮人教師に対する不満というのは、日本に対する抵抗とは異なる日常的な抵抗の範疇(168)にあるということができよう。また教師に対する不満は、朝鮮人、日本人を同格の対象とみなす不満であり、その場合、日本人であれ、朝鮮人であれ、朝鮮人生徒にとっては「公共的なもの」を追求するための抵抗の対象にほかならない。朝鮮人生徒同士の間に「葛藤」や「亀裂」が存在し、その結果、ほとんどの生徒が向上会館との「協力」「妥協」といった形をとるに至る。結局、この事件は、第四項の「出勤不規律ニシテ無届等ナルモノアリ之等ヲ防止スベク所謂奨励ノ意味ニテ制度改正ノ一項トシテ制定シタルモノナリ」や第五項の「職員任免ノ時ハ生徒ニモ発表サレタシト謂フモノナリ」を向上会館側が受け入れることで、警察側では「円満解決」したとまとめられている。しかし、これは、朝鮮人生徒にとっては形式的な「円満解決」であり、あくまでも植民地空間における「円満解決」であったことは看過してはならないだろう。ここで注目すべきことは、結局、この事件は「向上会館」での朝鮮人生徒の利害を求めるために「公共的なもの」を創出する原動力にはなったものの、「植民国家権力」と出会うことで、「公共的なもの」は植民国家に「抵抗」をしながらも「妥協」や「協力」をする形をとることとなる点である。すなわち、朝鮮人生徒は、植民国家によって作られた真宗大谷派の支配システム（向上会館）を、逆に自分たちの意思を貫徹するものに「転覆」させ、そこから生産された「公共的な領域」を通して植民国家の支配システムを乗り越えようとしたのである。しかしその過程で出会った植民国家権力によって、「同化」「妥協」といった方向へと「転向」させられる形態もとるのである。朝鮮人生徒にとってこの事件は、要求をつきつける権利主体であると自らを認識すると同時に、その限界性をも認識せざるを得ないものであったが、これがまさに植民地における朝鮮人の「近代」的主体の形成過程ともいえるものであり、言い換えれば植民地における「近代化」過程であったといえるだろう。

この向上会館の事例から窺えるのは、慈善事業に違反する行為、罰則による人権無視など、いわゆる宗教的実践とは縁遠い現実である。ここで朝鮮人生徒が考えた「慈善事業」というものがいかなるものであったかは計り知れないが、確かなことは、朝鮮人生徒は向上会館に、近代的なヘゲモニー（植民地権力）が働かない「慈善事業」を期待したことは間違いないだろう。つまり、この事件からは、近代以前の慈善が「社会事業」の近代システムの中に配置されることによって、いかに植民地権力として定着していったのかが窺えると思われる。前近代の日本仏教の「慈善」は、近代になって、しかも植民地空間に配置されることによって、より植民地権力と密接に絡む「社会事業」として再誕生することとなったのである。植民地空間で慈善という名分で行われた行為について考察する際には、このような側面を念頭に置く必要があるだろう。さらに、真宗大谷派が植民地朝鮮に与えた空間である「向上会館」は、植民地の朝鮮人にとって、「近代」的主体形成の空間として機能したともいえる。いわば、社会事業を実施する側、そしてそれを享受する側が交差する空間である。その交差した空間において、植民地の「近代化」は進められていたのである。植民地における「近代化」過程は、この両者が絡み合うその交差において把捉する必要があるだろう。

2-2　宗教部

次に「宗教部」の活動について検討していくことにするが、向上会館における「宗教部」の活動は、設立当時の一九二二年から一九二八年までは「産業部」の活動と比べ、その様相がとらえにくい。教団側資料によれば、一九二七年の「宗教部」の事業内容は、「定期講演講話会」「名士講演会」「仏教研究会」「児童日曜学校」「青年会」「婦人会」「音楽会其他の娯楽会」「聖典及図書雑誌出版部翻訳」「人事相談、職業紹介」などとなっている[169]。しかしその対象は、「産業部」の生徒を対象にした程度であった。「宗教部」の活発な動きは、一九二九年の「教化総動員」の時期からみえてくるようになる。その動向は、東京寺務出張所長溪内弌恵の文部省主催「教化総動員懇談会」への参加から窺える。

教化総動員懇談会

今回文部省に於て教化総動員を計画せられたので、去る八月十六日午後五時、小橋文部大臣は都下に於ける教化団体代表者約四十名を文相官邸に招致し「教化動員に関する件」に就て懇談せられました。当日東京寺務出張所長溪内弌恵氏は一派を代表して出席せられましたが、来会者一同この文相の提唱に熱心なる賛意を表し[170]

このような影響と関連して、「「朝鮮」開教監督部の布教進出計画」が出されたのは、翌年三月のことである。

朝鮮開教監督部の布教進出計画

朝鮮開教監督部では旧臘来客布教所在勤会議を開き、新年度に於ける事業の打合せをなし、四月開会される開教団総会に於て更に協議した上で具体案の実現に向つて邁進することになつて居るが、本年は布教第一主義を以て進む筈で、目下計画されてゐる事業の二三を挙げると次の如きものがある。

一、朝起講演会　別院を中心として五月頃から十日頃《ママ》まで毎月一週間位連続して朝起講演会を開催すること。

一、女子青年会の組織　南山別院に於て既に二月九日女子仏教青年会の結成式を挙行した。

一、小学校教員の座談会　小学校教員を中心として信仰座談会を四月頃から開始すること。

一、鮮人教化　従来よりも更に一歩を進めて徹底を期すべく、向上会館の如きも社会事業方面に伸張すること。

なほ日校連盟の結成、その他種々の事業が計画されて居るのである。[171]

この計画からは、「鮮人教化　従来よりも更に一歩を進めて徹底を期すべく、向上会館の如きも社会事業方面に伸張すること」と、教化活動に力を入れようとしていることが明確にみてとれる。この動向は、一九二九年以降の新聞に、日曜講話開催記事が多数登場することからも明らかである。ちなみに、一九二九年から一九三五年まで『東亜日報』に掲載された向上会館における「日曜講話」の開催数をみると、一九二九年（七月～一二月）一〇回、一九三〇年（一月～一二月）一〇回、一九三一年（一月～一二月）三〇回、一九三二年（一月～一二月）二五回、一九三三年（一月～一二月）三一回、一九三四年（一月～一二月）二七回、一九三五年（一月～一二月）一四回と、七年間で合計一四七回となる。[172]

そして講師としては、李智光、金泰洽、咸東虎、金鳳守、高忠業といった朝鮮人講師が招かれているが、なかでも李智光は日曜講話全体の九割におよび講師を勤めており、「宗教部」の活動において欠かせない役割を果たした人物である。「宗教部」では「聖典及図書雑誌出版部翻訳」事業を行っていたが、この翻訳の事務を担当したのが彼であり、翻訳書の代表的書物である『真宗の精粋』[173]は、向上会館の主幹であった青森徳英の著書を李智光が翻訳したものである。そして、真宗大谷派本部では彼を、「大谷派における「内鮮融和」の実例」として紹介しており、「京城向上会館の教務主任で聖典の鮮語訳に従事してゐる李智光氏と、真宗同朋協会主事にして教育に携はつてゐる金貞默氏とは、かねてより大谷派に於て得度を受けたいとの願を抱いて居つたが、過般法主台下朝鮮御巡化の砌種々御援助を賜つたので、愈々その志を達することが出来る様になり、十一月四日入洛の上、翌々日六日の得度式に参例、めでたく受式いたしました[174]」と伝えていた。

また、金泰洽という人物は、一九二二年「東京留学生　仏教巡講団　清州で講演：苦痛と快楽（金泰洽）」という記事によれば、日本留学の経験者であり、そして「仏教青年会」主催の講演での活動などから仏教に詳しい人物であると思われる[175]。一九二九年には『仏教』という朝鮮語雑誌に「宗教와 社会事業発達의 研究」（宗教と社会事業発達の研究）を掲載しており、朝鮮における社会事業にも尽力したと考えられる。このように、日曜講話の講師は朝鮮人で構成され、彼らは日本語が十分話せる留学経験者であったと推測される。このことからは、日本留学経験のある朝鮮仏教者が「宗教部」の事業に多大に関わっていたことがみてとれよう。

ここで、朝鮮仏教者たちがこれほどまでに日本仏教の社会事業に関わっていたことの背景を考えるため、当時の植民地朝鮮の状況や仏教界の事情に軽く触れておきたい。一九二〇年代は、「文化政策」を推進する朝鮮総督府の意向を受けた「朝鮮仏教団」が、日本仏教者や日本財界の支援の下に設立され、これを中心とした朝鮮仏教の振興を通じて「内鮮融和」の実を挙げるべく、種々の事業を展開していた時期である。

これに対し、日本仏教各宗派は、宗派を超え朝鮮仏教団の活動に協力姿勢を示す一方で、真宗大谷派や浄土宗などは社会事業に従事していた。しかし実際には、「朝鮮仏教団」の活動も、朝鮮仏教界全体の御用化・日本化を達成することはできなかった。この状況に対し朝鮮総督府は、一九三一年九月に満洲事変が起こると、朝鮮半島を大陸での軍事行動の重要拠点とみる立場から各種産業の振興を図るとともに、朝鮮民衆を戦争遂行に動員していくための教化活動に着手しはじめた。

こうして、一九三二年一一月より「国民精神作興運動」が推進され、一九三六年一月からは日本仏教や朝鮮仏教によって「心田開発運動」が担われていったのである[176]。ちょうどこの時期に、日本国内でも国体明徴をめぐる一連の事件が発生した。一九三五年、貴族院にて天皇機関説が問題となり、八月に「国体明徴に関する声明」が発され、さらに一〇月には「国体明徴のために執りたる処置概要」が発表されて、再度強く天皇機関説を否定する第二次声明が出された。総督府が「心田開発運動」の実施案を具体化していく上で、こうした日本国内の動向の影響を受けたことは間違いないだろうが、総督府が直接介入して諸宗教の協力体制を構築しようとした際、国体観念と敬神崇祖の思想が中核に据えられたことは、当然の帰結であろう[177]。このような経緯から「心田開発運動」の推進のため、植民地朝鮮における諸宗教者の関係者が総動員されることとなるが、近代天皇制イデオロギーに順応しないキリスト教徒は、総督府の攻撃対象とされた[178]。

以上のような背景から、真宗大谷派による向上会館の「宗教部」事業は、朝鮮総督府の政策と肩を並べて実施されたのである。「日曜講話」が一九三〇年代以降頻繁に行われたことは、いうまでもなく、先述の国民精神作興運動の一環であった「心田開発運動」の隆盛と深い関わりがあるだろう。そしてまた、日本仏教の傘下におさめられた朝鮮仏教の僧侶たちの姿も、「宗教部」の事業から確認することができるのである。

さて、朝鮮仏教は、このような状況の中で日本仏教と密接な関係を有しながら「心田開発運動」に協力していったが、このような朝鮮仏教者の振る舞いは、いわゆる「親日」的な行為であると評価されてきた。勿論、朝鮮仏教者のこうした行為が「親日」的なものではなかったとは言い切れないが、彼らのこのような行為を単純に「親日」というレトリックによって一言で断罪すると、彼らのもつ多様な姿は見えなくなってしまう。

「宗教部」に携わった彼らは朝鮮仏教者として日本へ留学した経験がある者であり、その過程で、日本の近代文明、近代宗教、近代仏教について現地で経験し学んだのち朝鮮へ帰国したという経歴がある。すべての留学僧が同一ではないが、朝鮮仏教とは異なる日本仏教をその目で確認した朝鮮仏教者としては、たしかに、朝鮮仏教に対する懸念もあっただろう。このような状況の中で、彼らが真宗大谷派の宗教部の事業である「日曜講話」で講演を行ったことは何を意味するだろうか。植民地空間ではあるが、日本仏教と関係をもつことによって、少なからず近代宗教としての朝鮮仏教の姿を想像したかもしれない。

一方、こうした「日曜講話」を通じた教化事業は、一般人を対象とした新聞でも紙面を飾っており、卒業後も継続して宗教部における活動が行われたとも考えられる。その後、「大正十三年以来本館内職員及生徒ニ仏教講話ヲ行ヒタルニ始マリ、昭和二年九月義光会ト称ス、昭和七年二月本館ニ連接セル官有地ノ貸付ヲ受ケ布教堂ヲ建設シ同年六月一日義光婦人会ヲ組織ス」[179]と記されていることから、一九三〇年代からは「布教堂」を設立するなどして、本格的な教化が行われるようになったと考えられる。

2-3　修学部――向上女子技芸学校

向上会館主幹の青森徳英は、「向上女子技芸学校」の設立動機として、以下のように朝鮮女性の低い地位を挙げている。「ご承知でもございませうが、朝鮮民族の半数たる女子は今迄、社会的職業的には何等の事業をも残して居らぬでございましてかういふ状態では如何に民族的能率を高めやうとしましてもそれは不可能な事なのであります」とし、その設立目的を「卒業後一人前の職業婦人として将来又相当見識ある主婦として一家庭に責任を持ち得る婦人に育て上げやうといふ」こととしている。(180)また、『事業要覧』の「向上女子技芸学校」の「本校の特色」という文章では、

一家の内政をまかされるべき大切な婦人が、安閑として居て一家の栄える道理はございませぬ。子女の養育に絶対的な責任と権利とを持つて居る妻女が無知無能でどうして世界に名を挙げるやうな立派な子供を社会に送り出す事ができませうか。如何なる方面から考へましても朝鮮の婦人は今迄のやうな状態で満足して居る事のできぬ事情にある事は明確なのであります。

と、朝鮮人女性の問題点が批判的に指摘されている。朝鮮総督府が女子教育に注目したのは、日本と同様に、女性は人口資源を生む出産と育児の担当者と規定され、児童は将来の労働力、軍事力とみなされたからであり、それゆえ、女子学校に相当な比重を置いていた。(181)このような状況の中、「仏教主義の女学校としては全鮮唯一のものであり、又女子職業学校としても全鮮最初の試みであります(182)」と述べられているように、真宗大谷派による「向上女子技芸学校」の設立は、こうした朝鮮総督府の政策に宗教団体として素早く対処したものといえる。以下、『事業要覧』から「向上女子技芸学校」の事業内容を検討していくことにする。

開　設　大正十三年四月一日

目　的　朝鮮人子女ニ一家ノ主婦トシテ必要ナル学歴及常識ヲ与ヘ且ミシン裁縫ヲ中心トスル職業的技芸ヲ

授ク

修学年度　二ヶ年

　備考　大正十五年度ヨリ高等科設立ノ予定

入学資格　普通学校四年修了程度

教授科目　学科（毎週十五時間）

　修身（二）国語（六）朝鮮語（一）算術（三）家事（一）図書（一）音楽（一）

　実科（毎週二十七時間）

　ミシン裁縫（二十四）普通裁縫（三）

生徒数　三十六名（第一学年）

このように、二年間の課程で運営されていた「向上女子技芸学校」の入学条件も、「産業部」と同様に「普通学校四年修了程度」に制限されていた。すなわち、この学校も、中産階級以上の朝鮮人に限られた事業であったといえる。学科の授業数は、毎週一五時間、実科は二七時間、合わせて毎週四二時間であり、第一学年、第二学年ともに同様であった。科目の中で重点が置かれたのは、裁縫やミシンであり、その次が国語で、算術・修身・朝鮮語・家事・図書・音楽の順になっている。そして第二学年になると、算術や家事、音楽の内容が変化する。とりわけ家事科目は、一学年の「家事概要」から、二学年になると「看護、育児、家庭衛生」へとより具体化されたものとなる。[183]

そして、「産業部」と同じく「向上体操」を毎朝実施していたが、それは「身体をよくするために毎朝授業前に向上体操をやります。僅か五六分しかかゝらぬ簡単な体操ですが、足の運動、腕の運動、首の運動、腰の運動、呼吸運動の五部に分れて居て保健上よほど有効であるやうには思はれます」と紹介されているもので、「産業部」の項にも最後にほぼ同じような体操が紹介されている。(184)「向上体操」を最後に強調しているのは、朝鮮人にはまだ体操の概念が定着していないこと、つまりあまり好まれていなかったことと考えられるが、向上会館側では「僅か五六分しか」かからないと強調し、それを必ず実行しようとする意図が窺える。

その後「向上女子技芸学校」は、一九二九年三月までは従来通りに運営されるが、一九二九年四月から諸制度を改革することとなる。その内容を『東亜日報』から確認しておこう。

市内向上女子技芸学校では、制度を今年度から一新改革することを決意することによって、朝鮮では未だ存在しなかった鮮人専用の女子実業の職業婦人養成を目標としている。入学資格は六年制普通校卒業程度とし、卒業後の就職に関しては学校当局が責任もって解決すると同時に二年間の実習費用は全部学校で負担し、月謝金二円ずつ納付すればよく、また、成績が良好な生徒に対しては奨学金を給与する制度まで設けている。改革後今年も募集人数は三十五名であり入学試験は来る十七日に実施する。(185)

同じ日付の『朝鮮日報』では、「向上女子技芸学校　面目一身　生徒五〇名無試験募集」と報じられている。全学年の実習費不要という負担減、奨学金制度による援助、無試験募集など、これまでとは異なる方針を打ち出しており、向上会館側からみれば画期的方針転換であったといえよう。制度改革に至った経緯に関して、本項では資料的制約のため詳述できないが、一つ推測されるのは、「生徒募集」の困難である。たとえば「向上女子技芸学校学則」の第三条には、「本校生徒ノ定員ヲ百二十名トシ」と規定されているが、実際に集まった生徒数はというと、『朝鮮開教五十年誌』「向上会館の五年」によれば、一九二六年の時点での現在生徒数が三〇名、入学生徒数が五五名、卒業生徒数は僅か八名となっており、設立二年後の卒業生数が八名ということは、運営的にみて相当困難な状況であったであろう。[186] そしてこのような状況は、一九二九年に至っても大きな変化がみられないままであった。かくして学校側では、制度を一新する必要性を痛感したのであろう。実際、一九三四年には九八名、一九三五年は一二〇名の合格者が出るという、驚くべき成果を挙げている。[187]

そして、一九三〇年以後のものと推測される「向上女子技芸学校学校規則概要」からは、『事業要覧』に掲載された「向上女子技芸学校学則」と比べると、上述の内容が大きく反映されていたことが確認できる。「向上女子技芸学校学校規則概要」では、実習費用について「第五条　実科ニ教授材料ハ本校ヨリ提供ス」として実現されており、また『事業要覧』の「向上女子技芸学校学則」には賞罰規則が規定されていたが、ここでは「罰則」に関する規則が削除されている。このことは、入学案内の項目中の「暖かい家庭」という文章でも「この学校の学則には罰則と云ふものが設けてありません。不幸にして間違つた言動があつても、決して罰したり、恥をかゝせたりはいたしません。それはどこまでも校長はじめ教師自身の罪として責任を負い、友達として姉妹としてなぐさめ合ひ、はげましあつて、却つてその間違ひを善いはうに導くやうに勤めます。それ故学校全体が一つの暖かい家庭のやうに敬愛の気が漲つて居ます」と紹介されている。

そしてその他に強調されたのは、「親切な学科教授」「短い修学期間」「僅少な授業料」であり、最終的に仏教精神に基づく「仏陀は大慈悲を以てその心とせられます。我々朝鮮民族はこの心をわが全半島に押し広め、久遠の楽土を建設すべきである」ことが述べられている。[188] ここではいうまでもなく、この学校設立理念がいかに仏教精神に基づくものであったか、宗教者の心をもって生徒を扱い、運営することが強調されているが、ここで言及している「大慈悲」なるものは、おそらく今日我々が考える慈悲とは異なるだろう。この問題については検討の余地は十分あるが、今後の課題としたい。

一方、「向上女子技芸学校」の生徒によって作られた日用品は、「産業部」と同じくバザーを通して販売された。次の記事は、第二回の生徒のバザー大会の状況である。

向上女子技芸学校では今日（二十二日）から両日間、午前九時から午後四時にかけて本校向上会館における第二回生徒作品、所謂毎回バザー大会を開催するという。生徒手作りの出品種目には子供服、男女通学制服、運動服、クッション各種手芸品の造花とおもちゃ、前掛け、シャツ以外に多数あり、向上会館産業部の製品陳列品のなかでも男女の洋服、レインコート、オーバー、礼服まで備えてあり、会場休憩所では簡単なランチのような食べ物まで用意しており、物品は直ちに売りきれる見込みがあると伝えている。(189)

販売のための宣伝、そして飲食提供など、向上会館の側ではバザー大会に相当力を入れている姿が窺える。こうした光景は、向上会館に関する記事の中でも多数取り上げられている。「産業部」では「洋服通信販売」も設けられ、本格的な販売に重点を置いており、この点からみても、向上会館は商品の販売にかなり積極的な姿勢をみせていたと思われる。

その後、「修学部」の事業は、一九三六年、「向上女子技芸学校」とともに新しく「向上実業学校（修業年間三年間）」が設けられ、同年三月一一日設立認可され運営された。(190)

「向上実業学校」設立以後の「向上女子技芸学校」についての資料や新聞記事は確認できなかったが、その後の「修学部」の事業動向について把握できるのは、『東亜日報』一九三九年三月三〇日の「向上女子実業学校学級を増加」という記事程度である。しかしながら、一九四〇年三月一七日の「向上女子実業入試合格発表」を最後に、それ以後の状況については確認ができない。

2-4 「土幕民」移住事業

①新しい貧民「土幕民」登場とその対策

一九二一年七月、朝鮮総督府の内務局には社会課（日本国内でも社会課設置）が新設され、主たる事業内容として図書館、青年団体の指導などの社会教育事業、旱害水害などへの臨時的社会救済事業、私設社会事業や府郡島の臨時恩賜金事業としての経済保護事業などを管轄していたが、一九三二年になると、行政整理にともなう部局統廃合により、従来内務局に属していた社会課は学務局に移管された。この時期の主な社会事業内容は、従来の救貧、防貧部門、保健診療部門、児童保護部門に加えて、労働保護、農村振興、自力更生運動といったもので、社会教化事業が急速に拡大されはじめた[191]。

一九三六年の朝鮮総督府学務局社会課発行『朝鮮の社会事業』によれば、先に触れた通りに当時の社会教化事業は、一九三二年に国民精神作興運動、民心作興運動、農山漁村振興及自力更生運動開始、自力更生、民風作興を目標とした巡回講演が開始され、一九三五年になると、心田開発運動開始、朝鮮教化団体連合会設置など、本格的・組織的な教化事業が行われた[192]。

一方、このような植民地朝鮮の社会事業政策の動向と相まって、真宗大谷派でも一九三六年四月一日から新しい

「向上会館規則」が施行されることとなるが、このときに「修学部」「社会事業部」と分けられて社会事業が実施されたことは先述した通りである。従来の「隣保部」の事業を「社会事業部」へと統一したのは、前述の植民地朝鮮における社会事業政策が大きな影響を与えているといわざるを得ない。付け加えると、京城教化団体連合会の設立時に、浄土宗の和光教園と並んで向上会館内の寿光婦人会や京城別院内の信友会も加盟五八団体の中に含まれていたことからも、(193)この時期における、日本仏教の社会事業施設の教化団体の一端を窺い知ることができよう。

もう一つの背景としては、社会問題として浮上した植民地朝鮮の新しい貧民「土幕民」(194)の登場が考えられる。「向上会館規則」の「社会事業部規程」では、「第二条　本社会事業部ハ朝鮮人土幕民整理教化授産並ニ鮮人女子ニ家庭副業ヲ習得セシメ生活ノ安全ヲ得ヤシムルヲ以テ目的」(195)とされており、「土幕民」対策がこの時期に新しく組み込まれたのである。本章の最後に、こうした植民地統治の遂行過程の中で展開された、新たな日本仏教の社会事業の領域について検討することにする。それは、上述した向上会館の社会事業と植民地統治の不可分性を物語る、新たな領域の登場であった。

そこでまず前提として、植民地朝鮮における「土幕民」の登場の背景と朝鮮総督府の対策について簡単に整理しておく必要があるだろう。植民地朝鮮における「土幕民」の登場時期は定かではないが、一九二〇年初頭とみられ、社会的関心の対象として台頭することとなった。朝鮮総督府側の日本人調査者は、近代以前の朝鮮の流民たちの土幕生活の可能性を一部認めつつも、韓国併合の後、「植民地統治の産物」であることは認めていた。(196)

植民地期に入って全国の都市とその周辺に新しく登場した都市貧民層である「土幕民」は、植民地「土地調査事業」が終了した一九二〇年代以後、農村から追い出された離農民がその多数を占めていた。(197)それは、植民地の産業構造では離農民への対処ができず、また植民地救貧事業が彼らに住宅を提供できる状況ではなかったことに原因があり、こうした植民地体制において離農民は、「土幕民」という新たな貧民層を形成せざるを得なかったのである。

朝鮮総督府において、「土幕民」の社会問題化は、①都市美観と衛生の問題、②土幕民住居地域の不法占有による所有権問題、③社会的道徳問題として認識された[198]。そして、これらの問題に対処するため、朝鮮総督府の「土幕民」対策が求められるようになったが、①、②の解決策として一九二五年、一九三〇年、一九三三年、一九三四年、一九三八年の五回にわたって、「土幕民」を都心から離れた郊外に移住させる政策が実施され、③の対策としては、「土幕民」の「労働力化」が推進された。つまり、「土幕民」の安い労働力は、生産力の強化拡充に貢献しうると認識されたのである[199]。それゆえ「土幕民」は強制的性格を有する労務動員、つまり、強制徴用され、北海道やサハリンなどへ派遣されたケースもあった[200]。だが、社会的道徳問題の解決策として重要視されたのは、植民地空間において「非正常化」された彼らを「正常化」する仕組み、つまり、教化的システムをともなった対策が要請されたのである。かくして、真宗大谷派「向上会館」、浄土宗「和光教園」がその役割を担うこととなる。

このように、朝鮮総督府における「土幕民」に対する政策は、一方では空間的区分を通した排除として、もう一方では、「健康な労働力」へと転換させ、積極的に利用しようとする側面が強かったといえる。そして、まさにそうした排除と「正常化」の局面における精神的教化事業が、各宗教団体に与えられた役割でもあったのである。

こうした「土幕民」という新しい貧困層の登場、そしてその解決策として朝鮮総督府からの要請により開始されることとなった日本仏教の社会事業は、日本本国には存在しない特殊貧民層を対象にいかに展開されていったのか、またそこにみられる植民地朝鮮における日本仏教の「近代性」について、以下では考察してみたい。

②「土幕民」対策——向上台

一九三五年一月に提出された「土幕民ノ向上台ヘノ移住整理施設四ヶ年」には、向上会館の「土幕民」移住政策について詳細に記述されている。同資料は『旧東本願寺教学課資料』として所蔵されているもので、この資料に基づき向上会館の「土幕民」移住政策をとらえてみることとする。(201)

京城府が作成した「土幕民整理ニ関スル件」には、「京城府及其ノ附近ニ散在スル土幕民ハ、現ニ約二千戸ノ多キニ達シ、之等ハ擅ニ他人所有ヲ冒シ、著シク都市ノ発展ヲ阻害シツ、アルノミナラズ、主トシテ高燥ナル林地又ハ一般住宅ノ上部ニ居ヲ占メ、風致衛生上永ク放置ヲ許サザルヲ以テ、別紙計画書ニ依リ之ガ整理ヲ為サントス」(202)と記されている。これは、京城府から浄土宗の和光教園、真宗大谷派の向上会館に対して、「土幕民」移住政策を依頼し交渉する際に作成されたものである。(203)その後、向上会館は「別紙計画書」に基づき、「土幕民ノ向上台ヘノ移住整理施設四ヶ年計画並計算書」(204)を提出している。その内容は、以下の通りである。

一　収容地
　　高陽郡恩平面弘済外里山一ノ八ノ内
　　面積七町九反三畝歩

二　整理ヲ要スル戸数左記二千戸ノ内一千戸

内訳

	戸	
府内	二九六	鐘路署管内　八戸　東大門署管内一、六五三戸
府外	一、七〇四	龍山署管内一〇三戸　西大門署管内　二三六戸
計	二、〇〇〇	

三　整理方法
整理予定年次四ヶ年度
昭和九、十年度　四百戸
昭和十一年度　三百五十戸
昭和十二年度　二百五十戸
四　助成ノ方法
五　施設事業
一　昭和九年度
（イ）設備ノ部
1、収容地二万三千坪ト区画ヲナシ道路網ヲ設置シ内八千坪ノ整地ヲ為シ四百戸ノ移住指導ヲナス
2、校舎ヲ建築シ教育施設ヲナス
3、舎宅ノ建築
（ロ）事務ノ部
一、調査指導（事業基礎）
二、職業指導、内職斡旋、職業紹介
三、教育（不就学児童教育、労働子弟夜学教育）
四、衛生思想ノ涵養、勤労主義鼓吹、貯畜思想ノ涵養並其ノ実効
五、成人及少年ノ教化

（以下、昭和十年、十一年施設事業、四ヶ年収支計算書省略[205]）

こうした向上会館の計画は、①一戸あたり土地一五坪を「土幕民」に貸し与え、家作りの建築材料を支給する。ただし、敷地の整備と建築作業は「土幕民」の自力による。借地料は一戸あたり月額二〇銭とする。②道路、下水溝、家内電灯、街灯の敷設、寄付で得た建築用材の現地への運搬は経営団体（向上会館）が担当する。③共同浴場、共同洗濯、共同理髪場、職業紹介施設を経営団体が設置する。その他、託児、授産、教化などの事業も負担して行う[206]、といった方針のもと実施された。

向上台という新しい「土幕民」の移住地が建設される弘済町という場所は、市街地から離れた京城府行政区域の郊外に位置していた。そしてこの村の入居条件は、「土地使用権ノ転売買又ハ譲渡ノ禁止、如何ナル理由ヲ問ハズ建物買売ノ禁止、建物全部ノ転売貸又ハ月売貸与ノ禁止、如何ナル理由ヲ問ハズ土幕民以外ノ者トノ合資建築ノ禁止、移住ノ際直チニ瓦葺建ハ勿論全部新トタン葺建及身分不相応ノ建築ノ禁止、全額借金ニヨル建築ノ禁止[207]」が定められていた。こうした建築、建物に関する厳しい条件は、先述の「土幕民」居住地域の不法占有による所有権問題が社会的問題として大きく浮上したことに起因する。そして、「土幕民ノ生活状態ヲ観察スルニ一日二食主義ノモノ大多数ヲ占メ月支出額ニ対スル月収入額不足ヲ生ジテ居ルノハ事実ニシテ其ノ不足ハ欠食ハヨリ以上ノ粗食及乞食ヲシテ以テ補ヒ尚ホ窮シタル場合ニハ借金シテ惨メナ生活ヲ僅カニ支ヘツ、居ル状態ナルヲ以テ之ガ向上ヲ図ランガ為メ不生産者ヲシテ生産者タラシムベク救貧防貧事業[208]」を行うものとして、「向上授産部」「職業紹介」の確立、貧困者層に最も恐れられた病を治療する慈悲的施療機関としての「向上診療所」の設置、そして識字率向上を目的とする教育機関「向上学院」の設置などとして、具体化されることとなった。その他、向上台の経済的向上のため、「消費組合及購買組合」も設置された。

先述の「向上学院」という教育事業は、計画よりやや遅れた一九三七年八月一一日の「大谷学校」の開設によって実現される。大谷学校校長が提出した朝鮮総督府宗務総長宛の「私立大谷学校開校挙行ノ件報告」には、「向上台ニ於テ土幕民ヲ集団的移住整理シ救護隣保事業ヲ経営中ノ所事業ノ進運ニ伴ヒ教育機関ノ緊急ナルヲ認メ去ル二月十二日当局ヘ私立学校令ニ依リ大谷学校設立認可ヲ申請五月二十一日付ヲ以テ御認可ヲ得」ることによって、向上台における教育事業が実施されたことが記されている。(209)

一方、救護事業の中心をなす事務所兼布教所は、一九三五年一〇月四日報恩村に仮事務所を建築していたが、全焼してしまい、一九三六年五月二七日に再竣工を迎えた。事務所兼布教所の主任崔昌律は、「救民ノ救済事業ハ稍モスレバ経済的救済ノミ傾ク傾向アリシニ鑑ミ本館ハ宗教的救済ヲ第一義トシ真ニ活力シメル方針ノ下ニ一方経済上ノ救護向上ノ途ヲ与ヘツ、他方各自境遇ニ対シ従来持ツテ来ツ、アルトコロノ社会悪ヘノ責任転嫁ニヨル不平不満呪咀セル者ヲ自己悪ヘノ自己責任ニ悟ラシメテ、自己更生ヘノ原動力タル心田開発ニ努メツ、アリ」と主張している。崔がいう布教および教育方針は、「教育勅語」並びに「東本願寺ノ教旨」に基づいて「心田開発運動ノ指導精神ヲモ含メテ人間建築ニ努」めることであり、「「向上台」ヲシテ廃悪修善、抜苦与楽、転迷開悟ノ悉皆成仏国土ニ共存共栄セシムルニアルヲ以テ実地土幕民ノ各家庭ニ職員ガ親シミ入リ込ンデ或ハ他人ニ向ツテ或ハ国体ニ向ツテ布教教化ニ努メタル結果猶ホ土幕民社会事業創設時日浅シトハイヘ予期以上ノ効果ヲ齎シツ、アリ」と現況を語っていた。(210)

こうした社会事業が布教活動をかねていたことは、それが宗教団体の主催で行われたものである以上、当然であろう。だが、仏教の精神とともに「教育勅語」「心田開発運動」「国体」に基づく宗教的実践は、まさに日本仏教の

「近代」の特徴を植民地においても歴然と表出しているものであり、いわば近代社会への移行期にあっては、宗教的教化と社会教化とが不可分に繋がっていたことが、ここからもみえてくるのである[211]。

とはいえ、向上会館の「土幕民」移住政策が、上述の計画のもとに円滑に進行されたのかどうかは、一九三七年以降の資料不在のために確認し得ないが、京城帝国大学衛生課調査部が一九四〇年に実施した調査では、向上会館の「土幕民」移住政策について簡単な評価がなされている。

> この向上台は行政区画の上から見れば高陽郡恩平面に属し、また事業主体からみれば京城府社会課に属し、実際の事業は向上会館で行つてゐると云ふ複雑な様相を呈してゐる。だから一度伝染病が発生すると各機関とも責任の転嫁をはかつて、発生家屋に対する処置は勿論、伝染病患者すら放置されることが普通である。（中略）施設としては八部、十四種目の事業を行ふと明示してあるが、現在実際に行はれてゐる事業は大谷学校（小学校程度）を経営し、約三百名の児童を収容してゐるのが主なものであつて、他は有名無実のものが多い[212]。

このように、患者発生などの実際の緊急事態になると、その責任から逃れようとする姿や、さらに事業内容面においても、計画通りに実施されていなかった状況が確認できる。そして唯一実施されたという大谷学校については、次のように伝えている。

> 土幕収容地としての施設らしい施設は第一節に述べた様に大谷学校の経営であつて一年から五年迄の男女合せて約三百名を収容して初等教育を施してゐる。毎年志願者が収容人員よりはるかに多く、その選抜には児童個

人の能力よりも家庭の経済的な負担を考慮に入れるせいか、服装なども府内の一般朝鮮人初等学校の生徒のそれと大差なく、割に清潔であつた。名目上の校長は南山東本願寺の上野興仁氏であるが、実際の職にあたつてゐるのは黄磁淵先生で、同氏は同時に向上台土幕収容地の管理者でもあり、東本願寺の布教師でもある。従つてその教育には多分に仏教的な色彩がとりいれられてをり、「大慈大悲」とか「衆生済度」等の語句が児童の書き方や図画の成績品とならんで、かゝげられてゐるのも興味深い[213]。

植民地朝鮮における新しい貧民、「土幕民」を対象として行われた向上会館の「土幕民」移住政策は、『旧東本願寺教学課資料』で確認したように、多岐にわたる種々の事業計画を有していたことは確かなことである。しかしながら、それはほとんど実現されなかったといってもいいだろう。教育事業においては唯一大谷学校が開設されたものの、経済力による差異化が図られており、また、仮に入学したとしても、生徒たる「土幕民」側の負担は相当大きかったものと推測できる。このような結果からみた場合、真宗大谷派の植民地朝鮮における「土幕民」を対象とした社会事業は、真宗の教義に基づいた「慈善」がそのベースとなったといっても[214]、それはごく限定されたものであったといえよう。

こうした向上会館が行った「土幕民」移住事業について、木場明志は、「労働者保護・児童保護・医療保護・社会教化に広く及ぶものであって、極めて総合的な社会事業であったといわざるを得ない。こうした広域社会事業は広い福祉精神と多大の経済力に裏付けられずには遂行できるものではない。その意味で、日本仏教団体は前近代以来の慈善・救済の経験を有し、財政的にも安定した力量を持つ社会事業体の一つであった[215]」と述べている。

いうまでもなく、日本国内でも、いち早く社会事業の「近代化」を推進した日本仏教の状況からみた場合、こうした評価がなされるのは当然のことである。「土幕民」移住にとどまらず、その計画が「総合的社会事業」にまで及んだことは、日本本国で行われた社会事業の影響によるものであろう。だが、そもそもこの「土幕民」移住政策そのものが、植民地統治におけるスラム・クリアランス政策であり、いうなれば、「土幕民」を植民地中核都市京城から「片付ける」といった目的を有しているものである。

したがって、教団側からすれば、政治的立場の強化のために行政体に協力する姿勢を取ったことは否定し得ず、最初から被支配者を対象としたものであり、植民地空間の「平穏さ」「健全さ」の確保を目的とするものであったといわざるを得ない。つまりそれは、日本仏教の、いわゆる仏教精神に基づく宗教実践という意味での教団内部の反省、自覚という動きから行われたものではなかったのである。

そしてこのことは、仏教的教化と社会教化の不可分の関係により創出された、「植民地教化」という日本仏教の「近代性」の表出であったといっていいだろう。付け加えれば、新しい貧民である「土幕民」の登場は、日本仏教の宗教者による「慈善」に基づく行為が、いかに植民地権力と絡み合う近代的な「慈善」へと変貌していったのかを端的にみせてくれる媒介となったといえよう。このような現象は、慈悲の対象が貧民であったればこそ、より強く表出される。つまり「向上台」という植民地空間は、植民地権力にふさわしくない「土幕民」を片付けるために大きな役割を果たし、ここで行われた「慈善」とは、植民地権力の意向が強く反映された近代的な「慈善」であったのである。

以上、本節では植民地朝鮮における真宗大谷派の社会事業について、「向上会館」を事例として検討してきたが、この時期の真宗大谷派の社会事業を「近代」を軸として考える際、次の点が指摘できると思われる。

三・一運動をきっかけとして出発した日本仏教の社会事業の組織化・社会化の背景には、明らかに、朝鮮人を植民地体制にふさわしい近代的な「慈善」に基づき「教化」しようとした朝鮮総督府の意図が存在していた。そしてそれが真宗大谷派の日本国内における社会事業の組織化と絡むことにより、そこに朝鮮総督府の狙いが強く反映され実施されることとなったのである。つまり、日本仏教の社会事業が朝鮮総督府の支援下で「植民地性」を強く帯びていく中で設立されたのが、「向上会館」であったといえよう。

そして、その空間で、「教育」「労働」「宗教」といった近代的要素に遭遇した朝鮮人は、「植民地公共性」を帯びつつ近代的主体として形成されていくが、それはとりもなおさず植民地空間における近代的経験を通して行われたものであり、それゆえに「日常的」「民族的」抵抗を繰り返しつつ生きていくという、植民地性を帯びた近代的主体であった。

また、「土幕民」移住政策における「向上会館」の役割は、植民地中核都市・京城から彼らを排除し、「宗教」の名のもとに「更生」させることであったが、何よりもこうした「向上会館」の動向は、朝鮮総督府からの指示によって動きはじめたものであった。したがって、結局のところ、設立目的・動機に窺えた宗教としての仏教精神は、植民地統治の要請を覆い隠すかのように出現したものであり、植民地という特殊状況を越え出ることはできなかったといえよう。言い換えれば、日本仏教の近代以前の「慈善」というものが、日本国内の「日本型社会事業」の概念化を経て、植民地空間へと移植されると、より強い「暴力性」を孕む「慈善」として変貌したのである。

おわりに

本章では、朝鮮における真宗大谷派の布教活動や社会事業について考察してきたが、その内容を簡単にまとめると次の通りである。

一九一〇年以前の朝鮮における真宗大谷派の活動は、近代的布教方法を用いつつ、「文明的」宗教という自覚のもとで開始された。そしてそのような真宗大谷派（すなわち日本仏教）の姿を、朝鮮側は、「文明」という近代性として受け入れた。

これを「近代化」という側面からとらえれば、植民地となる朝鮮における日本仏教の「近代化」への試みは、日本側においては「国家」と結びついた近代性を含有したものであり、朝鮮側においては、自身たちを開化に向かわせる「文明」という近代性として受け入れられるといった、いわばその重なり合いのうちに行われたものであったといえよう。そして、この相異なりながらも重なり合う出会いの重要な媒介になったのが、朝鮮における真宗大谷派という日本仏教であったのである。

韓国併合以前の朝鮮における真宗大谷派の社会事業についても考察を行ってきたが、朝鮮側の日本語習得の必要性という「文明」的側面や、早い時期に「日本的なもの」を移植しようとする日本仏教の意図が巧妙に内包されていたのが「日語学校」という教育事業であった。奥村五百子の活動が目立つ「実業学校」は、宗教者としての「実践」も窺えるが、その根底にはすでに帝国的性質を孕んだ「近代」が流れており彼女の国家主義を強調した姿勢が強くあらわれていた。

ここで、植民地化目前の支配空間で、日本仏教の慈善に基づき行われた社会事業的な行為そのものについて若干考察を加えると、第一章でも述べているように、植民地となる空間で社会事業を実施するということは、おそらく、日本国内において実施された社会事業からの影響を受けていたことを考慮しなくてはならないだろう。しかし、ここで留意すべきは、近代以前の「慈善」というものが近代になっていかなる意味を有するものとして変貌したかということである。つまり、「社会事業」という用語自体はドイツからの影響とはいえ、それが日本へ受容される際に、ドイツの社会事業という概念が移植されると同時に、日本的な社会事業、つまり近代以前の「慈善」が日本国家と癒着した形の「慈善」に変わり、「日本型社会事業」として新しく生まれ変わっていったということである。このような、日本的なものとしての概念化過程を経た近代的な「慈善」は、さらに植民地という空間へと移植され、植民地朝鮮における近代的な「慈善」として再び概念化される。こうした社会事業は、宗教者一人で実施され、国家との関わりも薄かったかつての「慈善」とはかなり異なり、近代的な「慈善」を随伴した社会事業として表出されたのである。韓国併合以前の朝鮮における真宗大谷派の社会事業は、まさにこのような過渡期に行われた社会事業であったといえよう。

以上を踏まえ、植民地朝鮮における真宗大谷派の社会事業について、とくに「向上会館」を事例として検討してきたが、そこには、朝鮮人を植民地体制にふさわしい近代的な「慈善」に基づきながら「教化」しようとした朝鮮総督府の意図が存在していた。つまり、真宗大谷派の日本国内における社会事業の組織化と絡むことにより、朝鮮総督府の支援下で「植民地性」を強く帯びていく中で設立されたのが、「向上会館」であったといえよう。その反面、「教育」「労働」「宗教」といった近代的要素に遭遇した朝鮮人は、「植民地公共性」を帯びつつ「日常的」「民族的」抵抗を繰り返しながら、植民地性を帯びた近代的主体として形成されていった。また、「土幕民」移住政策における「向上会館」の役割は、植民地中核都市・京城から彼らを排除し、「宗教」の名のもとに「更生」させることであったが、これは、朝鮮総督府からの指示によって動きはじめたものであった。結局のところ、「向上会館」の設立目的・動機に窺えた宗教としての仏教精神は、植民地統治の要請を覆い隠すかのように出現したものであり、植民地という特殊状況を越え出ることはできなかったといえよう。

さて、慈善を施すというのは、実施する側（強者）から実施される側（弱者）が恩恵をこうむる行為であるといえよう。それが植民地化される空間へ移されると、実施する側はより強くなり、実施される側はより弱くなる。いわゆる植民地空間で創出された近代的な「慈善」は、支配する側と支配される側の空間において、帝国主義、植民地主義という近代的なヘゲモニーと密着した関係を有しつつ、植民地にふさわしい「慈善」として概念化されたといえよう。特に第三節の真宗大谷派の「向上会館」の社会事業をめぐる様々な様相からこの点を確認したものであるが、このような複雑な問題が惹き起こされる植民地空間において、日本仏教の近代化は進んでいたのである。

註

（1）木場明志の成果「真宗大谷派朝鮮布教と朝鮮の近代化」（『大谷大学史学論究』第五号、一九九一年）、同「東アジア近代化と仏教（試論）」（『日本近代仏教史研究』第三号、一九九六年）が挙げられる。こうした日本仏教の近代的役割についての研究動向は、韓国においてもみられる。これら近年の研究動向については、序章第三節参照。

（2）磯前順一「植民地朝鮮における宗教概念をめぐる言説編成――国家神道と固有信仰のあいだ」（磯前順一・尹海東編著『植民地朝鮮と宗教――帝国史・国家神道・固有信仰』〈三元社、二〇一三年〉）、一九九頁。

（3）張錫萬「開港期　韓国社会의 宗教概念形成에 関한 研究」（ソウル大学校宗教学科博士学位論文、一九九二年）、三九頁。

（4）註（2）磯前前掲論文「植民地朝鮮における宗教概念をめぐる言説編成」、一九九頁（より詳しい内容については磯前順一『近代日本の宗教言説とその系譜――宗教・国家・神道』〈岩波書店、二〇〇三年〉を参照されたい）。

（5）ミシェル・モール「近代「禅思想」の形成――洪岳宗演と鈴木大拙の役割を中心に」（『思想』第九四三号、二〇〇二年）、四七～四八頁。

（6）これについてより詳しい内容は、本書第一章の第一節を参照すること。

（7）奈良本辰也・百瀬明治『明治維新の東本願寺――日本最大の民衆宗教はいかに激動の時代を生きぬいたか。嵐のなかの法城物語。』（河出書房新社、一九八七年）。チェ・サンシク「日本明治年間 浄土真宗의 推移와 그 特性」（韓国民族文化、一九八八年）参照。

（8）このことはいわば、日本仏教が近代性を帯びはじめたと言い換えることができよう。この時期の宗教政策や宗教動向については、安丸良夫『神々の明治維新――神仏分離と廃仏毀釈』（岩波書店、一九七九年）、村上重良『天皇制国家と宗教』（日本評論社、一九八六年〈後、講談社、二〇〇七年〉）、羽賀祥二『明治維新と宗教』（筑摩書房、一九九四年）、阪本是丸『国家神道形成過程の研究』（岩波書店、一九九四年）、小澤浩『生き神の思想史――日本の近代化と民衆宗教』（岩波書店、一九八八年）、同『民衆宗教と国家神道』（山川出版社、二〇〇四年〈日本史リブレット：六一〉）、桂島宣弘『幕末民衆思想の研究――幕末国学と民衆宗教』（増補改訂版）（文理閣、二〇〇五年〈初版は、文理閣、一九九二年〉）、村上興匡「明治期仏教にみる「宗教」概念の形成と「習慣」――島地黙雷を中心に」（島薗進・鶴岡賀雄編『〈宗教〉再考』ぺりかん社、二〇〇四年）、などを参照。

（9）日本近代の幕開けと同時に、大谷派の明治政府への意欲的な対応として画期的な意義を見出されている最初の事例は、「北海道の開拓」と「現如上人等の欧米視察」である。柏原祐泉「近代大谷派の歴程」（『宗門近代史の検証』「宗報」等機関誌復刻版別巻〈東本願寺出版部、二〇〇三年〉）、七〜八頁参照。

（10）韓晳曦『日本の朝鮮支配と宗教政策』（未來社、一九八八年）、金光植『韓国近代仏教史研究』（民族社、ソウル、一九九六年）などを参照。

（11）「儒林と士林という用語は広義の意味では同一の言葉で朝鮮の特権階層である「両班」を含めた階層を指す。朝鮮の官人体制のなかで社会的機能の一部を担当する階層としての概念が士林である。朝鮮が儒教に基づいた統治理念の上に建国され、時代の流れとともに「道徳政治宗教兼三の教学」となっていたので、儒教は特定の宗教というよりは日常生活に深く根づいていた伝統倫理という認識から、その境界線を定めて論じるには困難な側面がある」（高橋亨「朝鮮の儒教」〈『朝鮮』第二三九号、一九三五年四月〉参照）。

（12）東学とは、一八六〇年に慶州出身の崔済愚が起こした思想であり、東学を信奉する者を東学教徒、その集団を東学党と呼んでいる。また、第三代教祖、孫秉煕から天道教と呼ばれるようになった。東学の本質は、従来の思想である朱子学とも、西洋の新しい思想である西学（天主教）とも異なる、朝鮮独自の思想体系を成すことを旨とした。

東学に関する研究としては、姜在彦『近代朝鮮の思想』（紀伊國屋書店、一九七一年）、中昌浩『韓国的民族主義の成立と宗教──東学・親日仏教・改新教（プロテスタント）の分析を通じて』（国際日本文化研究センター〈日文研叢書＝Nichibunken Japanese studies series; 25〉、二〇〇二年）、青野正明『朝鮮農村の民族宗教──植民地期の天道教・金剛大道を中心に』（社会評論社、二〇〇一年）、川瀬貴也「東学とその教え」（『宗教研究』第三二八号、一九九八年）などが挙げられる。

(13) これまで韓国で創立された宗教を表す名称をみると、①迷信宗教、②邪教、③類似宗教、④似而非宗教、⑤国産宗教、⑥民族的宗教、⑦新宗教、⑧新興宗教、⑨民衆宗教、⑩韓国自生宗教、⑪民族宗教、⑫保国宗教である。これを大きく三つに分類すると、類似宗教（①②④）、新興宗教（⑤⑥⑩⑪⑫）、新宗教（⑦⑨）となる。新宗教（the new religion）は宗教学的な側面から発生初期の宗教集団を意味する発生論的概念から与えられた用語である。新興宗教という用語が強権的意味を内包していることに反して、今日韓国の学会ではより緩和された意味合いで、新宗教という用語が定着している状況である。用語整理は、金洪喆『韓国 新宗教 思想의 研究』（集文堂、一九八九年）。尹以欽『韓国宗教研究』（集文堂、一九九一年）。朝鮮総督府編『施政二十五年史』（朝鮮総督府、一九三五年）を参考。本研究では「新宗教」という用語を用いた。

(14) 註(3)張前掲論文「開港期　韓国社会의 宗教概念形成에 関한 研究」、一二七〜一二八頁。

(15) 註(2)磯前前掲論文「植民地朝鮮における宗教概念をめぐる言説編成」、金泰勲「「朝鮮仏教」の成立──「帝国仏教」論の射程」（末木文美士・林淳・吉永進一・大谷栄一編『ブッダの変貌──交錯する近代仏教』法藏館、二〇一四年）。

(16) 註(15)金前掲論文「「朝鮮仏教」の成立」、三〇一〜三〇二頁。「日本仏教」という概念や「日本仏教の特徴」に関する研究はオリオン・クラウタウ『近代日本思想としての仏教史学』（法藏館、二〇一二年）に詳しい。

(17) 大谷派本願寺朝鮮開教監督部編『朝鮮開教五十年誌』（大谷派本願寺朝鮮開教監督部、一九二七年）、五頁。

(18) 江田俊雄『朝鮮仏教史の研究』（国書刊行会、一九七七年）、四二七頁。

(19) 註(10)韓前掲書『日本の朝鮮支配と宗教政策』、二一七〜二一八頁参照。

(20) 大谷派本願寺はすでに直指寺・博川深源寺・鉄原四神庵などの管理許可を得、さらに安州大佛寺・法興寺・寧辺普賢寺・忠北寧国寺・全北花岩寺・陜川海印寺・東大門外華渓寺・晋州大原寺・龍潭天皇寺・准陽長安寺・全州鶴井寺・東大門外奉国寺・東来梵魚寺・求体華厳寺・河東雙渓寺などの管理権を取得しようと統監府に申請した。実際、真宗大谷派は海印寺、梵魚寺など朝鮮の由緒ある大寺まで末寺にしていた。広瀬卓爾「近現代における日本佛教海外布教研究」の課題」(『仏教大学綜合研究所紀要』第八号、二〇〇一年)、一六四～一六五頁、註(17)大谷派本願寺朝鮮開教監督部編前掲書『朝鮮開教五十年誌』、一九五～一九六頁を参照。

(21) 註(17)大谷派本願寺朝鮮開教監督部編前掲書『朝鮮開教五十年誌』、一九頁。

(22) 註(17)大谷派本願寺朝鮮開教監督部編前掲書『朝鮮開教五十年誌』、一八頁。

(23) 註(17)大谷派本願寺朝鮮開教監督部編前掲書『朝鮮開教五十年誌』、一八頁。

(24) 註(17)大谷派本願寺朝鮮開教監督部編前掲書『朝鮮開教五十年誌』、一九頁。

(25) 註(1)木場前掲論文「真宗大谷派朝鮮布教と朝鮮の近代化」、三〇頁。

(26) 一八七三年に東本願寺から「支那国弘教係」を命ぜられて上海・北京で宗教事情視察を行った人物に、小栗栖香頂という人物がいる。『真宗教旨』は、その中国での見聞をもとに、中国人・朝鮮人という漢文使用の民族に対する布教用として、小栗栖によって本願寺編集局の名で一八七六年に編まれた漢文の冊子である。美藤遼「明治仏教の朝鮮布教」(季刊『三千里』第一五号、一九七八年)、六一頁、註(1)木場前掲論文「真宗大谷派朝鮮布教と朝鮮の近代化」、三五～三六頁。

(27) 真俗二諦とは、「真諦を仏教信仰、俗諦を国家擁護として両者が全うされるところに宗教的真実が果たされるとするものであった」(福間光超「幕末・維新期の国家と宗教――とくに真俗二諦の成立過程」〈『近世仏教』第四巻第二号、一九八〇年〉、二頁)。「俗諦の内容を天皇権力と規定し、現世に於いては天皇の忠良なる臣民となり、来世にはめでたく浄土に往生せよという教義である」(信楽峻麿『宗教と現代社会――親鸞思想の可能性』〈法藏館、一九八四年〉、二九頁)。

(28) 『朝鮮国布教日誌』(柏原祐泉編『真宗史料集成』第一一巻「維新期の真宗」〈同朋舎、一九七五年〉所収)、四五三頁。

(29) 『朝鮮国布教日誌』(註(28)前掲)、四五四～四八五頁。

(30) 川瀬貴也「植民地期朝鮮における宗教をめぐる「眼差し」――宗教政策・植民地布教・学知」(東京大学大学院人文社会系研究科博士学位論文、二〇〇五年)、一六頁。

(31) 註(17)大谷派本願寺朝鮮開教監督部編前掲書『朝鮮開教五十年誌』、一三七～一三八頁。
(32) 『興亜会報告』第一〇集。一八八〇年九月二〇日において「朝野東仁」と記されていた。
(33) 李東仁に関しては、Satow Papers（「開化僧　李東仁의 在日活動」〈『新東亜』第五月号、一九八一年〉）、李光麟「開化僧　李東仁」（『開化党研究』一潮閣、一九七三年）、同「開化僧　李東仁에 관한 新史料」（『韓国開化史의諸問題』一潮閣、一九八六年）、李瑄根「奇傑했던 開化僧　李東仁의 業績과 生涯」（『韓国最近世史研究』ヒモン出版社、一九八五年）、モク・ジョンベ「僧　李東仁」（『韓国仏教人物思想』民族社、一九九〇年）、チェ・インテク「開化期　奥村円心　朝鮮布教活動 李東仁」（『東北亜文化研究』第一〇輯、二〇〇六年）、バク・ヨンモ「開化僧 李東仁에 대한 研究」（『韓国仏教学』第二八号、二〇一〇年）などを参照。
(34) 興亜会は一八八〇年三月に設立された団体で、その後一八八三年一月に「亜細亜協会」と改称している。ここで「東派本願寺留学生某」が李東仁であることについては、日本に滞在している者のうち、李東仁は興亜会の月例会に何度も参加しており（『興亜会報告』第一〇集、一八八〇年九月二〇日）、また『興亜会報告』第一三集（一八八〇年一二月発行）に「告白朝鮮人李東仁君前有故称朝野継允近復旧名」という記事があることからも、李東仁と興亜会とは深い関係があったということから裏付けられよう。
(35) 註(10)韓前掲書『日本の朝鮮支配と宗教政策』、四一頁。
(36) 韓国史料叢書第二五巻『龍湖問録』一九八〇年、四五二頁。註(10)韓前掲書『日本の朝鮮支配と宗教政策』、四一頁から再引用。
(37) 中西直樹『植民地朝鮮と日本仏教』（三人社、二〇一三年）、五二頁。
(38) 小島勝・木場明志『アジアの開教と教育』（法藏館、一九九二年）、八～九頁。ちなみに海外における日本人移住政策と宗教との関係については次の研究が挙げられる。柳川啓一・森岡清美編『ハワイ日系人社会と日本宗教――ハワイ日系人宗教調査報告書』（東京大学宗教学研究室、一九八一年）、竹中信常編『ハワイ浄土宗教団宗教事情調査報告書』（ハワイ浄土宗教団宗教事情調査団、一九八二年）、井上順孝『海を渡った日本宗教――移民社会の内と外』（弘文堂、一九八五年）、中牧弘允『日本宗教と日系宗教の研究――日本・アメリカ・ブラジル』（刀水書房、一九八九年）、前山隆『異邦に「日本」を祀る――ブラジル日系人の宗教とエスニシティ』（御茶の水書房、一九九七年）などがある。当該期朝鮮における日本人居留民の教育については、稲葉継雄『旧韓国～朝鮮の「内地人」教育』（九州大学出版会、二〇〇五年）、同『旧韓国～朝鮮の日本人教員』（九州大学出版会、二〇〇一年）、同『旧韓国の教育と日本人』（九州大学出版会、一九九九年）、同『旧韓末「日語学校」の研究』（九州大学出版会、一九九七年）、研究論文としては、同「旧韓国における居留邦人の教育」（『大学院教育学研究紀要』第三号、二〇〇〇年）などがある。

(39) 註(17)大谷派本願寺朝鮮開教監督部編前掲書『朝鮮開教五十年誌』、一三～一四頁。

(40) 高崎宗司『植民地朝鮮の日本人』（岩波書店、二〇〇二年）、四頁。

(41) 上垣外憲一『ある明治人の朝鮮観――半井桃水と日朝関係』（筑摩書房、一九九六年）、四、一一、四九頁。

(42) 稲葉継雄「旧韓国と熊本県人――その教育上の関連」（『筑波大学地域研究』第九号、一九九一年）、一五二頁。

(43) 朝鮮総督府著発行『朝鮮教育要覧』（朝鮮総督府、一九一九年）、一一五頁。

(44) 外務所記録局『通商報告』一八八八年一二月二四日、一五頁。

(45) 註(40)高崎前掲書『植民地朝鮮の日本人』、七頁。

(46) 森田芳夫『朝鮮終戦の記録――米ソ両軍の進駐と日本人の引揚』（巖南堂書店、一九六七年）、二頁。

(47) 尹晸郁『植民地朝鮮における社会事業政策』（大阪経済法科大学出版部、一九九六年）、一一九～一三六頁参照。

(48) 『日韓通商協会報告』『法令全書』『仁川府史』などより作成。木村健二『在朝日本人の社会史』（未來社、一九八九年）、一二二頁から再引用。

(49) 朝鮮総督府『朝鮮総督府統計年報』（朝鮮総督府、一九一〇年）、八二～八七頁。

(50) 註(48)木村前掲書『在朝日本人の社会史』、七二～七三頁。

(51) 註(38)稲葉前掲論文「旧韓国における居留邦人の教育」、二一六頁。

(52) 吉田久一『日本近代仏教社会史研究』（吉川弘文館、一九六四年〈のちに『吉田久一著作集5　改訂増補版　日本近代仏教社会史研究』上、『吉田久一著作集6　改訂増補版　日本近代仏教社会史研究』下［いずれも川島書店、一九九一年］として再版〉）、三三二頁。

(53) 「東本願寺の抱負」（註(17)大谷派本願寺朝鮮開教監督部編前掲書『朝鮮開教五十年誌』所収）、二〇頁。

(54) 註(53)前掲「東本願寺の抱負」、一四九～一五〇頁。

(55) 註(47)尹前掲書『植民地朝鮮における社会事業政策』、一五一頁。

(56) 真宗大谷派本願寺寺務所文書科『本山報告』一八八五年、第三号。註(38)小島・木場前掲書『アジアの開教と教育』、一三六頁から再引用。
(57) 註(17)大谷派本願寺朝鮮開教監督部編前掲書『朝鮮開教五十年誌』、一六一頁。
(58) 註(17)大谷派本願寺朝鮮開教監督部編前掲書『朝鮮開教五十年誌』、一六七頁。
(59) 註(47)尹前掲書『植民地朝鮮における社会事業政策』、第四章参照。
(60) 註(17)大谷派本願寺朝鮮開教監督部編前掲書『朝鮮開教五十年誌』、一五〇〜一五一頁。
(61) 註(38)稲葉前掲論文「旧韓国における居留邦人の教育」、二〇七頁。
(62) 註(38)稲葉前掲論文「旧韓国における居留邦人の教育」、二一三頁。
(63) たとえば一九〇一年二月の『婦人とこども』には、「幼稚園は（中略）目下本派（大谷派―筆者）本願寺の主持する所なれども、今回は、之を学校に移さんとするなり」（彙報「韓国釜山教育事情」幼児の教育復刻刊行会編『婦人と子ども』〈第一巻第一号、一九〇一年〉）とあり、一九〇三年一月の『東亜同文会報告』には、「経費は本願寺より一年六七百円を支出し尚居留民より保托費あり而して監督者（釜山別院―筆者）は既に居留民の必要を感したる上は之を居留地に引渡さんと欲し居留地も亦明年度より引受くるの計画をなしつ、ありと云ふ」とある（東亜同文会「韓国学事視察報告書」『東亜同文会報告』〈第三八回、一九〇三年一月一日〉）。註(38)稲葉前掲論文「旧韓国における居留邦人の教育」、二一三〜二一四参照。
(64) 註(17)大谷派本願寺朝鮮開教監督部編前掲書『朝鮮開教五十年誌』、一五一頁。
(65) 韓国統監府『韓国事情要覧』（統監府總務部内事課、一九〇六年）、二八頁。
(66) 註(17)大谷派本願寺朝鮮開教監督部編前掲書『朝鮮開教五十年誌』、一五三〜一五四頁。
(67) 註(17)大谷派本願寺朝鮮開教監督部編前掲書『朝鮮開教五十年誌』、一五三頁。
(68) 李相琴『解放前韓国の幼稚園に関する研究――その成立と展開』（お茶の水女子大学博士学位論文、一九八七年）、三一頁。
(69) 註(38)稲葉前掲論文「旧韓国における居留邦人の教育」、二一二頁。
(70) 山田天山・安藤北洋『北朝鮮誌』（博通社、一九一三年）、六九頁。
(71) 註(17)大谷派本願寺朝鮮開教監督部編前掲書『朝鮮開教五十年誌』、一五五頁。

(72) 仁川府『仁川府史』(仁川府、一九三三年)、一三一四頁。
(73) 当時の状況は、「教育に従事した朝倉師は衣食の道に不十分であったために、彼処に七日此処に十日と居留民の家に寄食しつつ児童の教養に専念したということは、建設当初における当事者の涙ぐましい苦心の一つとして、永久に忘れることの出来ない尊いことではないか。明治十八年より明治二十五年居留民が学校を経営するまで、代々の輪番がその町に当たったのであった。実に仁川公立小学校の基礎は本願寺によって建設されたのであった」(註(17)大谷派本願寺朝鮮開教監督部編前掲書『朝鮮開教五十年誌』、一五五頁)。
(74) 註(38)稲葉前掲論文「旧韓国における居留邦人の教育」、二一七〜二一八頁。
(75) 註(17)大谷派本願寺朝鮮開教監督部編前掲書『朝鮮開教五十年誌』、四五頁。
(76) 註(17)大谷派本願寺朝鮮開教監督部編前掲書『朝鮮開教五十年誌』、一五五〜一五六頁。
(77) 註(38)稲葉前掲論文「旧韓国における居留邦人の教育」、二一八頁。
(78) 木浦府編『木浦府史』(木浦府、一九三〇年)、四一八頁。
(79) 真宗大谷派本山寺務所文書課『宗報』第二二号、一九〇〇年、五月五日。
(80) 註(17)大谷派本願寺朝鮮開教監督部編前掲書『朝鮮開教五十年誌』、一五九〜一六〇頁。
(81) 註(17)大谷派本願寺朝鮮開教監督部編前掲書『朝鮮開教五十年誌』、八〇頁。一方、統監府の『韓国事情要覧』によると、群山尋常高等小学校は「明治三十一年五月設立同三十三年六月本願寺支院ニ移ス同三十四年二月ヨリ韓人教育ヲ併セ行フニ対シ外務省ヨリ補助ヲ受ク」(註(65)韓国統監府前掲書、二七頁)となっている。つまり群山尋常高等小学校の設立は群山開港(一八九九年五月)と同時で、これを一九〇〇年六月に東本願寺が引き継いだことになっているのである。設立時期は相異する部分があるが、共通点としては日本人・朝鮮人をともに対象とするものであったということである。
(82) 鎮南浦布教所開設の翌一九〇一年に赴任した片野憲恵は、「明治三十一年以来民団書記をして掌らしめてあつた児童教育の依頼をうけ、三十四年八月本願寺布教所に於て開校式をあげ、ともかく形式的にも茲に小学校を創設した。かくて三十六年九月校舎の建築と共に之を民団に引渡し、後専ら伝導に従事することゝなつた」と語っている(註(65)韓国統監府前掲書『韓国事情要覧』、八二頁)。そして城津布教所は「明治四十一年五月十五日原元晃師命を帯びて創立したのものであるが、原師は開教の傍ら児童を集めて教育に従事したのが縁となつて大正五年公立小学校の設立と共に開教使を辞し専ら教育に従事すること、なつた」と記されている（同上、九七～九八頁）。
(83) 時事彙報「韓国馬山浦の小学校」（『教育時論』第五九九号、一九〇一年一二月五日）。
(84) 註(38)小島・木場前掲書『アジアの開教と教育』、一三六頁。
(85) 註(38)小島・木場前掲書『アジアの開教と教育』、一八頁。
(86) 翠影生「感化救済事業の前途と仏教徒」（『宗教界』第六巻第一号、一九一〇年一月〈中西直樹『仏教と医療・福祉の近代史』［法藏館、二〇〇四年］、六八頁〉から再引用）。
(87) 註(86)中西前掲書『仏教と医療・福祉の近代史』、六八～六九頁。
(88) 註(17)大谷派本願寺朝鮮開教監督部編前掲書『朝鮮開教五十年誌』、三二～三三頁。
(89) 註(17)大谷派本願寺朝鮮開教監督部編前掲書『朝鮮開教五十年誌』、一五二頁。
(90) 「これら以外に在留邦人を対象にした幼稚園や学校の経営があり、当然ながら日本語で教育が行われていたのであるが、これを「日本語教育」に含めるかどうかについては議論のあるところであろう」と付け加えている（註(38)小島・木場前掲書『アジアの開教と教育』、一七二頁）。
(91) 註(10)韓前掲書『日本の朝鮮支配と宗教政策』、二六頁。
(92) 註(38)小島・木場前掲書『アジアの開教と教育』、一七頁。
(93) 註(17)大谷派本願寺朝鮮開教監督部編前掲書『朝鮮開教五十年誌』、一六五頁。
(94) 註(47)尹前掲書『植民地朝鮮における社会事業政策』、一五三頁。
(95) 稲葉継雄はこの時期の日語学校について「旧韓末期に生成した一群の学校で、一八九一年六月に官立日本語学堂が開設される以前には存在せず、韓国併合以後日本語が「国語」化されるに及んでほとんどが自然消滅したという意味において旧韓末期独特の学校形態である。その設立主体は、日本人団体（大日本海外教育会・東亜同文会及び仏教各派）・日本人有志・日韓有志・韓国政府・韓国人有志と様々であるが、日本語および「日本語による普通学」の教育を最大公約数的特色」であったと述べて、日語学校をこの時期（旧韓末期）独特の学校形態と捉えている（註(38)稲葉前掲書『旧韓末「日語学校」の研究』「緒言」より）。
(96) (二)の項目について小島は、現地人にとって「日本語」とは、日本人との交流の手段である「商業用語」としての日本語が流布したのであり、「開教使」もこれに応えたと指摘している。註(38)小島・木場前掲書『アジアの開教と教育』、一八三～一九〇頁。
(97) 註(17)大谷派本願寺朝鮮開教監督部編前掲書『朝鮮開教五十年誌』、一五二頁。
(98) 「大谷派本願寺私立釜山学院」(『宗報』第五号、一八九九年二月一五日)。
(99) 「遠洋航海日記(承前)韓国における査察と希望」(『教学報知』第六六四号付録、一九〇一年九月二一日)。
(100) 『皇城新聞』(一九〇〇年二月五日付)。
(101) 守田佳子『奥村五百子――明治の女と「お国のため」』(太陽書房、二〇〇二年)、五頁。
(102) このような観点からの先行研究は、加納実紀代「奥村五百子――〝軍国昭和〟に生きた明治一代女」(『思想の科学』第五一号、一九七五年)、橋澤裕子「日本仏教の朝鮮布教をめぐる一考察――奥村兄妹の事例を中心に」(『朝鮮女性運動と日本――橋澤裕子遺稿集』〈新幹社、一九八九年〉)、任展慧「朝鮮統治と日本の女たち」(もろさわようこ編『ドキュメント　女の百年5　女と権力』〈平凡社、一九七八年〉)などがある。
(103) 全羅南道光州府、布教使奥村円心、代理通訳岩下徳蔵から本山に宛てた報告書(小笠原長生『奥村五百子』〈南方出版社、一九四二年〉、一三一～一三三頁)。
(104) 近衛篤麿日記刊行会編『近衛篤麿日記』(鹿島研究所出版会、一九六八年)、三二七頁。
(105) 奥村五百子は唐津の開発事業に相当尽力しており、町有地の払い下げの決定に積極的に関係したり、松浦橋の架橋事業にも関わったりしたという(註(101)守田前掲書『奥村五百子』、二四～二六頁参照)。
(106) 註(17)大谷派本願寺朝鮮開教監督部編前掲書『朝鮮開教五十年誌』、七二頁。
(107) 註(104)近衛篤麿日記刊行会編前掲書『近衛篤麿日記』、二〇頁。
(108) 「朝鮮における経営事業」(手島益雄編『奥村五百子言行録』新公論社〈ほか〉、一九〇八年)、二四頁。
(109) 註(108)前掲資料「朝鮮における経営事業」、三七～三八頁。
(110) 註(108)前掲資料「朝鮮における経営事業」、二四～二五頁。
(111) 註(108)前掲資料「朝鮮における経営事業」、二四～二五頁。
(112) 安藤鉄腸「奥村五百子女史」(『教界の婦人』〈文明堂、一九〇三年〉)、八頁。
(113) その経緯は、近衛篤麿が「東亜同文会の前身であった同士の会合へ諜って見たが、そこにもそんな費用はなかった。さらばというので、釜山に本願寺別院を再興するからとの名義で、近衛公から大谷派本願寺へ相談したが、その頃は財政が紊乱して居て、そこ処ではない」ので、大隈重信に政府の補助を請求した。大隈重信は、「そいつは面白い、大いに遣れ、金は外務省の機密費から繰りかへる」と請合った。明治三〇年の一一月頃、外務省が、一万八〇〇〇円を本願寺に匿名寄付し、表向きは本願寺が布教費として五百子らに支給するという知らせがきている。註(101)守田前掲書『奥村五百子』、五一～五二頁。そのほか、小野賢一郎『奥村五百子』〈愛国婦人会、一九三四年〉、一二三～一二四頁、註(17)大谷派本願寺朝鮮開教監督部編前掲書『朝鮮開教五十年誌』、七二～七三頁などが参考できる。

(114) 三井邦太郎『女傑奥村五百子』(潮文閣、一九四四年)、二七七～二七八頁。
(115) 渡辺霞亭『奥村五百子』(霞亭会、一九一五年)、三一七頁。
(116) 註(115)渡辺前掲書『奥村五百子』、二〇一頁。
(117) 註(17)大谷派本願寺朝鮮開教監督部編前掲書『朝鮮開教五十年誌』、一五八頁。
(118) 註(104)近衛篤麿日記刊行会編前掲書『近衛篤麿日記』、五二四～五二五頁。
(119) 註(113)小野前掲書『奥村五百子』、一四七頁。
(120) 註(17)大谷派本願寺朝鮮開教監督部編前掲書『朝鮮開教五十年誌』、一五六～一五九頁。
(121) 註(17)大谷派本願寺朝鮮開教監督部編前掲書『朝鮮開教五十年誌』、一五七～一五八頁。
(122) 註(101)守田前掲書『奥村五百子』、五頁。
(123) 註(17)大谷派本願寺朝鮮開教監督部編前掲書『朝鮮開教五十年誌』、九九頁。
(124) 註(17)大谷派本願寺朝鮮開教監督部編前掲書『朝鮮開教五十年誌』、一五六頁。
(125) これに関する先行研究については本書序論の第三節を参考すること。
(126) 註(37)中西前掲書『植民地朝鮮と日本仏教』、一七九頁。
(127) 註(37)中西前掲書『植民地朝鮮と日本仏教』、一八〇頁。
(128) 『中外日報』一九〇六年一〇月二六日。
(129) 「社会事業」(『宗報』第九七号、一九〇九年一〇月二五日)。
(130) 註(47)尹前掲書『植民地朝鮮における社会事業政策』、一五五～一五六頁。
(131) 『朝鮮総督府施政年報　大正七～九年』一九二二年、一四七頁。

(132) 国立国会図書館憲政資料室蔵。平山洋「朝鮮総督府の宗教政策」(源了圓・玉懸博之編『国家と宗教』〈思文閣出版、一九九二年〉)、四九八頁より再引用。
(133) 「宗教団体の社会事業」(『大正十年最近朝鮮事情要覧』四二八～四二九頁〈朝鮮総督府、一九二一年、『資料集成』第二巻に収録〉)、註(37)中西前掲書『植民地朝鮮と日本仏教』、一七九～一八〇頁。
(134) 吉田久一『吉田久一著作集6 改訂増補版 日本近代仏教社会史研究』下(川島書店、一九九一年)、七七頁。
(135) 「「鮮人教化」のための向上会館設立」(『宗報』第二五一号、一九二二年一〇月五日号)。
(136) 『無量寿経』の一節、すべての人々を救わないでは仏にならないとの誓い。木場明志「海外布教と仏教福祉――朝鮮における土幕民移住計画について」(池田英俊・芹川博通・長谷川匡俊編『日本仏教福祉概論――近代仏教を中心に』〈雄山閣出版、一九九九年〉)、二五四頁。
(137) 註(17)大谷派本願寺朝鮮開教監督部編前掲書『朝鮮開教五十年誌』、一七一～一七二頁。
(138) 註(17)大谷派本願寺朝鮮開教監督部編前掲書『朝鮮開教五十年誌』、一七二～一七三頁。
(139) 註(17)大谷派本願寺朝鮮開教監督部編前掲書『朝鮮開教五十年誌』、一七三～一七四頁。
(140) 『中外日報』一九二〇年九月一九日。
(141) このような植民地朝鮮における西洋宣教師の社会事業に対する真宗大谷派の認識は、向上会館が設立された後も、布教方法の一つとして保持されている。奥野次郎「基督教布教者の熱、生活改善への精進」(『真宗』大谷派本願寺宣伝課、第三一一号、一九二七年九月)、一七頁。
(142) 『朝鮮』社会教化事業号、七七号、一九二一年六月、二六〇頁。
(143) 「朝鮮に於ける大谷派の社会事業と打合せ　総督府や道、府庁から出席」(『中外日報』一九二一年三月三日)。
(144) 「向上会館設立趣意書」(編者不明)は一九二一年に作成されたもので、一六頁から構成されており、「建築概要」「朝鮮宗教ノ現状」「朝鮮宗教々勢一覧表」などが収録されている。
(145) 「社会事業団体国庫補助」には向上会館の事業内容が「授産部」「修学部」「教化部」「隣保部」と分けられて記入されている(韓国政府記録保存所〈国家記録院所蔵文書〉『昭和十一年度私設社会事業団体国庫補助』、一九三六年)。
(146) 「向上会館規則」『旧東本願寺教学課資料』(後掲註(148))を参考。

(147)『向上会館事業要覧』は一九二四年七月に刊行されたもので、向上会館全景、設立者、後援者、教職員、生徒の体操風景、実習や教授などの写真が収録されており、その他、関係者名簿や賛助員名簿、そして事業概要（産業部、向上女子技芸学校）が収録され、それぞれの学則や規程が書かれた全八枚で構成されている（韓国政府保存書類：国家記録院所蔵文書）。現段階では編者は不明の状態であるが、教団側の資料と重複している部分もあり、おそらく向上会館の関係者によるものと推測できる。

(148)『旧東本願寺教学課資料』は、大谷大学の木場明志教授提供による複写資料である。ここには近代以降に真宗大谷派教団が朝鮮半島に渡って行った活動に関する資料が収められているが、木場はこれらを『旧東本願寺教学課資料』とし、整理している。本研究も本資料に多くを負っている。

(149)産業部に関する朝鮮人の動向については、拙稿「植民地朝鮮における日本仏教の社会事業――「植民地公共性」を手がかりとして」（註(2)磯前・尹編著前掲書『植民地朝鮮と宗教』）、一一一～一三四頁をもとにした。この論文は、筆者の博士論文に基づいて、産業部の朝鮮人の動向を「植民地公共性」を手がかりに再検討したものである。

(150)尹によれば、「一九二〇年代後半から忠清南道公州で繰り広げられた忠清南道庁移転反対運動は、「植民地公共性」の好例だ。由緒ある公州から新進の大田に忠清南道庁を移転しようとする総督府の計画に対し、公州地域の住民らは、陳情やデモといった手法で反対運動を展開した。この運動に日本人、朝鮮人という民族の区別はなく、地域の有志や商工業者らは、日本政界の有力者まで巻き込んで総督府を苦しめた」という。彼は「この運動は当時、朝鮮人たちの日常的経済・社会生活の中で繰り広げられた重要な運動であった。独立運動ではないから意味がない、と無視してはならない」と論じている（尹海東・黄秉周編『植民地公共性――実態とメタファーの距離』〈책과함께、二〇一〇年〉、一七～四九頁）。

(151)ここで「社会的なもの」というのは、次の金ヒョンジュの議論を参考にしている。「ある現状に対して主観的・感情的な意思表現とは距離をおくものであり、問題化された思案をめぐる諸般の環境と関係に対する利害能力を意味する。また「社会的なもの」を駆使するためには特定の個人や集団の利益ではなく、共同体全体の利益を公正に代表する位置を示しているものでなければならない」。つまり、本項でいう「社会的なもの」とは、社会的な領域から創出された共同体全体の利益を公正に代表するものとして、意味付けている（金ヒョンジュ「植民地における「社会」と「社会的」公共性の軌跡――一九一〇年代『毎日新報』における李光洙の社会談論の意味」〈『韓国文学

研究』第三八輯、二〇一〇年〉、二五五頁)。

(152) 尹は「政治的なもの」について、次のようにシャンタルの言葉を引用している。「「政治的なもの」というのはすべての人間社会に元来あるものであり、人間の存在論的な条件を決定する一つの次元として見なされるものである。いわゆる、政治的なものは必然的なものであり、敵対のない世界では不可能なものであると言っている急進論的前提を受容する立場に立っている」(Chantal Mouffe『政治的なものへ帰還』〈李ボギョン訳、フマニタス、二〇〇七年〉、一〇～一二頁、原著は、*The Return of the Political*, 1993, verso)。本項での「政治的なもの」に対する解釈は、尹海東が引用するシャンタルの議論に基づいているが、ヘゲモニーと直面するときはその媒介する空間が前提とされたりもすることを念頭に置いている。本書ではこの空間を「向上会館」とみている。

(153) 鄭泰俊・安兼坤「日帝強占期植民地朝鮮教育実態調査研究(二)――聞取調査를中心으로」(『日語教育』第三一号、二〇〇五年)、一八五頁。

(154) たとえば、洋服科の設立から一九二六年までに、総額二万四九六一円が支給されているが、これは、事業開始以降五一ヵ月間にあたり、また、一九二六年現在の卒業延人数四五名に現在の生徒数を合わせると一〇八名が総計ということになる。つまり、総額を五一ヵ月の月数で割って、それをさらに一〇八名の三分の二に当たる七二名の人数で割ると、一人の一ヵ月工賃は約六・八〇円に過ぎない。これは、当時、朝鮮人の土木工事現場における日雇労働者の一日平均賃金が一・〇一円、日本人が二・三二円であるのに比べると、伝習中とはいえ朝鮮人労働者の二二・四パーセント、日本人労働者の九・八パーセントに過ぎない低賃金であったことになる。註(47)尹前掲書『植民地朝鮮における社会事業政策』、一六二頁参照。

(155) 青森徳英「京城向上会館の事業及び将来(上)」(『中外日報』一九二四年六月二〇日)。

(156) その後、「産業部」の事業は、「昭和二年一月事業ノ改善ニ伴ヒ洋靴科ヲ廃ス、大正十四年以来修得生七十四名ヲ出シ昭和五年九月時勢ノ要求ニ鑑ミ男子洋服部ヲ廃止スルト共ニ専ラ女子ノ授産ニ尽力ヲ傾注スルコトトナリ、之ガ予備教育タル本館経営ノ向上女子技芸学校卒業生ヲ収容シ洋裁縫普通裁縫編物等ノ技術ヲ修得セシ」というように、「産業部」は廃止されて「授産部」に変更され、女子実業教育に力を注ぐこととなる。そして一九三六年になると、「社会事業部」の一つの事業である「手芸並ニ洋裁縫」へと継続される。韓国政府記録保存所(国家記録院所蔵文書)、前掲の「向上会館規則」『旧東本願寺教学課資料』を参照。

(157) 註(17)大谷派本願寺朝鮮開教監督部編前掲書『朝鮮開教五十年誌』、一八九頁。
(158) 植民地朝鮮社会を「植民地権力」「規律権力」「近代的主体」に焦点を当てて分析した研究として、金晋均・鄭根埴『近代主体와 植民地規律権力』（文化科学社、一九九七年）が挙げられる。本書では、「植民地における帝国主義の支配権力は、強制的な暴力により朝鮮人を支配の対象と転落させると同時に、その秩序の中で自ら規律できるよう要求した。その規律的秩序は植民地体制を否定しないように形成され、それは「近代的主体」形成の主要な場である家族、学校、工場、収容所、病院、そして軍隊等で求められた新たな人間型に刻印された」と冒頭に述べられ、日本は植民地朝鮮における各種の職業と社会的地位に対し、日常生活の諸領域において新しい中身の規律、いわゆる「心得」を制定していったと指摘している（前掲書、前書きより）。
(159) 註(155)青森前掲「京城向上会館の事業及び将来（上）」。
(160) 朝鮮総督府内務局社会課『会社及工場に於ける労働者の調査』一九二四年、八二頁。
(161) 「向上会館　盟休」（『東亜日報』一九二四年一〇月一四日）。
(162) 「向上会館産業部　洋服伝習生盟休　理由は表裏不同な社会事業」（『東亜日報』一九二九年一月二四日）。
(163) 「向上会館伝習生ノ盟休ニ関スル件」（『国内外抗日運動文書』京西高必第三〇五一三号、一九二九年一月二四日）、二二〇～二二二頁。
(164) これに関しては「遅刻月三度アレバ月収一割五度アレバ二割欠席一度ニ割ヲ減ラス」となっている（『国内外抗日運動文書』京西高必第三〇五号、一九二九年一月二二日、二一六頁）。
(165) 『国内外抗日運動文書』京西高必第三〇五号、一九二九年一月二二日、二一七～二一八頁。
(166) 『国内外抗日運動文書』京西高必第三〇五一四号、一九二九年一月二四日、二二三頁。
(167) 本項でいう「政治的なもの」についてさらにいえば、これは朝鮮人生徒たちによって形成されていくものであるが、決定的に向上会館という場所が提供されることによって形成されるものである。それは、シャンタルがいう政治的なものと同じ文脈でいうことができるが、ヘゲモニーの関係から出てくる「政治的なもの」を、本項でいえば、「向上会館」という空間から公共的な価値がつくられ、またこれによって「政治的なもの」として表出、最終的に植民地権力と遭遇するという形をとるのである。すなわちヘゲモニーによる不平等な関係の中から出てくる「政治的なもの」というのは、「向上会館」という空間を介してこそ「日常的な抵抗」という側面も含む「政治的なもの」

として表出されるのである。
(168)「労働運動や農民運動等の階級運動、青年運動や学生運動、さらに女性運動等は社会の近代化過程においてのみでその集団としてのアイデンティティの基盤が与えられる。つまりすべての部分運動は近代化の産物であり植民地支配期の産物であるが、こうした運動発生の近代的側面を民族主義のみに帰属させると、固有の運動性はまったく解明できないのである」(尹海東『植民地期의 灰色地帯』〈歴史評論社、二〇〇三年〉、二九頁)。
(169) 註(17)大谷派本願寺朝鮮開教監督部編前掲書『朝鮮開教五十年誌』、一七九～一八〇頁。
(170) 真宗大谷派本山寺務所文書課編『真宗』一九二九年、九月号。
(171) 真宗大谷派本山寺務所文書課編『真宗』一九三〇年、三月号。
(172) 他に、『中央日報』『朝鮮中央日報』『中外日報』『毎日新報』に日曜講話の広告がみられる。
(173) この書物は、『歎異鈔』の解説書であり、半分は青森徳英が日本語で、また半分は李智光が朝鮮語に訳しているもので、真宗の教義を説いている。一九二八年一〇月に「朝鮮治刑協会」から発行されたことをみれば、真宗大谷派の朝鮮における教誨師活動の資料として使われていたと推測される。
(174) 真宗大谷派本山寺務所文書課編『真宗』一九二九年、一二月号。
(175)『東亜日報』一九二二年八月二三日。『東亜日報』における金泰洽の仏教関連講演は、一九二二年から一九三九年にかけて一七五回に及んでいる。
(176) 註(37)中西前掲書『植民地朝鮮と日本仏教』、二二一～二二二頁。
(177) 註(37)中西前掲書『植民地朝鮮と日本仏教』、二三九頁。
(178) 註(37)中西前掲書『植民地朝鮮と日本仏教』、二三九頁。
(179) 韓国政府保存書類(韓国国家記録院所蔵文書)『昭和十一年度私設社会事業団体国庫補助』一九三六年。
(180) 青森徳英「京城向上会館の事業及び将来(下)」(『中外日報』一九二四年六月二四日)。
(181) 註(158)金・鄭編前掲書『近代主体와 植民地規律権力』、七三頁。
(182) 註(180)青森前掲「京城向上会館の事業及び将来(下)」。
(183)「向上女子技芸学校学則」(『向上会館事業要覧』)第二章第四条、教科目、課程、毎週時間数項目から。
(184)『向上会館事業要覧』「産業部」の紹介文。

(185)「向上女子技芸校　諸般制度を改革」(『東亜日報』一九二四年四月一六日)。ここで「三年間の実習費用は全部学校から負担し」となっているが、同年の『事業要覧』には修学年限二ヵ年となっている。「向上女子実業学校」の一九三六年から修業年間が三ヵ年に変更されているので、この点からみれば、誤って掲載された可能性が高い。
(186)註(17)大谷派本願寺朝鮮開教監督部編前掲書『朝鮮開教五十年誌』、一八八頁。
(187)『東亜日報』一九三四年四月八日、一九三五年二月八日。
(188)「向上女子技芸学校学校規則概要」(『旧東本願寺教学課資料』)。
(189)「バザー大会開催　今日から両日間　本校館内に於いて」(『東亜日報』一九二九年九月二二日)。
(190)「向上会館規則」(『旧東本願寺教学課資料』)。
(191)『帝国日本の植民地社会事業政策研究──台湾・朝鮮』(ミネルヴァ書房、二〇〇七年)、二四八頁参照。
(192)朝鮮総督府学務局『朝鮮の社会事業』(朝鮮総督府学務局社会課、一九三六年)、一一九〜一四四頁参照。
(193)慎英弘『近代朝鮮社会事業史研究──京城における方面委員制度の歴史的展開』(緑蔭書房、一九八四年)、一八〇、二三八頁。
(194)「土幕民」とは、京城府などの都市部における生活困窮者や生活の行き詰まりから都市に移動してきた地方出身者などが集まって形成する、スラム住民の総称として使用されていた言葉である。その住まいの形態から「土幕民」と呼ばれるようになったという。「土幕民」は住む土地も家もなく、市街地の一家の間借なども行われるようになり、都市の住宅難も反映して問題は複雑に拡大していった。
(195)「向上会館規則」(『旧東本願寺教学課資料』)。
(196)京城帝国大学衛生調査部編『土幕民の生活・衛生』(岩波書店、一九四二年)、一四〇頁。
(197)京城帝大医学部生たちが、一九四〇年に京城とその周辺の「土幕民」三千数百戸、一万数千名のうち、龍頭町、祭基町、漢江、永登浦、阿峴町、弘済町、敦岩町その他地域から五五六戸を選んで調査したところによれば、その世帯主の四一・三七パーセントが農民出身で、二四・二八パーセントが農村の農業労働者、あるいは都市の日雇労働者出身であった。自由労働者たちもほとんど農村を離れて日雇労働者になった人であると考えられるため、結局「土幕民」の六五パーセント以上が農民出身であったことといえる。註(196)京城帝国大学衛生調査部編前掲書『土幕民の生活・衛生』、八三〜八四頁。

(198)「土幕民」は生計維持の特性上、都心周辺、あるいは都心内に居住する場合が多かった。都心の真ん中の「土幕民」の存在は、文明国としての日本の体面を損なうだけではなく、都市美観上、衛生上、多くの問題を惹起していった。そして、「土幕民」の「無断占拠」という問題は、「公共及び私有財産における侵害」といった法律上の問題としても浮上することとなった。一方、「土幕民」に対する評価はほとんど否定的であったが、その大部分は「不潔、怠慢、浮浪性、飲酒、賭博、阿片、犯罪、無能、虚弱、老衰」といった「土幕民」の内的素養・性格として認識される場合が多かったという。こうした否定的イメージは、朝鮮人全体のイメージへと拡大する恐れが孕まれていた。ハン・ギヨン「「近代的社会事業」과 権力의 視線」(註(158)金・鄭前掲書『近代主体와 植民地規律権力』)、三三四~三三五頁。

(199)京城府社会課長「激増する土幕」(『京城彙報』一九四三年二月号)、二八~二九頁。

(200)註(198)ハン・ギヨン前掲論文「「近代的社会事業」과 権力의 視線」、三三六~三三七頁。

(201)同資料は註(136)木場前掲論文「海外布教と仏教福祉」によって一部分紹介されているが、向上会館の「土幕民」対策事業については同資料が唯一現存している資料と推定されるため、これを参考にした。

(202)「土幕民整理施設計画並収支計算書」『旧東本願寺教学課資料』一九三五年一月。註(136)木場前掲論文「海外布教と仏教福祉」、二六四頁から再引用。

(203)木場は「土幕民整理施設計画並収支計算書」から「京城内外土幕民整理四ヶ年施設計画書」を取り上げているが、この計画書は向上会館のみではなく、和光教園もその対象として京城府が作成したもので、後述の「土幕民ノ向上台ヘノ移住整理施設四ヶ年計画並計算書」とは異なる点があり、本研究ではこちらを参考にした。つまり「向上台」という具体的名称とともに真宗大谷派における「土幕民」事業の事業内容も付け加えられているため、同年に作成されたものの、木場が紹介した資料より後に向上会館側の立場から作成されたものと判断される。

(204)「土幕民整理施設計画並収支計算書」(『旧東本願寺教学課資料』)。

(205)「土幕民ノ向上台ヘノ移住整理施設四ヶ年計画並計算書」(『旧東本願寺教学課資料』)。

(206)註(136)木場前掲論文「海外布教と仏教福祉」、二五九頁。

(207)「土幕民整理施設計画並収支計算書」(『旧東本願寺教学課資料』)。

(208)「土幕民整理施設計画並収支計算書」(『旧東本願寺教学課資料』)。

(209)「土幕民整理施設計画並収支計算書」(『旧東本願寺教学課資料』)。
(210)「土幕民整理施設計画並収支計算書」(『旧東本願寺教学課資料』)。
(211) 註(136)木場前掲論文「海外布教と仏教福祉」、二五九頁。
(212) 註(196)京城帝国大学衛生調査部編前掲書『土幕民の生活・衛生』、四九頁。
(213) 註(196)京城帝国大学衛生調査部編前掲書『土幕民の生活・衛生』、五二頁。
(214)「貧困、無職、疾病、無知ヨリ起ル人間痴ハ社会ノ禍根ニシテコレガ根絶ハ素ヨリ望マレ難シトスルモ少クトモ救ヒ得ベキ貧困ヲ救ヒ与ヘ得ベキ職業ヲ紹介シ治療シ得ベキ疾病ヲ退治シ教ヘ得ベキ無知ヲ悟ウシムベキ事ハ社会夫自体ガ負フベキ一ツノ責任デアル。其レ吾向上会館社会事業団ノ目的ハ単ナル応急的一時的ノ救済ニ非ズシテ人間建築デアリ、悉皆成仏国土ノ建設デアル。貧困者ヲ有産者ニスルコトニアリ、働ケナイモノヲ活動力者ニ、不生産者ヲ生産者トスルコトニアリ、文盲者ヲ開眼スルコトニアル。換言スレバ、地上ノ苦痛ニ怨嗟愁心セルモノヲ、廃悪修善・抜苦与楽・転迷開悟ノ性仏国土ニ共存共栄セシムルトコロニ、本団ノ目的ハ存スル。斯ク、自他共ニ仏国土ニソノ信念ト技能トヲ発揮シツヽ、自利利他の菩薩行ノ努力コソ、ソノ儘一国ノ精神ノ発揮デアリ、経済更生ヘノ道デアル。
ワレ等ハ信ズル。ワレ等ノ事業ハ社会的立場カラ見テ、無形ノ利潤ヲ収ムルトコロノ、最モ有利ナル投資事業デアルコトヲ。土幕民社会事業二年ヲ迎ヘ、既住ノ投資ニヨツテ得タルトコロノ少カラザルヲ思フテ、ワレ等ハ深ク欣幸トスルトコロデアル」(「土幕民整理施設計画並収支計算書」(『旧東本願寺教学課資料』))。

ここでは、仏教精神を基礎に、当事業の遂行に強い意欲をみせていることがわかる。すでに土幕民とされた人々の「自利利他の菩薩行」への歩みを感じ取り、「無形ノ利潤ヲ収」めるための投資に功果があるとみているのである(註(136)木場前掲論文「海外布教と仏教福祉」、二六一頁)。
(215) 註(136)木場前掲論文「海外布教と仏教福祉」、二六四頁。

第三章

植民地朝鮮における浄土宗の社会事業

はじめに

真宗大谷派の朝鮮における布教や社会事業の考察に引き続き、本章では、浄土宗の朝鮮布教や社会事業の実態と性格について考察を行う。まず、第一節で浄土宗の朝鮮布教の動向を簡単に踏まえた上で、第二節では、浄土宗の初期段階の社会事業について論を展開していく。とくに教育事業を題材として、宗教概念の形成過程における日本仏教（なかでも浄土宗）と「近代仏教」としての朝鮮仏教との交錯関係に着目して考察を行う。最後の第三節においては、植民地朝鮮における浄土宗の社会事業に注目し、そこから日本仏教の社会事業における「慈善」の近代的な変容について検討し、最終的には植民地朝鮮における日本仏教、つまり浄土宗の社会事業にみられる植民地的「慈善」を明らかにすることを試みる。

第一節　浄土宗の朝鮮布教

浄土宗の海外布教という観点から行われた東アジアと関わる研究は、管見の限りではさほど多くはない。たとえば、台湾を対象とした研究としては、鷲見定信「浄土宗の台湾布教――明治期を通して」（『仏教文化研究』第三〇号、一九八五年）、松金公正「日本植民地初期台湾における浄土宗布教方針の策定過程（上）（下）」（『宇都宮大学国際学部研究会論集』第一三、一四号、二〇〇二年）が挙げられるが、これらは明治期に限定したものである。そして朝鮮と関わった研究は、ほぼ皆無といってもいいが、これについて少し触れている中西直樹の言を引用すると、

「浄土宗布教はかつての本願寺派や大谷派のように日本政府の直接的支援・協力を受けてなされたものではなかった。しかし、日本の国威を背景に朝鮮人信者を獲得し、朝鮮仏教を支配下に置こうとする方向性を有するもので、朝鮮布教に明確な理念を提示するものではなかった」(1)と指摘し、結局のところ、浄土宗の朝鮮仏教界を支配しようとする目論見は失敗に終わり、以後朝鮮仏教界における浄土宗の影響力も急速に低下していったと結論付けている。本節ではこれらの先行研究を踏まえつつ、朝鮮における浄土宗の布教動向の一断面を垣間見ていきたいと思う。

1　浄土宗の海外布教

浄土宗の制度的海外布教の開始は一八九八年のことであるが、それ以前に個人による布教はすでにはじめられていた。一八九四年、松尾諦定と岡部学応の二人がハワイ布教使としてハワイに渡り、次いで一八九六年、仲谷徳念、武田興仁が台湾に渡っている。そして一八九七年には三隅田持門が朝鮮に渡ったということであるが、その後、こうした人々が中心となって海外布教は浄土宗の制度に組み入れられ、開始されることとなる(2)。

このような浄土宗の海外布教の経緯について、鷲見定信は、「浄土宗の海外布教はそのほとんどが明治二〇年代おわりから三〇年代にかけて行われたことがわかる。海外布教がこの時期に重なった理由については、まず日本人の海外進出という状況がある。明治元年には一五三名の日本人がハワイに移民として上陸している。明治二年にはエドワード・スネールに率いられた会津の人びとが北米に入植している。これらの先駆者をまって多くの人びとがハワイ・アメリカに渡ったのである。まず布教は移民の要請によってはじまったといえる。第二に日清、日露の二つの戦いを経て拡がった日本の新領土への布教という側面を指摘できる」(3)と述べているが、本節で取り上げる植民地朝鮮への布教は、後者に当てはまる。

かくして、浄土宗の朝鮮、清両国への布教の必要性が高まったのは、一八九五年のことである。『浄土教報』第二〇七号の「清韓布教の準備」という記事には、「皇軍征清の大目的たるや、宣戦の勅諚に基き、所謂朝鮮の独立を扶持し、東洋の平和を克復するにある（中略）一方に於いて清韓両国の文化を誘導し彼等人民の性質を改良し、真実に我れに帰服せしむることを期せざる可からざるや明らかなり（中略）蓋し仏教徒の責任たる一にして足らずと雖平時と戦時に拘はらず、常に社会の文明を啓発し人民の知徳を発揮し、遂に永久平和の基礎を興ふるとは是れ其任務の大なるものない」と記されている。

ここでは、「清韓」の布教は、仏教の伝達とともに朝鮮と清の「文明を啓発」に臨み、人々の知徳をひらくことにあったとされている。また、『浄土教報』第二二二号では、「朝鮮の為め将来又た支那の為め布教伝道に従事し（中略）彼等人民の頑冥無知を誘導し其心智を発揮し其道義を策興し宗教の妙理大道を伝播すると共に我か日新の文物を輸入し直接彼国社会の文明を発達することに努力せんこと最も切望させるを得す」と、最初の外征慰問使である荻原雲台が帰国慰労会で述べている。このように「頑冥」で遅れた地域に「文明」を伝える使者としての役割を背負いながら、朝鮮への布教も開始されたのである(4)。

一八九八年四月一日、浄土宗における海外布教制度が定められ、同年の八月六日の教令により、新しい海外布教地域として第一開教区に「鹿児島県及び大島諸島、沖縄県」、第二開教区は「台湾各地及び澎湖島」、第三開教区は「韓国京城、仁川、釜山、元山、木浦、鎮南浦」、第四開教区は「布哇（ハワイ）」と定められた(5)。

この布教地域制定にともない、「特別会計予算案」が組まれ、そのうち朝鮮をその範囲とする第三開教区の予算は、以下のように策定された(6)。

第五款　第三開教区開教費　金　七、六二三円五六銭
　第一項　京城教会所兼日韓語学校費　金　四、四二三円五六銭
　　第一目　開教区長年俸　三〇〇円
　　第二目　語学教授二名年俸　四〇〇円
　　第三目　韓僧十名教養費　一、二〇〇円
　　第四目　渡韓留学生十名手当　一、八〇〇円
　　第五目　借館費　三六〇円
　　第六目　開教区長及語学生渡航費　三六三円五六銭
　第二項　各地教会所創立扶助及布教師手当　三、二〇〇円
　　第一目　釜山仁川教会所扶助費　一、〇〇〇円
　　第二目　布教師手当　一、二〇〇円

朝鮮以外をみるならば、台湾に一万三六一円六六銭、ハワイに一四二四円六七銭二厘が計上されており、当時の通常会計予算全体が四万七三五七円九四銭四厘であったことを考えてみても、浄土宗が積極的に海外布教を展開しようとしていたことがわかる。しかしながら最終的に予算は、台湾が四〇〇〇円、朝鮮二〇〇〇円、ハワイが六〇〇円、さらに朝鮮僧侶の教養費として三六〇円を加えて、この予算案は可決されることとなる。(7)

では、この予算をもって朝鮮布教をどのように展開しようとしたのであろうか。それは以下の資料から窺い知ることができる。

韓国開教第一着手トシテ京城若クハ京城附近ニ於テ相当家屋ノ内京城教会所ニ兼用スルモノトス　日韓語学校ニ於テ教養スヘキモノハ本宗僧侶ニシテ相当学歴ヲ有シ至誠忍耐克ク韓国開教布教師タルニ堪能ナルモノ十名ヲ選定シ及韓国僧侶ニシテ相当学識ヲ有シ忍耐アリテ本宗ニ帰入スヘキモノ凡テ十名ヲ選定シタルモノヲ併セテ学校ノ学士トスルモノトス　日韓語学校ニ事務員一名韓語教授一名ヲ置クモノトス　事務員ハ開教区長兼京城教会所長ノ任務ヲ担当シ其閲暦上ノ意見ヲ具伸シ布教師及留学生ノ配置且ツ教会所及児女学校等ノ位置選定並ニ創建其他施本施楽等一切ノ事務ヲ掌理スルモノトス　日本語教授ハ韓国僧侶ニ日本語ヲ教授シ韓語教授ハ渡韓僧ニ韓語ヲ教授スルモノトス　日韓語学校ハ六ヶ月ヲ一修業期トナシ四期ヲ以テ卒業スルモノトス　但渡韓留学生ハ其語学進歩ノ程度ニ依リ第一期修業已上ヨリ各地寺院ニ適宜留学セシメ傍ラ寺院内部ノ組織ヲ視察シ且布教ニ従事セシムルモノトス　又第二期修業已上ノ韓僧ニシテ其優等ナルモノハ日本内地ニ留学セシムルノ方法ヲ開設スルモノ一ノ便法ナルヘシ　日韓語学校開設已後二ヶ年ヲ経タル後ハ其留学生ヲ半減シ而シテ此剰余金ヲ以テ布教費ニ回付シ開教実施ヲ為スモノトス(8)

以上の内容から、朝鮮における浄土宗の布教方針の重点は「日韓語学校」に置かれていたことがわかる。とくに、台湾、ハワイなどの他布教地域ではみられない現地（朝鮮）僧侶の布教使養成という点が注目される。これは、当時の朝鮮仏教の状況を大きく反映した結果であろう。

日清戦争以後の朝鮮仏教界になによりもインパクトを与えたものは、第二章で言及したように、一八九五年の「僧侶都城出入り禁止令」の解禁である。これは二七〇年ぶりに朝鮮僧侶に自由が与えられたもので、朝鮮僧侶においては画期的な出来事であった。このような状況を背景に、浄土宗は朝鮮僧侶に注目したのである。つまり、朝鮮仏教界の近代化への胎動がみられたこの時期こそ、日本仏教の教勢を広める絶好のチャンスであり、それを浄土宗は目論んだのである。それは浄土宗の海外布教計画が、唯一、現地の僧侶を対象とした点からも窺えよう。

また、上記の計画に戻ると、日本からの留学生の場合は六ヵ月後に朝鮮寺院の視察などを含む本格布教に着手し、朝鮮僧侶の場合は一年後、優秀な僧侶に限って日本留学への道を設けていた。これと関連する一つの事例として、一八九七年に白石堯海と岩井智海が朝鮮を視察した際に、通度寺の僧侶であった就賢・在英・大岸の三名を留学僧として日本に招聘し、彼らは一八九七年、東京小石川の浄土宗専門学院に入学していた。浄土宗ではこの留学経費として年間三六〇円の経費を見込み、一八九九年頃には宗内の有志を募り別に四名ほどを徒弟として教育していたという。(9) このような「朝鮮僧侶の留学」からわかるのは「現地人の僧侶養成ということも、台湾人や中国人にまず日本語を習得させ〝仕上げ〟に日本へ留学させて、日本仏教を体得させようとした(10)」という側面と共通するといえ、一般人ではなく現地人の僧侶を対象とするのであれば、「仕上げ」の効果はより高かったであろう。

真宗大谷派の初期朝鮮布教が、日本人居留民の社会秩序安定のための基盤づくりの準備期という性格を有していたのに対し、浄土宗の朝鮮における布教活動は、日清戦争の勝利による日本政府の立場の優勢、そして日本人居留民への日本仏教の関与が弱くなった状況であったという背景を念頭に置くと、朝鮮人対象の布教活動が可能な環境がすでに整えられた時期に行われたものといえよう。そして、このような時期的相違が、真宗大谷派との浄土宗の初期朝鮮布教の意味合いに、差異を生じさせることとなったのである。

2　浄土宗の朝鮮布教

先述したように、朝鮮における浄土宗の布教開始は、一八九七年に三隅田持門によって行われたものである。その布教当時の状況は、「明治三〇年六月、山口県大津郡極楽寺住職の三隅田持門は、韓国釜山の貿易商である松前才助兄弟等の要請によって釜山に渡った。当時の釜山には、真宗大谷派と日蓮宗の寺院が布教を行っていた。しかし、浄土宗の寺院を求める人々も多かった。その中心が松前一族であった。教会所建設にあたっては、高瀬商店総支配人の福永政次郎も発起人に連なった。この後、松前、福永は釜山だけではなく朝鮮開教区の有力な後援者となった《ママ》」とされている。[11] この記述によれば、浄土宗の朝鮮布教開始は、個人布教使よりも日本有志者によって担われたものといえる。以下の資料からわかるように、それが「一宗事業」[12]として着手されたのは一八九〇年のことである。そして同年、広安真随の開教使長への任命と同時に、朝鮮開教本部が京城に開設され、本格的な布教活動に取り組むこととなる。

朝鮮布教は明治三十年、故三隅田持門単身釜山に上陸して信徒松前才助の居宅に留錫し、鶏林の天地に孤々称名の声を挙げたるに始まる。爰に於て宗門は一宗事業として朝鮮開教に着手するの要を認め、宗会の協賛を経て同三十三年四月広安真随を開教使長に任じ京城の地に開教事務所を開かしむ。爾来三十年幾百の開教員交錫その責に任じ、或は苦難と闘ひ或は教線に殉じ内には愛宗の至情と外には仏祖の冥護信徒の奉仕により、以て能く今日の盛況を創造せり。[13]

松金公正は浄土宗の台湾布教について、「日本植民地初期台湾における浄土宗布教方針の策定過程」において、現地の個人布教使から浄土宗全体の布教方針へと策定されていったことを指摘しながら、布教類型を四つに分けている。いわく、①台湾の現地言語を使った布教、②内地人と本島人を切り分けた布教、③僧侶による本島人子弟への教育、④台湾枢要の地への布教所の設置である。個人布教使のこのような布教方法は、浄土宗全体の布教方針の策定へと、つまり、下から上に影響を与えていったと言及している。[14]

無論、松金が述べている四つの布教方策は、朝鮮においても当てはまると思われる。①現地語を使った布教という点については、朝鮮に渡った日本留学生による布教よりも、朝鮮僧侶の養成を通じた現地語の布教活動を重視していた点にみてとれる。後述するが、一九〇六年に設立された明進学校では朝鮮僧侶を養成し、その後日本に留学させるなど、現地語による布教活動、つまり、布教に必要な通訳者養成もその目的であったといえる。②と③については、同時に連関させてとらえることができるが、まず、朝鮮全地域にわたって実施された教育事業において確認しうる。「開城学堂」「大邱日語速成夜学校」「海州学堂」「精華女学校」「開興学校」「明進学校」「郡山日語学校」「水原華城学堂」は、朝鮮人子弟を対象にした日本語教育を中心に運営されたが[15]、朝鮮人子弟を対象として日本語教育を行う教育事業は、当然、内地人と朝鮮人とを切り分けた布教であるといえ、こうした布教計画は、一八九八年当初からすでに計画されていた。最後の④についても、台湾と同様の状況であった。

以上のような台湾の状況と類似した朝鮮布教の状況を前提として確認した上で、朝鮮における日本仏教も含めた日本宗教の朝鮮人対象の布教実態を、朝鮮儒者である黄玹の『梅泉野録』という資料から確認していこう。黄玹自身の主観的考えが含まれるといった限界はあるものの、朝鮮における日本宗教の布教の一断面をみせてくれる重要な資料であると考えられる。

日本人が、中央福音伝道館を設立した。日本は「安重根、李在明らは、皆、耶蘇教徒である」として、耶蘇教をひどく憎悪した。しかし、禁止したとしてもそれは無理なことであった。そこで、福音伝道の説を広め、人びとを福音伝道館に誘い、「国家の興亡や自身の生死も考えず、ただ一心に天を信ずれば、福音はおのずからやってくる」といった。思うに、これはわが国の民に忠義の心を失わせ、虚無寂滅の境地へと堕ちるようにする術策であったが、愚かな民はその誘いに乗ってしまったのである。この当時、日本人が設立した教会には、神宮敬義会、浄土宗、神理教、天照教があり、彼らはこの教理を利用している。(16)

上の資料で興味深い点は、仏教界、神道界を含む日本宗教の布教方法である。まず「中央福音伝道館」という布教機関の名称にはキリスト教的用語である「福音」が用いられている。とはいえ、キリスト教信仰から生じる国家・支配への対抗を換骨奪胎した上ではあるが、「福音」を用いながら行われている旨が記述されている。そして、最後に「この教理」を用いて布教する宗教として、神道系の「神宮敬義会」「神理教」「天照教」、日本仏教の「浄土宗」を挙げている点も注目される。このような布教方法に「愚かな民はその誘いに乗ってしまったのである」という彼の評価をあわせて考えるならば、日本宗教ではなくキリスト教であれば好感をもちえた当時の朝鮮人の態度を利用しながら布教が行われていたともいえよう。

またこの状況を宗教概念の過程という観点からとらえてみると、このような重層的な宗教概念が複雑に交じり合う、曖昧な段階で形成されていくのが当時の仏教 Buddhism 概念化の過程の一つであるといえるだろう。宗教概念化については、すでに序章などで述べてきたが(17)、植民地となる空間における日本仏教の宗教の概念化は、日本国内における仏教の概念化の過程とやや異なる側面が指摘できよう。日本国内の場合、近代宗教の先進モデルとしてのキリスト教から国内外的に多大な影響を受けつつ、「日本宗教」「仏教」「日本仏教」の宗教概念化の作業が行われたとするならば（勿論、近代天皇制を軸とする概念化も同時に進行されるが）、植民地となる朝鮮においては、キリスト教というのは近代宗教としての先進モデルというよりも信者確保のための競争関係に位置付けられるものであったといえる。

かくして、植民地空間における日本仏教という概念形成は、〈キリスト教―植民地―日本仏教―他の宗教的なもの〉といった重層的な形で登場することとなる。朝鮮人信者の確保のためにキリスト教のまねをしたり、キリスト教的な布教方法を採択して必死に励む姿がみえてくるのも、宗教概念の重層的な状況であるためであろう。このような経験を通して日本仏教という自己認識はより明確に定着し、植民地における「日本仏教」としての自己アイデンティティを有していくこととなる。浄土宗のこの時期の宗教あるいは仏教の姿は、他宗教とも妥協しうる「仏教的な姿」をみせていたのである。

さて、次の資料は、一九一〇年の韓国併合という状況下における浄土宗という日本仏教に対する朝鮮人の受け止め方がわかる資料である。

日本人の僧が、京師の明洞に、浄土宗の寺院を創設した。日本人はもともと釈迦を崇敬しており、王公以下みなが礼を尽くしている。僧侶が京師に至り、壇上に上がり説教しても、将官、兵士たち聴講者は粛然として、敢えてその非違に逆らえなかった。わが国の民も日本人の横暴に苦しんでいたが、日本人が僧を敬うのを見て、一度浄土宗寺院に頼れば、日本人に対抗できるのではないかと思い、我先にと集まった。それでその教徒は国中に満ち溢れ、どんな場であれ寺院を設置した。狡猾な者たちは彼ら（浄土宗―筆者）を頼みとし、浄土宗の教牌を護身用に買い、財産を築く者もいた。(18)

ここでは、浄土宗に対する朝鮮人の態度が注目される。いわば、僧侶を敬う日本人をみて自分（朝鮮人）にいかに有効なものとなりうるかを認識しているのであり、こういった側面が大きく作用し、朝鮮人は浄土宗に関心をもちはじめたであろうことがわかる。これは、当時の朝鮮人にとっては、宗教の枠を超えた次元で認識されたということを示しており、浄土宗というものが「植民地支配」を超越するものとして認識されていたといってもいいだろう。さらに、推測ではあるが、浄土宗の布教使もその点に注目して布教活動に臨んでいた可能性も否めない。ともかく、このことからは、日本仏教の布教という場面において、少なからず「韓国併合」による〈支配―被支配〉関係が関与していることがみてとれるだろう。また、このような状況下において浄土宗の教牌を利用するなどといった、いわゆる信仰とは異なるレベルにおいて浄土宗に関与する朝鮮人の姿が描かれていることも注目される。

上記の資料が語っていることは、海外布教地の朝鮮に教勢を広めようとする浄土宗の宗勢伸張は、朝鮮人にとっては韓国併合による植民地支配と不可分のものとして認識されており、浄土宗という宗教自体の魅力よりも自分たちにとっていかに有利なものとなりうるのかという文脈で受け入れられていたということであろう。[19]

さて、一八九八年から韓国併合前の一九〇八年までの浄土宗の布教動向を概観するには、次の**表3**が参考となる。韓国併合直前までの朝鮮における浄土宗の布教所は、京城、鎮南浦、全州、鏡城、大東、開城、平壌、清州、麗水、仁川、元山、黄州、新義州、太田、大邱、釜山、蔚山、水原、郡山、馬山、鎮海、龍山、瑞興、海州、羅南の全二五ヵ所であり、[20] 真宗大谷派は二四ヵ所、本願寺派は二六ヵ所、日蓮宗は一二ヵ所に及んでいた。[21] また、一九一〇年の日本仏教の信者数は、真宗大谷派一万四三三二（日本人：九二一二、朝鮮人：五一二〇）名、日蓮宗日本人二一九〇名、浄土宗一万一六三六（日本人：六二九三、朝鮮人：五三四三）名であり、真宗大谷派、日蓮宗と比較して浄土宗の朝鮮人信者比率が高いことがわかる。[22]

表3　浄土宗の布教動向（一八九八～一九〇八年）

年度	月	内容
一八九八	一二	本宗管長大僧正野上運海開教副使二名を派して京城に駐在せしめ布教に従事せしむ、副使等初め仮教会所を設置して布教を開始したるが日に月に信徒の増加するに至り
	七	宗務所の扶助を得て敷地家屋を京城明治町一丁目に買収して此れに居る
一八九九	一一	管長代理大僧正堀尾貫務来て布教せり而して時の韓皇陛下に謁見し朝鮮人布教開始の意思を奏聞したるが優渥なる勅語を賜はりたり
一九〇〇	四	遂に邦語研究生を置くに至れり
	五	宗規に依り開教院を陞せて韓国開教本部とし開教使長を置き朝鮮に於ける開教の事務を総監し又開教院の事務を管掌す此月大僧都広安真随開教使長として京城に来れり
	九	朝鮮人布教を開始し各階級を通じて男女信徒の帰入するもの多く時の韓皇室より時々金品を下賜せられたり
一九〇三	六	松岡白雄代りて開教使長となり
一九〇六	二	大僧都講師井上玄真之れに代はりて開教使長となる
	六	韓僧の有力者を糾合して仏教研究会を組織し明進学校を設けて韓僧青年を養成し常に四十余名の学徒を有せしが丁未政変後廃学するにいたり 同年六月末本宗管長大僧正山下現有来賜布教す
一九〇七	二	二二日付臨時統監代理より三十九年統監府令第四十五号に依り井上玄真を布教管理者に推撰の件認可せらる 二十六日同府令同号に依り所轄理事官へ布教所設立の届出をなせり
一九〇八	二	宗務所の扶助を受けて本堂を改築せり
	六	管長代理正僧正北條弁旭来つて布教し韓皇陛下に謁見す

出典：青柳南冥『朝鮮宗教史』（朝鮮研究会、一九一一年）、一三六～一三八頁参照。

勿論、日本国内の浄土宗の布教動向も踏まえる必要があると思われるが、朝鮮社会における日本人居留民の組織力が強化され、日本仏教の関与が必ずしも必要ではなくなったこと、そして同じ状況下で行われた朝鮮人対象の浄土宗の社会事業も、少なからず影響を与えていたことも考えられる。

一方、韓国併合以降になると、宗教政策の体系的な再編が行われた。一九一一年六月三日に「寺刹令」（政令第七号）が宣布され、寺院の併合・移転・廃止・名称の変更および寺院の財産の処分などに関してすべて朝鮮総督の認可が必要とされたが、これは朝鮮の寺院への朝鮮総督による介入を主眼としたものであった。同年の七月八日の「寺刹令施行規則」により、朝鮮内の大寺が三〇本山に指定され、三年任期の住持の主任は朝鮮総督の認可制となった。そして全国一三〇〇余りの寺院と三〇本山との本末関係を規定することで、トップダウンの管理が行き届くこととなった。(23)

こうした朝鮮総督府の宗教政策は、浄土宗の布教方針にも影響を与えたが、それは以下の資料にみられるように、韓国併合こそ、朝鮮において布教を進める絶好のチャンスであるという認識となってあらわれた。

> 世界列国は日本は宗教の力に依つて朝鮮人を開導し教化し精神の根底より彼等に幸福を与ふるならんと信じつゝあるもの丶如し、是れ実に教家の彼の地に手を下すべき最好のチヤンスにあらずや、チヤンスは永く滞在するものにあらず、日ならずして過ぎ去るものなり、過ぎ去りて後には仮令手を下すも奏効難きのみならず、所謂一寸オカシナものなり、依つて吾人は切に我教家に望む。此最好のチヤンスを逸せず、此際健全に朝鮮開教の基礎を確立し、一日も早く之れに着手せられ、一面には我教祖の大志を実行し、一面には我国家に効献《ママ》せらるゝ処あらんこと(24)

韓国併合によってもたらされた教勢拡大のチャンスとは、「我教祖の大志」の実行と国家貢献という両《ふたつ》ながらのチャンスとして認識されていたことは明らかである。そして一九一一年八月には、朝鮮布教の発展を図るため、宗務所布教部では「遠からず朝鮮開教上一大発展を計画すること丶なり、其第一着手として有為の伝道家共某々両氏を鶏林の要地に向け特派することとなし」(25)と、力を入れはじめた。

では、当時の布教はいかなる方法で行われたのか。浄土宗の布教活動の全体像を語るには資料の制限もあるため、ここでは黄州教会所(26)をその事例として当時の朝鮮布教のありようをとらえてみたい。吉川文太郎は『朝鮮の宗教』において、地方における朝鮮人布教の実際を知るために読者の参考として黄州教会所主任の朝鮮人布教の苦心談として(27)、以下の文章を紹介している。ちなみにここでいう黄州教会所主任とは、森徹冏のことである(28)。

彼は大正五年（一九一六年―筆者）の五月に同教会所の主任として着任したので同年の陰暦八月十五日朝鮮人一般が祖先を祭る日に其の邑で明治四十二年（一九〇九年―筆者）以来朝鮮人として唯一の浄土宗信者である任道準の宅を訪問し、祖先のために読経した後に通訳を介して簡単に仏教と朝鮮との関係及び浄土宗の大意を話した所道準は大に喜び信徒募集に尽力することを誓つて別れたのであるが、同年の十月十一日に至つて四十八名の帰入者を得て帰入式を挙行したのを初めに任道準は寝食を忘れて宣伝に従事し、一方邑内の有力者の直接間接に与へらる丶後援によつて事業は日増に発展し、朝鮮寺刹成仏寺とも連絡を取つて布教の歩を進めたのである(29)。

一九〇九年から一九一六年までの朝鮮人信者が一人であるということから、黄州における朝鮮人布教の苦労が思われる。布教使の個人差があるだろうが、森徹罔主任の場合は、通訳を介して仏教と朝鮮との関わりをまず説いた上で、浄土宗の教義を話すという布教方法を用いていたことがわかる。その後、朝鮮人の任道準による自発的な布教活動によって四八名の帰入式を行うに至る。そして「而して其の総会の決議で任道ジュウンを会長に推し、朝鮮人教会の名称は徒に彼等に不快の感を起させる様子なので「浄土宗光明教会」と改称し、朝鮮人の風習に準じて多数の役員を選定し、左の件を議決したのである[30]」と記されている。

ここで、なぜ、「朝鮮人教会」という名称が朝鮮人にとって不快であったのだろうか。当時の状況からみると、おそらく「朝鮮」という言葉自体が彼らにとっては不利な影響を与えたのではないかと思われるが、現時点において詳細は不明である。いずれにせよ、その教会の名称を朝鮮人の意見にしたがって「浄土宗光明教会」と改称し、朝鮮人の風習を考慮して多数の役員を選定したという。そして「信徒一戸に門札一枚を渡し、各門戸に標すること／信徒一人に念珠一連持仏一葉体拝式文を渡すこと／入会金三拾銭を納入せしむること／入会願書を取ること／内地人の顧問を置くこと[31]」（／は改行を表す）とし、さらに以下のように「浄土宗光明教会教憲」を定め、朝鮮人に対し遵守することを求めた。

「浄土宗光明教会教憲」
阿弥陀仏の威信は最尊第一にして普く無際の土を照し、衆生の智慧眼を開き愚痴の闇を滅し諸の悪道を閉塞し、広く功徳の実を施して諸の貧苦を済ふ。我等此仏に帰依して常に悩むことなく、足らざること無く、現世、後世共に極楽浄土に安住すべし。
一、勤勉業に服し以て産を起すべし。

一、身を修め心を養ひ質素を旨とすべし。
一、長老を敬し少幼を慈み互に和親を守るべし。
一、左の四恩を報ずべし。
如来の恩、皇上の恩、父母の恩、衆生の恩
以上の教憲を格守し衆人の範たることを期すべし。(32)

ここに示された布教方針は、仏教信仰に基づく社会的実践の強調という側面が強いといえよう。こうして、一九一七年九月末、信徒は一三〇〇戸に達し、各地に支部を設けて支部長を定め、会員を指導し、同年末には信徒が合計二三〇〇人に達した。ところが、任道準が病を得てからは「現在幾分の関係を有する者僅に二三百人にすぎず例会日に漸く数十名の参会者を見るのみである」(33)とあるように、教勢はかげりをみせるようになる。

このような朝鮮布教の状況について吉川文太郎は、「急速な発展も一に任某の勧誘に因る一時的の現象で真に信仰に志して加入したもので無いことは主任者も認めて居るらしい。唯幾分有望と思はれることは会員若しくは其の家族中の死亡者に対し同教会で葬式を司った者が二十八名あり又近来朝鮮婦人会の信徒を増して来たことである。尚ほ同会の衰へたのは必しも会員の減少脱退に起因するのではないので指導者の手不足より放任されて居るもの故、僧侶側に適当な後援者さへあれば教勢の恢復は不可能ではないとのことである」(34)と、指導者の数的不足、後援者の状況を朝鮮布教不振の大きな問題点として指摘している。

以上、黄州という一部の地域に限定した検討ではあるが、京城のような中心部の地域から離れた布教所の状況はほぼ同様のものであったと推測される。

さて、朝鮮における浄土宗の布教が容易でなかったのは、朝鮮総督府の宗教政策によるものでもあった。浄土宗総務局の島田良彦は「朝鮮開教区の寺院制について」において、「韓国が我が帝国に併合せらるるも、全く内地と其の制度を異にし、帝国領土とは云ひながら、一面殖民地たるの感がある」とし、植民地における総督府の宗教政策と日本本国のそれとの比較を通じて布教の困難さを冒頭に述べた上で、朝鮮総督府の宗教政策について、以下のような不満を訴えている。

該法令に明文は無きも、凡て寺院の境内は其の寺院の所有地ならざれば、存立を許さゞる方針を執り、本宗の如き朝鮮の土地は悉く布教資団名義なるを、更に寺院所有名義に変更せよといふ。如何なる理由に依り然か拘束するものなるや、試に内地に於ける寺院を見よ、其の多くは官有境内にして、其の寺院所有名義の境内地に存立するもの幾千ある、独り朝鮮に於てのみ寺院所有の境内地にあらざれば、殿堂の存立を許さゞるか。一歩譲りて一個人名義の土地を借地し、寺号公称するとせば、或は不可なる理由は多少あらんも、財団法人たる布教資団＝浄土宗管長の設立せる＝名義の土地に、浄土宗寺院を設立し公称せんに、取締上何等の支障ありて許さゞるや、其理由明確に示さずといふ。(35)

日本本国とは異なる朝鮮総督府の宗教政策の事例として寺院の所有権問題を提示し、日本内地との法令の違いに不満を表明しているが、ほかにも寺院住職の植民地朝鮮と日本本国との相違について次のようなことを語っている。

更に不可解なる一事件は、朝鮮に於ける寺院住職に関し、開教区制度＝主務大臣の認可を得て実施せる＝に依れば、朝鮮の寺院住職は開教区職員中より之を選定し、開教区職員在職中之れに任ず、とある規定に基き任命せるに、総督府内務部長の通牒に依れば、寺院住職は開教区職員在職中、といふ任期ある住職は之を許さずといふ。

是れ尠くも、文部大臣と朝鮮総督との衝突、浄土宗々規と総督府令との衝突なり、本宗の宗規は総て主務大臣の認可を得て、之を発布し之を実施せるものにして、謂はゞ公の機関に依り之を許されたるものなり。(36)

いわゆる、日本本国における宗教政策の「開教区制度」と、実際の布教地の朝鮮総督府との政策は、全く一致しないことを述べている。かくして、「是れ尠くも、文部大臣と朝鮮総督との衝突、浄土宗々規と総督府令との衝突なり」と批判を浴びせている。ここから、海外における浄土宗の布教活動の苦労や不満が多少推し測れるだろう。最終的には、植民地朝鮮における浄土宗の布教活動の意義や、今後の朝鮮総督府に対する方針を求めているが、それは次の通りである。

宗教の取締に関しては、安寧秩序を害せざる限り、宗派の自治に任じて可なり、殊に新領土新附の民を感化し、大和民族に同化せしむる事業に就ては、充分の保護と発展とを援くるこそ今日の急務なれ。寺院境内名義や、住職の有期無期は朝鮮の開拓感化に如何なる害ありや。日本内地に於てさへ資団名義の寺院あり教会あり、住職にしても兼務住職の如きは悉く有期なり、之れに対し主務所よりは何等の拘束もなく、又支障ありとの命にも接せず、然るを新領土の朝鮮に於て、些末なる制度に対し一一抑圧を加へらるゝは、其理由甚だ不可解なり。一官憲の為に発達すべき宗教の前途を阻害するの憂なしとせず。外教徒（キリスト教―筆者）が世界到る処に布教して、其成績を収め感化力の偉大なるは、自由なるが為なり、日本官憲が宗教の取締保護を名として、拘束抑圧を加ふる吾人の採らざる処なり、常に外教徒の鼻息を窺ひ宗教を取扱ふを止め、日本は日本の宗教を全世界に敷く遠大の理想を以て保護援助を与へられんことを希望するものなり。(37)

ここに明らかなように、「外教徒」、つまりキリスト教徒に許容されている自由さと同程度の布教活動を要求しつつ、「大和民族に同化せしむる事業」とともに「日本の宗教を全世界に敷く遠大の理想」を実現するために、朝鮮総督府の保護や援助を強く求めていた。ここに窺えることは、植民地朝鮮における浄土宗の布教が芳しくない状況に対し、朝鮮人の浄土宗への無関心だけではなく、円滑な布教を行いうるような宗教政策が実施されていないがゆえであると浄土宗側が認識していたということになろう。(38)

以上、朝鮮総督府の政策や浄土宗の動向からみてとれるのは、日本国内と異なる宗教事情や政策によって、植民地朝鮮における日本仏教はやむを得ず相異なる活動を行わざるを得ない現実に直面したということである。いわゆる〈日本文部大臣—総督府（令）—浄土宗宗規—他宗教（キリスト教）—朝鮮人〉の衝突や拮抗関係の中から形成されていく植民地朝鮮における日本仏教のあり方は、日本国内との活動とは異なる姿をみせてくれる。日本仏教の近代性は、こういった日本国内や植民地という外部の観点を同時に射程に入れてとらえる時、より明確にあらわれてくるのである。

一方、こうした浄土宗の朝鮮人を対象とする布教活動は、社会事業の側面からみると、他宗派より活発な活動を展開していたことがわかる。これは、社会事業にみられる近代的宗教としての一歩とも読み取れるが、別の言葉でいえば、「植民地」を媒介とした近代的宗教へのはじまりであるともいえるだろう。最後に、参考資料として、一九二九年三月の浄土宗の布教状況と社会事業についてまとめたものを表4に挙げておく。これをもとに次節では、浄土宗の社会事業の実施内容から読み取れる「近代性」について考察を行う。

表4　浄土宗の布教と社会事業の状況（一九二九年三月）

教会名	創立	現主任	信徒戸数	事業
釜山知恩寺	一八九七年九月	太田　秀山	五五〇	共生園、女学校
馬山教会所	一八九七年	加藤　教純	一二〇	
仁川明照寺	一八九九年	山口　常照	二六〇	真生同盟
京城開教院	一九〇〇年四月	久家　慈光	七〇〇	和光教園
開城学堂	一九〇一年六月	松尾　真善		
平壌華頂寺	一九〇二年三月	大谷　清教	三三〇	幼稚園
開城教会所	一九〇三年	菅原　恒信	二二	
大邱光明寺	一九〇四年八月	田中　覚男	一八〇	
海州教会所	一九〇四年一一月	大谷　教真	一四〇	
群山大音寺	一九〇四年一二月	深町　良英	一五〇	幼稚園
江景浄江寺	一九〇五年	江崎　権定	六〇	
水原教会所	一九〇五年	堀田　全冏	一二〇	

鎮南浦三和寺	一九〇五年三月	最美　光世	一四〇	幼稚園
黄州斎乗寺	一九〇六年一月	伊政　博中	一五〇	
全州大念寺	一九〇六年一月	青木　玄祐	一六〇	
大田大浄寺	一九〇六年一〇月	末光　進蔡	一一五	
元山円光寺	一九〇七年九月	大田　演達	一二五	隣保事業
新義州教会所	一九〇八年	山崎　朝尊	一二〇	幼稚園
羅南法然寺	一九〇八年	山田　良雄	一五〇	羅南学院、幼稚園
新幕教会所	一九〇八年一月	小島　徳雄	三一〇	幼稚園
公州公州寺	一九〇八年一一月	岩下　憲隆	七五	
龍山大念寺	一九〇九年八月	日比　性賢	二〇〇	
木浦浄土寺	一九〇九年一二月	山崎　得尊	一二〇	幼稚園
蔚山教会所	一九一〇年二月	谷口　龍佺	一二〇	
鎮海善光寺	一九一一年	高尾　定宣	九〇	
鬱陵島教会所	一九一一年四月	西田　禅定	一一八	
安州教会所	一九一一年一一月	大谷清教（兼）	一五	
麗水報恩寺	一九一二年	戸田　見我	一二〇	
寺洞教会所	一九一二年五月	上田　鳳雄	二五〇	

兼二浦教会所	一九一四年七月	副島　隆也	六〇	
金海教会所	一九一五年	三浦　寂仙	六〇	
密陽教会所	一九一六年	塚本　豊隆	三二	
清州教会所	一九一六年七月	永瀬　龍山	一七七	
雄基教会所	一九一六年九月	吉住　了清	七〇	幼稚園
永同教会所	一九一七年	原中　祐円	八〇	
清津教会所	一九一七年三月	西澤　善龍	三〇〇	
鳥致院教会所	一九一九年七月	陣川　信哲	六〇	
南川教会所	一九二四年	松岡　正俊	一二〇	
江界教会所	一九二五年六月		一八一	

出典：朝鮮開教区教勢一覧表〈紫田玄鳳『浄土宗開教要覧』〈浄土宗務所教学部、一九二九年三月一五日〉、三〇～三一頁〉から抜粋。

第二節　浄土宗の初期社会事業

1　浄土宗の初期教育事業の動向

次に挙げる文章は、『梅泉野録』より、一九〇六年当時の朝鮮社会に対する朝鮮人の認識がわかる部分である。近代化過程で生み出された「社会」「教育」「経済」「宗教」に対する朝鮮人の認識変化の一端を窺うことができる資料である。

この当時、学校、社会が国中に充ち満ちていた。

学校は、関西・平安道がもっとも盛んで、龍川の一郡だけで、二十余個所に至っていた。しかし、官立、公立は、皆、日本人の統制を受け、自由な活動ができなかった。ただ私立は、やや拘束がすくなかった。しかし、財力が窮迫していて興きたり、倒れたりするのが相次いでいた。社会は、文学だ、宗教だ、といい、工芸美術に至るまで、その名が千、百と多かった。

しかし、その首魁になっている者は、多くが、事を根本的に直そうとしないで、人だけ変えてさせる類で、名を輝かし、利を釣っていた。そして、実は、それを維持する心がなく、放談のたねにするに過ぎなかった。「経」、「商」と号するものもまた、利を互いに競い、久遠の計画はなかった。さらに、その利源は日本人に独占されないものがなかった。わが国の人の所得は、荒く、粗末なだけであった。開化十余年にして、その効用は、まるで風を捕えるようなものである。しかし、人びとの耳目はやや変わり、思想もやや新しくなった。往々にして、学校、社会は、必ずしもやめるべきものでないことを知った。

「諸々の事が、甲午（高宗三十一年、一八九四年）以前に比べ、まことに遠くなり、自ずから別になった」と言う(39)。

ここからわかるように、一九〇五年の韓国統監府の設置とともに、学校事業においても統制がはじまっていた。しかし、私立学校においてはある程度の自由が許されていたものの、経営難により、運営は困難な状況であったようである。ここで注目すべきは、「学校」「社会」に対する朝鮮人の認識の変化である。「学校」「社会」は「やめるべきものではない」ものとして認識されていることである。これは、「教育」「学校」に対する朝鮮人の積極的な働きかけとしてあらわれてくるが、朝鮮（大韓帝国）において国家レベルで近代的学校制度が整備されたことにも起因する。つまり、甲午改革（一八九四年七月～一八九六年二月）の過程において近代的学校制度が整えられ、一八九五年二月二日には「教育立国の詔勅」において教育の必要性を大韓帝国政府は強調したが、その後、朝鮮人によって自発的に近代的学校が全国的に設立され、大韓帝国政府はこういった私立学校の設立を支援したのである。(40)それとともに、官公立小学校・中学校などでは日本語教育が導入された。まさに、こうした近代化の過渡期に浄土宗の朝鮮における教育事業が開始されることとなる。つまり、浄土宗の教育事業の開始された背景には、朝鮮人の近代的教育の積極的受容、朝鮮人対象の教育事業の推進があったと理解してもいいだろう。

無論、浄土宗でも日本人居留民対象の教育事業がまったく実施されなかったわけではない。稲葉継雄によると、浄土宗の日本人居留民教育としては、一九〇二年四月創立された平壌居留民団立尋常小学校の教師を浄土宗布教使が務めたのがはじまりとされている。(41)そして、後述する開城学堂では、一九〇二年九月から一九〇三年五月まで、居留民団の要望に応じて居留民子弟を受け入れたという。これが後の開城尋常高等小学校の母体となる。そして、開校の時期に多少のずれはあるものの、馬山公立尋常高等小学校も、浄土宗の布教使によって開かれたことも指摘されている。(42)

その他、一八九八年一〇月、江景に設立された日語学校の韓南学堂には、朝鮮人のための本科（普通科）・小学科・漢文科・補習科と居留日本人子弟のための特別科があったが、一九〇五年四月、この特別科を浄土宗江景寺が引き継いだという。そして、海州学堂は、一九〇五年に浄土宗布教使生野善龍が朝鮮人教育のため開校したものだが、一九〇五年五月、日本人教育を併せ行うようになった。しかし、この日本人居留民への教育部分は一九〇八年四月に居留民会に移管され、これが後に海州尋常小学校となったという(43)。

つまり、浄土宗の朝鮮における日本人居留民の教育事業は、真宗大谷派と比べごく一部分の地域に限って間接的に実施されたことがわかる。主に重点を置いて実施されたのは朝鮮人対象の教育事業であって、日本人居留民の子弟教育は要望に応じて開かれたものや、併設というものであった。つまり、開城学堂・韓南学堂・海州学堂も、元来は朝鮮人教育のための日語学校であり、そこに一時的なその場しのぎのものとして日本人教育部分があったことが、朝鮮における浄土宗の日本人居留民対象の教育事業の特徴といえよう。

次いで、浄土宗の韓国併合以前の朝鮮人対象の教育事業を取り上げたい。当時の朝鮮における浄土宗の教育事業について、とくに「日語学校」に注目して、稲葉継雄は「開城学堂」「大邱日語速成夜学校」「海州学堂」「精華女学校」「開興学校」「通度寺明進学校」を紹介している(44)。「開城学堂」「明進学校」については後に詳しく述べるとして、ここではそれ以外の学校の経緯に簡単に触れておくこととする。

まず、大邱日語速成夜学校について稲葉は次のように述べている。「大邱日語速成夜学校は、一九〇三年末、浄土宗大邱布教所に開設された。大邱には一八九九年以来、達城学校という有名な「日語学校」があったが、日語速成夜学校は、速成夜学という特異な形態のゆえに、達城学校と競合することなく共存することができたものと思われる(45)」と指摘している。はじめに、一九〇三年という設立年度について確認しておきたいと思うが、『浄土教報』「大邱日語速成夜学校」の記事においては、一九〇五年二月二四日の創立と記されている。創立者は首藤静也で、職員が校長一名、教諭（朝鮮人一名、日本人二名）三名、幹事一名の、全五名で構成され、一九〇六年の在校生徒数は三六名、そして当校より日本へ留学したもの一名と記されている。また、学校運営経費は創立者の首藤静也の自費が充当されていたと伝えている[46]。

さらに、記事では一七条にわたる学則が取り上げられているが、その内容を簡単にまとめると、大邱日語速成夜学校は大邱浄土布教所内に置かれており（第一条）、その目的は「韓国国民の知能を啓発し徳義を養成し極めて実益を謀る為め日語及び必須の学術を教授するを以て目的（第二条）」としていた。そして、学科は尋常科と高等科の二つに分けられており、尋常科は日語、修身、国語、地理、歴史、数学、作文、唱歌、体操、習字を設け、高等科は尋常科の科目に法律、図画が追加されていた（第五、六条）。授業時間は一週に一八時間とし（第八条）、入学志願者の資格は、「年齢十歳以上三十歳以下、品行方正志願堅実なる者、身体健全たる者（第一一条）」であり、そして「本校卒業生にして日本留学の志ある者には本校は充分之が便利を与ふ（第一三条）」と、日本留学への道を設けていた。学費は「月謝を要せず但し時としては汕炭等の実費を徴収することあるべし（第一六条）」と規定されていた[47]。

翌年の大邱日語速成夜学校については、『浄土教報』によると、「余が当校を創立したるは実に昨年三月二十四日なりしが其初は僅かに六人の韓童に向つて毎夜日語及び二三の普通科を教授する位に止りしが韓人一般日語の必要を感じ来ると共に漸次其数を増し今や五十六名と云ふ生徒は毎夜不倦孜々勉学しつゝあり[48]」と、生徒が増加した様子を語っている。

次に、海州学堂は一九〇四年十一月から一九一二年四月まで運営された。『黄海道郷土誌』には、「明治三十七年（一九〇四年—筆者）十一月生野善龍師が海州学堂を創設し、主として鮮人教育をなす。同三十八年内地人小学校を開き、同四十一年四月之を居留民会へ移す。同三十九年五月現在敷地並に鮮人家屋を購入して教会所とし、同四十五年四月学堂を閉鎖し、校舎を免囚保護会に貸与す[49]」と、記されている。一九〇八年四月、日本人教育部分は居留民会に移管され、朝鮮人教育機関に戻るが、韓国併合後の一九一二年四月に閉鎖されることとなった。

開城の精華女学校は、「日語学校」としては極めて稀な女学校の一つであった。一九〇六年一一月一四日付の『大韓毎日申報』記事に、「開城浄土宗青年会長金ヒョン植氏と副会長尹応斗氏が、教育が緊急であることを深慮して開城教育総会を設立し、各学校の永遠維持も熱心に研究していたが、また女子教育に着手し、該教会応接室に精華女学校を開設した。該校教師近藤祐神氏が担任して本国国文と日語を教授するが、学徒は、八、九歳から十二、三歳までの者である。該両氏の教育熱心によって、腐敗した旧習を革除し、文明の生気が郡内に広がるであろうと称賛の声が高い(50)」とある。このように開城の精華女学校は、直接的には開城教育総会の管轄下にあったが、同会は浄土宗青年会を主体とする団体であったことから、浄土宗が間接的に関与したものといえる(51)。

そして、開興学校については、浄土宗によって設立されたことが確認できるのは次の資料からで、「忠南観察使が学部に報告するに、本道浄土宗開興学校会長任昌宰の請願によれば、蓋しこの浄土宗の教えは、韓日両国交際上の敦睦とおおいに関係するものにして、会校を創設し、全国人民をして従善捨悪の心を開導し、もって校忠報国、尽忠竭孝に至るべし。本校において漢文日語算術及び各国歴史地理雑新体操演説等八条目を教育し、将に効果を見んとするので学部に転報して認許せしめよと(52)」とある。この記事からみれば、開興学校は明らかに浄土宗によって実施された学校であったといえる。また、宗教の枠を超えた「韓日両国交際上の敦睦」「校忠報国」「尽忠竭孝」といった文言からは、単なる教育事業というより政治的な側面も窺える。

六つの学校以外に浄土宗関与の学校事業としては「郡山日語学校」と「水原華城学堂」が確認されている。郡山日語学校は、郡山理事庁に浄土宗「寺院設立御届」を提出した際、その付属学校として申請されたものである。「寺院設立御届」では「郡山日語学校ト称シ開教使渡辺賢慮校長兼主任教員トシテ韓国人ノ子弟ニ日語、修身、算術、体操、唱歌ヲ教授ス」[53]という内容で申請されているが、これが一九〇七年のことである。水原華城学堂は『浄土教報』によると、「水原府に設立せる華城学堂（日語学校）と云ふ浄土宗留学生鶴谷戒隆氏の創設したる所にして其後河又隆太郎氏鶴谷氏に代りて学堂を督するに至りしも都合ありて河又氏は先般漢城病院へ転職し動因薬剤局長に主任せしを以て今回該学堂の希望を容れ仁川港浄土宗より越岡憲冏氏該学堂を主宰する為近日発程水原府に赴く筈なるが目下該学堂生徒現在数は三十一名と云ふ」[54]と伝えている。

その他の地域における浄土宗の教育事業と、このころ同時に実施された幼稚園の教育事業は、前節の表4からわかるように、平壌、群山、鎮南浦、新義州、羅南、新幕、木浦、雄基の各地域で行われていたことが確認できるが、資料の制約上現段階では詳しい状況は不明である。

以上、浄土宗の朝鮮における初期社会事業の特徴は、当初から朝鮮人を対象とする教育事業に重点を置くものであったといえる。一時的に日本人居留民を対象とする教育事業も行われたが、それに重点を置いていたわけではなかった。近代的教育制度を取り入れようとする朝鮮社会を背景に朝鮮各地で実施された教育事業は、後述する「開城学堂」「明進学校」とともに「近代」という基盤を形成し、それは広い範囲では朝鮮（人）、狭い範囲では朝鮮仏教界に少なからぬ影響を及ぼすこととなる。

2　開城学堂

開城学堂は、浄土宗の朝鮮における教育事業の中で比較的長く大きな規模で行われたものであった。一九〇一年に設立され、一九三一年に経営難で一度閉校危機を迎えることとなるが、一九三五年三月まで運営され、同年四月にやむを得ず閉校が決定される。ここでは、韓国併合以前までの開城学堂の実態や様相を探ることで、当時の浄土宗の教育事業の性格を究明する。ちなみに、開城学堂は、一九二〇年に開城学堂商業学校に改称される。『浄土宗開教要覧』から確認できる開城学堂の設立目的は「当初鮮人子弟に日本語の普及及び新教育を施し、且つ仏教に因り人格を陶冶する(55)」というものであった。つまり、朝鮮人子弟を対象とした近代的教育の実施は、宗教教育という意味での布教活動をも同時に内包していたことがわかる。開城学堂商業学校に至るまでの経緯を簡単に紹介すると次の通りである。

京城開教院の基礎をつくった伊藤祐晃が、広安開教使長とともに児童教育の必要性を感じ、家屋を借りて授業を開始したのが明治三四年（一九〇一年—筆者）六月である。開校式は九月七日であった。校名は「開城日語学堂」で、三四名の入学者があった。学科は日語、算術、地理、歴史、修身、体操の六科で幼年部と青年部とに分けられていた。同三六年一一月に伊藤が退任して、開城学堂教授に生野善龍、開城布教担任に鶴谷誠隆が主任した。同三七年九月に、生野が教授を退任して松尾真善が就任した。学堂長は開教使長の松岡白雄が同三八年一二月まで兼任した。同三九年からは松尾真善が主任となった。大正元年（一九一二年—筆者）には、朝鮮人有志との共同経営から浄土宗の単独経営に切り替え、同三年に女子部を加えた。同七年に福永政治郎の寄付一〇、〇〇〇円で校舎を増築し、同九年に開城学堂商業学校と改称した(56)。

まず、学称について整理しておくと、上記の資料では「開城学堂」「開城日語学堂」となっているが、『浄土教報』から確認できる名称は「韓国開城学堂」あるいは「開城学堂」であり、おそらく通称として「開城学堂」と呼ばれていたと思われる。設立当初は個人布教使が児童教育の必要性を感じたことから教育事業に従事していたものであったが、翌年一九〇二年になると朝鮮有志者との関わりが確認されるようになる。それを『浄土教報』一九〇二年四月一三日付から確認しておく。

伊藤祐晃氏が経営しつゝある同学堂は日本語及び韓語を以て修身、読書、数学、地理、歴史等の普通学を教授し同国の知識を開発する目的にて学科を幼年、普通、専門の三科に分ち前後七ヶ年を以て全科卒業と為す既に教授として馬文奎、金仲吉等を評議員に従二品李健爀、石橋耕雲、韓教序、薛孝銀等を推薦し目下韓人間より金二千余円を得て校舎の新築に着手しつゝありと云ふ而して開城第一の碩儒たる李莘田氏が同学堂の為に選述したる序文左の如し(57)

開城学堂は、設立以後、早い時期に学校としての面貌を一新したが、これについては朝鮮有志者の関与も大きかった。とくにここでは省略しているが、開城府の代表的儒者李莘田による募金活動は、『朝鮮詩報』『浄土教報』の紙面を飾っている(58)。設立当初の運営は、「昨年（一九〇二年―筆者）四月に至る満一ヶ年間は創立者たる余か方語研究生として与へられたる宗門の学費を割愛して維持し同月よりは教学費として若干の宗費を仰ぐこととなりたる(59)」という状況であった。その後、「当開城府の上流人士は常に同情を寄せ、外人にして自ら薪水を採り且つ賃屋して以て吾党の子弟を教ゆ予等豈に坐視すべけんやと為し無慮一百三十名の連署を以て本学堂を官立学堂たらしめんと学部に請願(60)」するなど、朝鮮人側の積極的関与が目立つようになる。

このような開城学堂における朝鮮人の教育への積極的関与は、近代的教育制度がすでに整っている日本宗教、浄土宗の教育制度に惹かれたためであろう。一八八二年という早い時期に貧民身体障害者の子弟のための私立教育学校を設立している浄土宗の近代的教育システムは、朝鮮人にとっては文明を伝達する媒介として認識され、その教育空間は十分首肯しうるものであった。つまり、近代的教育が可能な空間としての浄土宗の〈場〉が、当時の朝鮮の人々には必要であって、それを自覚した者たちが朝鮮有志者であったのである。そしてもう一つ付け加えると、文明の言語としての「日本語」が必要だったことも指摘できよう。(61)

さて、以下では開城学堂の具体的教育事業内容を検討していく。設立当初の主な授業は「日本語」が中心であって、その他、算術、地理、歴史、修身、体操の六科で幼年部と青年部とに分かれて行われていたが、一九〇七年になると四科となり、体系的教育体制として整えられていく。その際に届け出られたのが、以下の「開城学堂設立御届(62)」である。

開城学堂設立御届

本宗ハ韓人教化ノ開教ノ趣意ニ基キ附属事業トシテ従来韓国開城ニ於テ該地有志者ト協力シテ開城学堂ヲ設立シテ韓国人子弟ヲ教育致居候間左記事項ヲ具シ別紙開城学堂々則祖添此段及御届候也

明治四十年二月二十八日

山口県下関市西南部町第百二十九番地平民僧侶

韓国京城明治町一丁目浄土宗開教院居住

浄土宗管理者

韓国開教区開教使長　井上玄真

京城理事庁理事官代理

副理事官竹内巻太郎殿

そして、授業科目や管理および維持方法は次の通りである。

記

一、各称及所在地

開城学堂

京畿道開城群開城邑利士井里

二、学科

日語（読本、会話、翻訳、書取、習字、作文）修身、韓文、算術、生理、地理、歴史、漢文、体操、唱歌

三、管理及維持方法

管理ハ開教使松尾真善主任教員トシテ担当ス維持費ハ其校舎ノ建築修理費ハ開城邑有志者之ヲ負担シ其他ノ諸経費ハ浄土宗務所ノ支給金ヲ以テ支弁ス

設立当初と比べ、一九〇七年に追加で設けられた科目は、韓文、生理、漢文の三つで、管理は浄土宗の布教使が教員として担当し、運営費は開城の韓国有志者と浄土宗本部からの支給金によって維持された。次に、全一六条により構成されていた「開城学堂規則」の主な部分を挙げると、以下の通りである。

開城学堂規則

第一条　本校ハ開城学堂ト称シ韓国開城ニ設置ス

第二条　本校ハ大日本浄土宗ト開城有志者トノ協約ニ基キ之ヲ維持ス

第三条　本校ハ韓人子弟ニ日本語普通学及必要ナル専門学科ヲ教授スルノ目的トス

第四条　本校ノ科程《ママ》ヲ分ッテ予備科、本科及補習科トス

第五条　本校ノ修業年限ハ予科一年本科三年補習科二年トス

第六条　本校ニ入学セントスル者ハ市内ニ居住スル確実ナル保証人ノ連署セル入学願書ニ履歴書キ添ヘ出願ス可シ

但シ入学者志願者ハ左ノ資格ヲ要ス

一、品行方正志望確実ナル者

一、年齢十四歳以上二十五以下ノ者

一、普通漢文諺文ヲ解スル者

第七条　本校ノ学年ハ四月一日ニ始マリ翌年三月三十一日ニ終ル

学年ヲ分テ三学期トス四月一日ヨリ七月三十一日マデ

第十二条　本校ノ休日ヲ定ムルコト左ノ如シ

一、大日本国及韓国大祭祝日及宗祖忌日

一、毎週日曜

一、夏期休業　七月二十五日ヨリ八月二十五日迄

一、冬期休業　陽暦十二月二十五日ヨリ一月七日迄　陰暦十二月二十五日ヨリ一月七日迄

第十四条　本校ハ当分授業料ヲ徴セス

以上のように、開城学堂は「韓人子弟ニ日本語普通学及必要ナル専門学科ヲ教授スルノ目的トス」と記してあり、初期の開城日語学堂の趣旨からの変化はあまりみられない。しかし、入学条件においては、「年齢十四歳以上二十五以下ノ者」かつ「普通漢文諺文ヲ解スル者」と限定し、かなり厳しい条件を設けている。なお、休日として日本と朝鮮の祝日を同時に定めており、そして冬期休業も陽暦と陰暦の双方を採用している。おそらく、一二月二五日から翌年の一月二五日の間には、日本においても朝鮮においても正月が含まれており、当時日本は陽暦を、朝鮮は陰暦を使ったので、それにあわせ冬期休業を二つ定めたのではないかと考えられる。これは、先述した日本人居留民子弟の教育の一時的実施が反映されたものであろう。授業料に関しては「当分授業料ヲ徴セス」と定め、当分は学費をとらずに維持していたようだ。**表5**は、設立当時の開城学堂の科目および毎週の時間数表である。

このように、開城学堂では近代的教育制度が整備され、朝鮮人の反応も相当なものであり、韓国併合以後も継続され、その後一九二〇年には「開城学堂商業学校」に改称し、朝鮮人対象の商業教育を中心に一九三五年の運営難による閉校まで維持される。ただし、開城学堂における商業教育自体は、一九二〇年以前からはじめられていたことが次の資料から確認できる。

尚本宗附属事業に準すべきものには明治三十四年六月京畿道開城郡開城に私立開城学堂を設け一般朝鮮人に商業教育及普通教育を施こす本学堂は朝鮮人有志者と共同経営し本宗より開教師を派遣して教育事務を掌理し経

表5　開城学堂の科目および毎週の時間数表

予科		本科第一年級		本科第二年級		本科第三年級	
科目	時間	科目	時間	科目	時間	科目	時間
修身	2	修身	2	修身	2	修身	1
読本	6	読本	3	読本	3	読本	3
日語会話	6	会話	3	会話	3	会話	3
書取綴方	2	書取	2	書取	1	書取	1
算術	2	算術	2	算術	2	算術	2
習字	2	習字	2	習字	2	習字	2
唱歌	2	作文	2	作文	2	作文	2
体操	2	図画	2	図画	2	図画	2
		地理	2	地理	2	地理	2
		歴史	2	歴史	2	歴史	2
		理科	2	理科	2	理科	2
		韓文講読	3	韓文講読	3	韓文講読	3
		唱歌	2	日本文典	2	日本文典	2
		体操	2	唱歌	2	唱歌	2
				体操	2	体操	2
8科目	24	14科目	31	15科目	32	15科目	31

出典：科目及毎週時間数表「開城学堂（浄土宗）」（『布教所ニ関スル綴』明治40年1月～明治42年12月、地方部韓国政府記録保存所）（国家記録院所蔵文書）から抜粋。

営費の大部分は本宗より之を扶助せり。(63)

以上のことを踏まえると、当時の開城学堂は、浄土宗側から展開された事業にもかかわらず、朝鮮人有志者の関与が相当大きかったことが確認される。これは先に述べたように、近代的教育への自覚が芽生えはじめた当時の朝鮮人にとっては、浄土宗による教育の〈場〉は求められた空間であり、それは、日本・日本宗教といったカテゴリーからの包摂ではなく「近代」というカテゴリーからの受容ではなかったかと考えられる。そして、それが、朝鮮人と浄土宗との「共同教育事業」という形となってあらわれたものと思われる。こうした朝鮮人有志者との関わりは、一九一二年まで維持されていく。

確かなことは、第一節の海外布教計画からもみられたように、浄土宗の朝鮮布教の手段として実施された教育事業は、朝鮮人にとっては近代的教育、学校を必要とする要望を満足させてくれる空間として作用しており、その空間に浄土宗が存在し、朝鮮学生が存在したということである。言い換えれば、開城学堂は、「近代」を指標として創出された日本仏教、朝鮮人による「共生の場」でもあったのである。

3　明進学校

韓国における最初の近代式仏教学校という側面から、「明進学校」についてはいくつかの研究が蓄積されている。嚆矢となる研究は南都泳「旧韓末의 明進学校（旧韓末の明進学校）」である。[64] 南は「明進学校」を、「開港以後、流入された改新教（プロテスタント―筆者）の系列から近代教育を実施したことに刺激を受け、僧侶たちの自覚によって設立」されたものとし、とくに「韓国僧侶に俗学いわゆる、新学問を教育」したことに注目している。そして、韓国併合の後、近代式仏教学校としての専門学校へと発展することができず師範学校と改変された理由として、「学校経営をめぐって韓国仏教界の無能や韓国統監府と日本仏教宗派の干渉がその原因」であったと述べている。[65] こうした南の研究は、近代韓国仏教界の教育活動について解明したことにその意義があるといえる。

一方、金淳碩は、南が述べた「明進学校」が専門学校へと発展できなかった理由について、「韓国統監府と日本仏教宗派の干渉ということをなおさら具体的に解明する必要」があると指摘しながら、「明進学校」における浄土宗の動向に注目している。金の主張は、韓国統監府は朝鮮仏教界を掌握するため日本仏教勢力を後援し朝鮮人を精神的に支配しようした。そのような状況の中、浄土宗布教使の井上玄真が当時の朝鮮仏教指導者に今日の仏教が沈滞している理由を挙げながら、近代新学問を教える仏教学校の必要性を主張した。その後に設立された「明進学校」には履修科目に日本語が含まれていたが、井上玄真が教師を務めたという。それが、「明進学校」の親日的性格の結果としてもたらされたとし、結論として、浄土宗の宗勢伸張のため、精神的に朝鮮人を支配しようとした野心から朝鮮仏教界に「明進学校」の設立を説き勧めたと指摘している(66)。

そして、近代韓国仏教史研究に質的・量的に多大な成果を挙げている金光植は、「明進学校」の建学精神が韓国の近代民族仏教観の理念的な土台となったことを指摘する。すなわち、徹底した現実意識、仏教の闡揚意識、大乗菩薩意行、民族現実意識に接近しようとする積極性などが「明進学校」の建学理念に内包されており、これが現在の韓国東国大学校の建学精神にまでに繋がっていることを強調している(67)。さらに「明進学校」設立の中心的人物であった洪月初に関する研究の必要性を論じながら、洪の教育活動を中心とした教育観についても概観しており、金は次のようにいっている。洪月初の教育観は二つに大別されるが、初期は朝鮮の国難を克服するためには西洋の近代文物を積極的に学ぶべきというもの、後期は西洋近代文明よりも伝統的な講院の学習方法を重視すべきというものであったというが、相反する彼の教育観が最終的に志向したのは韓国の民族仏教であったと、金光植は論じている(68)。

このように「明進学校」をめぐる重要な争点は、韓国の「民族仏教」を目指す韓国仏教界の自主的な対応が「明進学校」を誕生させたという論理が今日まで韓国で展開されてきた。無論、浄土宗に関しても金とハン・ドンミンの研究で言及はなされているが(69)、これらの研究は従来の研究動向とそれほど大きく変わらない。つまり、韓国における「親日仏教」の根源を「明進学校」からみているのである。韓国における「明進学校」に関する研究はこのように一国史な観点に立脚して、韓国仏教界の近代化過程に焦点を当てて論じられてきたといえよう。

以下では、明進学校に関するこれら韓国の先行研究を踏まえつつ、「明進学校」の設立をめぐる浄土宗と朝鮮仏教との関わりに重点を置いて論を進めていきたい。

浄土宗の「明進学校」の設立は、一八九八年にすでに計画されていた。それは先述した通り、浄土宗の海外布教の開教区選定の計画から窺える。一九〇二年、大韓帝国首寺刹で行われた元興寺創建式に招待された浄土宗の広安真随の演説には、朝鮮における仏教学校推進の意欲が如実に現れている。彼は「仏法中興は伽藍建立にあらす知識発展にありと知識を発展せしめむと先僧侶の地位を高め城門の出入を自由ならしめ又京城内に仏教学校を設立して入道の僧侶を教育すべし又僧侶の俊才を挙けて日本浄土宗学校に留学せしむべし此等の順序を遂て実行せらるるは数年の間に韓国の仏教面目を一変することは予の保証する処なり」[70]と力説している。

広安真随が一九〇六年七月一七日に作成した「在韓国浄土宗現況」によれば、浄土宗の布教状況は、布教所一二ヵ所、日本人布教使一二名、布教使補助員五名、日本人信徒約三六九〇名、韓人教会一八三ヵ所、教会所属学校五開校と記されている。教会所属学校は、開城学堂、海州日語学校、郡山日語学校、大邱日語学校などであり、京城「明進学校」もこの中に含まれていた[71]。なお、元興寺を「明進学校」の校舎として活用するための請願書が内部大臣の李址鎔に提出されているが、この文書には「明進学校」は浄土宗の付属として表記されていた。

請願書[72]

今般京城東署東大門外暎楓高所在元興寺跡土地及建物拝借在リ常ニ大韓皇室奉祝ノ典ヲ修メ幷ニ浄土宗附属明進学校校舎ニ使用仕度候間特別ノ御詮議ヲ以テ御貸下ノ儀御聴許被成下度左記条件幷ニ事由ヲ具シ伏テ請願仕候也

明治四十年三月二日

浄土宗布教管理者　韓国開教使長　井上玄真

内部大臣　李址鎔　閣下

左記

一、拝借期間　明治四十年三月以降将来拾五個年間

一、土地及建物使用賃金無料

一、事由

聖化ノ無窮ヲ祈願シ

皇基ノ永固ヲ祝禱スルハ仏道ノ通規ニシテ我ガ宗ノ洪範ナリ而シテ英杙ヲ教養シ徳器ヲ育成スルハ皇化ヲ翼賛シ四恩ニ配答スル所以ナリ是ノ如キハ共ニ我教会ノ綱領ニシテ日夜ニ奉行セント欲スル所ナリ本宗嘗テ尚ホ該寺名称存ジ際昨明治三十九年六月以来当時ノ該寺総摂ト議シ其ノ土地及建物ニ依リテ事ニ当ルノ便ヲ得タリキ顧フニ彼ノ寺跡ハ嘗テ寿牌ヲ奉安セシ霊域ナリ切ニ願ハクハ特ニ貸下ノ御聴許ヲ蒙リ以テ為祝ト教育トニ従事スルヲ得セシメラレン事ヲ千万伏望

以上

このような、浄土宗の朝鮮における明進学校の設立は、浄土宗の海外布教の拡大を目的として立てられた計画でもあるが、廃仏運動が続いていた当時の朝鮮仏教界が、入城禁止令の解除も相まって活力を取り戻し、これを契機に開化運動にも弾みがつき、旧い習慣の打破と自由を求めて行われたものでもあったのである。一八九八年、再び朝鮮政府（大韓帝国）によって入城禁止令が布かれるが実効力はなく、翌年、朝鮮政府は全国寺刹の国家統制へと

政策を変更する。一八九九年、東大門外に元興寺を創建し[73]、ここを朝鮮仏教総宗務所と定め、全国寺刹の事務を総括させることにした。さらに一九〇二年には三六条よりなる寺刹令が発布、寺刹統制が法文化され、寺院と僧侶の身分は国家の統制管理下に置かれるようになる。国家による統制が宗教団体に及ぼす負の側面について自覚的であった僧侶は少なく、ほとんどが、むしろ公権力が宗団と僧侶を公的に認知するものであるとして、積極的にこれを評価したといわれる[74]。

こうした活力に満ちた朝鮮仏教界にとって、「仏教研究会」「明進学校」という提案が、近代的教育への転換の契機として魅力的にみえたであろうことはいうまでもない。李東仁の失踪以降は、朝鮮仏教の「近代化」への試みは、このような仏教教育制度によって実現されることとなるが[75]、ここで大きく関わる人物が、「仏教研究会」のメンバーである李寶潭・洪月初である。

李寶潭・洪月初は、朝鮮仏教の後進性を自認しながら、朝鮮固有の仏教精神を忘れずに、ただ先進国日本の発達した布教方式を導入し、朝鮮仏教の近代化に資することを主張しはじめた[76]。そして、李と洪は、先述の問題で数年前から浄土宗に関わっていたが[77]、「先是　京山僧　洪月初　李寶潭等　創立仏教研究会于城東元興寺　以浄土為宗刻於銀章　分給　僧員而収実費丙午歳也[78]」というように、「仏教研究会」を設立し、浄土宗を宗旨とした。「仏教研究会」は認可[79]を受けて近代的仏教学校を設立したが、それは設立と同時に、高等教育機関へと変更されることとなる。この事情に若干触れておくと、当時、普通科学校の学生を募集したが、予想以上に志願者が多く、入学した学生は四教科以上の修了者であり、その学力や年齢は高等・専門学校程度の水準を備えていた。また教える科目の内容が他の高等教育機関と比べても遜色ないことや、当時、他機関で運営されていた学校が高等・専門学校へと昇格したことに刺激を受け、仏教界からも普通科学校よりも高等教育機関として設置・運営を行うのが当然のことであるという議論が起こったためである。[80] その結果、一九〇六年四月に「仏教研究会」は高等教育機関を設立することとし、校名をどのようにするか議論されることになったが[81]、結局、「明進学校」として承認を得る。「明進学校」の校長であった李能和が著した『朝鮮仏教通史』所収の、学生募集のため全国首寺院に送られた「発文諸道首寺通文」に示された趣旨は、以下の通りである。

> 惟我仏教　自中夏　至東方　于今数千年　法綱衰弛　僧侶之困迫　未有如今日也　為韓国僧侶者　孰無憤怨之心哉　況今多般異教　処処蜂起　各自宗崇　破毀仏教　奪其田畓　附属学校　而以為学費云　言念及此　誠極痛駭　若此不已　無窮已患乱　不意之変　従此而起　池魚之殃　将及於大小寺刹　究其原因　則我僧侶　不達於世界上学問　等閒（間）於事物之所致也今者　日本浄土宗開教使　井上玄真氏　見韓国仏教之衰弛　慨歎不已　曰若欲済弱扶強　興旺仏法　権用新学問為最云云　故仍設研究会普通科学校　而稟承政府之認許矣[82]
>
> （傍線は筆者による）

つまり、現在朝鮮仏教が「異教」によって毀損されているのは、僧侶が世界の学問に到達できなかったゆえであると述べているが、それをみた浄土宗開教使井上玄真は、朝鮮仏教の救済策として新学問をもって朝鮮の仏教を復興すべきであると主張し、そのためには「仏教研究会」や普通科学校の設立が必要であると強調している。さて、ここでこのような状況を仏教 Buddhism の概念化と結びつけて考えてみると、次のことがいえよう。一九〇六年という時期は、「日本仏教」というナショナル・アイデンティティが形成される段階であり、これは植民地朝鮮における文明化されていない朝鮮仏教との対比から、より明らかになる。

上の傍線の内容からみれば、井上が論じる「弱いもの」である朝鮮の仏教を、「日本仏教」へと制度化させ、「強いもの」である「日本仏教」に朝鮮の仏教が協力すれば、近代的な宗教としての「朝鮮仏教」と入れ替えができるということを意味する。そして、そのためには、「日本仏教」の新学問の伝授が必要であると、井上は強調する。つまり、対象は異なってくるが、日本仏教が経験した西洋の宗教概念化の過程（西洋宗教⇩日本仏教）が、再度、植民地空間（日本仏教⇩朝鮮仏教）においても同じく進行していたといえよう。

いずれにせよ、上記の資料からは、確実に朝鮮仏教側の参与や、浄土宗の学校設立への関与が明らかなものとなっている。つまるところ、朝鮮に計画された浄土宗の布教意図と、朝鮮仏教の反省を含めた試みが合致したものと読み取ることができる。

さて、明進学校の教訓や学制については、今日原本が伝えられていないが、韓国仏教文化研究所の『朝鮮仏教通史』と、李鍾郁所蔵の明進学校規則、および彼の叙述などを土台に整理した明進学校規則が、『東大（東国大学―筆者）七十年史』に所収されている。もちろんその内容は検討を要するものもあるが、「明進学校」の大方の様相を把握することは可能である。

第一条では、教育目的を「本校は僧侶に須要なる宗乗余乗及び新学問を教授し其の知徳を高揚するとともに、布教伝道の人材を養成することを目的とする」とし、時代に適応した教育を通じてこれを先導する人材を養成することに重点を置いている。そして修業年限は二ヵ年とし（第二条六）、当分の間入学者の学力に応じ必要な学科を教授する（第三条七）、また補助科（一年～三ヵ月）を付設し（第一条四）、定員数は各学年三五名（合計七〇名）に定め、補助科は二〇名としている（第一条五）。入学資格は、年齢が一三歳以上三〇歳までの僧侶として大教科を修了した者（第四条一）、そして補助科は四教科修了の証明を有する者として定めている（第四条二）。第四条の教科科目

表6　明進学校教科科目

第1学年		第2学年	
第1学期	第2学期	第1学期	第2学期
法界観門	天台四教義	華厳経	華厳経
三部経	楞伽経	拈頌及説話	伝灯録
梵網教	四文律	涅槃経	宗鏡録
宗教学及	布教法	法制大要	法制大要
宗教史		哲学及哲学史	哲学及哲学史
算術	算術	算術	算術
歴史及地理	歴史及地理	歴史及地理	歴史及地理
(本国歴史地理)	(本国歴史地理)	(外邦歴史地理)	(外邦歴史地理)
理科	理科	理科	理科
(博物・生物大要)	(博物・生物大要)	(物理・化学大要)	(物理・化学大要)
珠算	測量	測量	経済大要
農業初歩	図書手工		
日語	日語	日語	日語
体操	体操	体操	体操
参禅動行(時間外)	参禅動行(時間外)	参禅動行(時間外)	参禅動行(時間外)
12科目	11科目	11科目	11科目

出典：明進学校の教科科目、東国大学校七十年史刊行委員会『東大七十年史』「第四章学制（明進学校学制）」（東国大学校出版部、1976年）、277～279頁。南都泳「旧韓末의 明進学校——最初의 近代式仏教学校」（『歴史学報』第90号、1981年）を参考に再作成。

を表にすると、表6の通りである。(83)

「明進学校」における教授時間は、実習時間を除外して毎日五時間と定められていた（第三条三）。その特色は、伝統的寺院教育方式により学生全員を寮舎に寄宿させ、一日の睡眠七時間を除外した午前四時から午後九時まで一七時間を、計画された日程の中で自学自習を原則として学業に精進するよう推進されたことにある。(84)そして、常任講師以外の学期・科目によって随時選考の講師が招聘されたが、先述したように浄土宗の井上玄真は日本語を教授していた。(85)

一方、浄土宗は京城にある「明進学校」の設立推進のみならず、地方の仏教学校拡張にも力を入れていた。それが通度寺の「明進学校」であるが、浄土宗の附属事業として青柳南冥によって取り上げられている。

△附属事業

本宗は明治四十年（一九〇七年―筆者）六月慶尚南道梁山郡通度寺に学堂を起し私立明進学校と云ふ箇は朝鮮の青年僧侶に布教及普通の教育を兼ね、又一般青年子弟に普通教育を施こす同学校の経営は通度寺の代表者たる朝鮮の僧侶と本宗開教院との協議に依り共同経営し本宗開教使を派遣駐在せしめて教育事務を総管し其経費の幾分は本宗より之を扶助せり、而して朝鮮の青年が本宗関係の学校を卒業し学術優等品行善良なるものは日本に留学せしむることゝし現今文部省認可中学校に在学せるもの数名に及べり(86)

ここからは、浄土宗の海外布教方針に沿った、通度寺との「共同経営」を通じた僧侶養成の教育事業であったことが窺える。そして、「仕上げ」として、日本の浄土宗と関わる学校への留学も設けられた。『浄土教報』にも、「通度寺明新学校」という名が散見されるが、名称はやや異なっているものの、この学校の設立も上記の青柳南冥が述べている一九〇七年六月であり、場所も通度寺ということから、同じ学校を指していることは間違いない。

一九〇九年の「明新学校」の様相について、『浄土教報』では、「近日の音信によれば慶南梁山郡通度寺の境内に設置せる明新学校も非常に隆昌の気運に向へりと、本宗開教師永田氏は努力して韓人が睡眠と見物位を無上の娯楽視する悪弊矯正策に苦心せり、幸ひ生徒増加は其効果と云ふべきか、恒に永田氏は蔚山開教を兼ね今回の幻灯機購入を東都梶氏へ照会依頼せしと聞けば他日大に韓人布教の目的を達する(87)」とされ、翌年一九一〇年の「韓国明新学校の近況」には、「去月末の通信によれば、梁山通度寺中の永田開教師は余程明新学校の整頓せしを感謝し居らる、が一月一日には日本式の盛大なる新年会を開き韓民に日本趣味を普及せしめられ、校具としては黒板机、腰掛参考書類等の教具も完成し梁山第一の私立学校の隆盛あるは宗門の為め祝賀すべきなり、幸ひ各生徒が未だ排日思想に感染せらるゝ事なきは結構なり、思ふに同氏が忍耐と努力は成績顕著ならずも将来多大の精神界産物あるべきならん」(88)と掲載されていた。浄土宗布教使の日本文化を普及しようとする意図が窺えるが、その反面、排日思想が明新学校にはみられなかったものの、この時点ですでに朝鮮社会に排日思想が内在していたことが、この文章からは読み取れる。

京城の「明進学校」の運営は開校した時点から財政難でかなり苦労したようで、この状況が長期にわたっていたようであるが、全国各寺院から「明進学校」への特別補助金の募金活動の声があがったことからその事実を確認できる。(89)さらに、元興寺内に浄土宗を宗旨として開設された「仏教研究会」や「明進学校」の設立などによる朝鮮仏教界と浄土宗との連携強化は、朝鮮仏教を浄土宗に合併しようとする策動ではないかとの議論が湧き上がり、これによって「明進学校」の校長でもあり「仏教研究会」の会長でもあった李寶潭は辞任に追い込まれ、後任に李晦光が選出されることとなった。この他にも本派本願寺が元興寺を布教所として使用しようとして失敗した事件、浄土宗が通度寺を末寺化しようとして失敗した事件などが起こっていたが、(90)このような状況の中、「明進学校」は一時的に休校をし、一九〇九年一一月ころに再開校する。そして、一九一〇年三月に高等専門学校に改称し学制変更を届け出たが、同年四月の仏教師範学校認可と同時に新しい形態に再編されることになる。

最後になるが、朝鮮にとって、ないしは朝鮮仏教にとって「明進学校」とはいかなる機能を有する空間であったかについて、若干の考察を加えたい。(91)そのためには「明進学校」設立の中心人物であった洪月初という人物について触れておく必要がある。韓国歴史学界における洪月初への評価は、相反する次の二つが代表的である。一つ目は、洪月初が中心となっている「仏教研究会」、「明進学校」が日本仏教の浄土宗と密接な関わりがあったという点から、「親日的な人物」と評されている。二つ目は、洪月初は朝鮮仏教の後進性を慨嘆しながらも朝鮮固有の仏教精神を忘れず、日本の先進教育と布教方式を導入し朝鮮仏教の復興を図った人物であるというものである。このような異なる見解は、韓国の歴史学界の大きな主流である〈親日―抗日〉の構図から今なお脱却できない韓国近代史の現状をよく示してくれる。

ここで、あらためて、浄土宗の動向を日本仏教の概念化の言説と結びつけて論じてみれば、浄土宗は、西洋の宗教の概念化過程と日本の独自な宗教概念化の過程を経て、日本的なナショナル・アイデンティティを有した「日本仏教」の姿で朝鮮に渡ってきた(92)。そして、朝鮮仏教界との共謀で誕生した合作品が「明進学校」であったといえよう。では、浄土宗において「明進学校」の設立はいかなる意味を有するものであったのか。従来の先行研究でよくいわれてきた朝鮮仏教、朝鮮僧侶の日本化を目論む画策であったのか。そうでなければ、朝鮮仏教の後進性を慨嘆し、朝鮮の仏教を文明化した先進仏教へ発展させるための近代的な行為であったのか。このような評価はいうまでもなく、「一国史的」な観点に立った評価であるといえよう。

これを前述の宗教概念化の問題に基づき、序章で述べた「帝国史」的な観点から考える場合、考えるべき問題は、当時の朝鮮仏教界には、洪月初が具現化させようとした「朝鮮仏教の固有精神」なるナショナル・アイデンティティをもつ「朝鮮仏教」の概念が、本格的に定着していない時期であったということである。ゆえに、近代的な姿の「日本仏教」から先進的なシステムを学び、国難の朝鮮を救う力にならんとする、「日本仏教」をまねてでもそれを実現させようとする願望が極めて切実な状況であったと指摘したい。あえていえば、前近代の日本仏教が廃仏毀釈という切迫した現実から脱却するため、西洋の宗教概念との接触経験の過程を経て、近代的な宗教としての

「日本仏教」へ変貌しようとした、かつての日本の仏教の姿と酷似していたといえよう。

しかも序章で論じたように「朝鮮仏教」という用語そのものが確認できるのは、一八九四年のことである。日本仏教という自己認識の用語は一八八〇年代から使われたもので、「明進学校」の設立が一九〇六年であることを考慮すると、自らのアイデンティティを有していた日本仏教が、アイデンティティを有していない朝鮮仏教と遭遇していたことを意味する。まだ朝鮮仏教の固有精神は勿論、朝鮮仏教という自己認識さえできていなかった時期に、浄土宗は日本帝国を背負って植民地国となる朝鮮に「明進学校」を設立したのである。つまり浄土宗は、西洋との接触により経験した仏教の概念化過程を、植民地空間において再び現地の朝鮮仏教に強要し、これを通してより強く「日本仏教」という「自己確認」をしようとしたのである。そして、この宗教概念化の過程を確認することができた空間が「明進学校」であったのである。

一方、朝鮮仏教にとって「明進学校」とはいかなる空間であったのか。次の資料は、元興寺内で開かれた朝鮮僧侶の集会の状況を報告した韓国統監府の文書である。ここからは、当時の朝鮮僧侶が認識していた朝鮮の仏教、日本仏教というものが、ある程度推察できると思われる。

［京城地方　僧侶　集会状況　報告[93]］

憲機第九二六号

京城地方ノ僧侶等ハ頃日東大門外元興寺内ニ集会シ協議中ナルカ其大要ハ

日本ハ約二十年以来仏教ヲ以テ宗旨トシ僧侶ノ教示ヲ貴ヒテ富国強兵ノ実ヲ揚ケタルニ我韓国ハ之レニ反シテ宗教ナク五百年来我等僧侶ヲ賤シムノ風甚シク為メニ一致ノ団結心ニ乏シク遂ニ今日ノ国運ニ陥ル而シテ韓国

ニ於ケル僧侶ノ功徳ヲ論スレハ一千十八年前王建太祖カ松都（開城）ニ国ヲ開キシ時其基礎ハ道先太師ニ依リテ開カレ又五百十八年前太祖大王京城ニ国基ヲ建立セシ時武学大師ニ依リテ其国基ヲ占定シテ即チ今日ニ至ル吾カ韓国ノ基礎ヲ完存シタル是レ僧侶ノ功ナリ依テ吾韓国モ日本国ノ如ク国ノ宗教ヲ仏教ニ統一シ以テ日本ニ倣ハントテ政府ニ該宗布教ノ認可ヲ得ル事ニ一決シ其運動方法ニ就テ攻究中ナリト

明治四十二年五月三日

元興寺内で開かれた集会ということで、その対象は「明進学校」と関わる学校の関係者または学生であると推し量られる。ここに集まった朝鮮僧侶たちは、「日本仏教」が富国強兵の結実に多大な影響力を及ぼしたことを強調し、これをモデルとして朝鮮の仏教も同じ道を行かなければならないと主張する。ここからもわかるように、ここでいう朝鮮の仏教とは、前近代の朝鮮の仏教ではなく、「日本仏教」の影響のもとで作られたナショナル・アイデンティティという概念があらわれようとする「朝鮮仏教」のことを指す。いわば、近代国家に乗り出すことを欲望し、これを通して宗教という新しい体制に便乗しようとした日本仏教のごとく、朝鮮仏教もこうした同様の道を行くことを望んでいたのである。

さて、このような解釈ができるなら、先ほどの洪月初に対する評価も再検討しなければならないだろう。つまり、従来の研究における親日的な人物、または朝鮮固有の仏教精神を守ろうとした人物ではなく、近代化された日本仏教の力を借りて近代的な「朝鮮仏教」になることを目指した人物であったと解釈できよう。もちろん、今日の韓国の研究者の間でいわれている朝鮮「固有」の仏教は、当時は存在したはずがない。このように、「明進学校」をめぐる日本仏教や朝鮮仏教の位置付けは、宗教概念を挟むことで、従来とは異なる観点からの考察が可能となる。

以上、浄土宗の朝鮮における初期教育事業を開城学堂、明進学校を中心としてとらえてきたが、「近代」をめぐる様々な場面が確認できたと思う。朝鮮近代化の過渡期に「近代」を背負ってきた浄土宗は、朝鮮人布教を目的に教育事業を展開したのであるが、それは「近代」を受容しようとする朝鮮人にとっては、浄土宗の意図は別にして「近代的」教育を受容するために有効なものとして受け止められたといえよう。つまり、日本仏教の宗教的な側面よりも教育という近代文明としての側面を受け入れたのである。一方、仏教という共通基盤をもっている朝鮮仏教と日本仏教の浄土宗においては、両者ともに「近代」を足場としているものの、異なる「近代化」を目指していたといえる。要するに、朝鮮仏教は近代的教育という新しい文物を通して朝鮮仏教の「近代化」を目指し、浄土宗にとっては、近代的教育を媒介に朝鮮仏教を包摂しようとする、仏教の帝国的一面が働いていたといえる。植民地前夜においては、こうした「近代」の二重性がほのかに漂っていたのである。

第三節　植民地朝鮮における浄土宗の社会事業

一九二〇年代に入ってからは、日本本国のみならず、植民地アジア地域でも社会事業の「近代化」が整えられる段階となる。浄土宗の日本国内における社会事業は、すでに渡辺海旭の主唱で設立された労働者保護に重点を置いた「労働共済会」が中心的役割を担ってきたことは第一章で述べた通りである。この時期の浄土宗の社会事業は、日露戦争以後の国家主導の感化救済事業的傾向を強く帯びつつ、「共済」「報恩」といった仏教思想に基づいた社会事業が近代的システムとして整備され、より組織的に実施されていた。こうした浄土宗の日本国内における社会事業は、植民地朝鮮においても浄土宗の社会事業に活用される。つまり、「労働共済会」の社会事業の特徴を植民地朝鮮「和光教園」の社会事業に活かして運営していたのである。

一方、一九一九年の三・一運動での植民地統治に対する朝鮮人の強い抵抗は、日本をして植民地政策そのものの転換を余儀なくさせ、その結果として「内鮮融和」が掲げられた。「内鮮融和」は、三・一運動の原因が内鮮間の差別と朝鮮人を抑圧した「武断政治」にあるとし、ある程度の自由の承認と生活向上が植民地統治にとってより効果的であると判断され、主張されたスローガンである。こうした三・一運動による朝鮮総督府の「文化政治」への転換という内的要因と、日本仏教の日本国内における社会事業の展開という外的要因を同時に踏まえつつ実施された植民地朝鮮における浄土宗の社会事業は、「和光教園」の設立によってより体系化・組織化された。このような内外の背景を念頭に置き、浄土宗の植民地朝鮮における社会事業に注目し、そこから日本仏教の社会事業における慈善の近代的な変容について考察する。最終的には植民地朝鮮における日本仏教、つまり浄土宗の社会事業にみられる植民地的「慈善」を明らかにすることを試みる。

1　釜山共生園・開城学堂商業学校

植民地朝鮮における浄土宗の社会事業は、京城の「和光教園」が代表的役割を担っていたが、その他にも、教育事業としての「開城学堂商業学校」、和光教園と同じ役割を担う社会事業施設「釜山共生園」が運営されていた。釜山共生園は、一九二四年四月釜山知恩寺主職の太田秀山によって、釜山知恩寺の本堂脇の広間二ヵ所を教室にして設立されたことからはじまる。(94) 釜山共生園の創立目的は、「共生の理念の下に一般の高等教育より家庭の副業として家庭を豊かならしむべき技能を受ける」こととされた。当初は修業期間二年として、「家庭副業」であるミシン裁縫、機械編物、刺繍、袋物などのうちから一科を専修し、国語、教学、家事を必修とする学園部を設けて運営していたが、その後、共生園主事に山崎朝尊が就任してから、学園部は高等科、実務科、夜学部に分けられた。高等科は共生女学院を改称したものであり、実務科は一二歳から二五歳までの朝鮮女性に実務と学習を教え、夜学部は、昼間は労働に従事している女性に普通教育を施すものであった。またこの他に、日曜学校などの宗教部、三歳から六歳までの幼児保育の託児部が設けられていたが、さらに児童健康相談部、母乳紹介部、幼児遊園部、教化部、授産部も設けられ、一九二八年六月には高瀬商店の福永政治郎が水晶町の土地を提供し、山本栄吉が一万円を寄付して共生会館の新園舎が建てられ、総合的社会事業がすすめられた。

各種事業には、教化部、学園部、授産部、託児部、児童健康相談部、母乳紹介部、遊園部、実費診察所、調査部があったが、一九三三年には教化、教育、授産、保護、保健、社会の六部に再編されて内容の充実が図られたという。その他、朝鮮語講習会、共生農場の開設、麻薬患者の収容など、当時の状況に対応した事業が行われ、一九三七年には社会教化専用の共生会館別館が建てられることとなった[95]。

こうした釜山共生園の概略をみると、後で述べる「和光教園」とほぼ同じ事業内容で運営されていたことがわかる。当時の新聞からは、一九三五年以後の釜山共生園事業における「共生医院」の実態がいくつか確認でき、「社会事業団体として貢献が多い釜山府水晶町財団法人釜山共生園から極貧者の救療機関として施設経営された共生医院は、昨年十二月以降やむない事情で当分間休診中であったところ、最近大邱都立医院から多年間わたって臨床経験を有する朴夏潤氏を招聘して去る一日から診療を開始することとなった。／とくに極貧者の便宜をはかって方面委員会の証明さえあれば診療は全部無料で受けられるし、一般患者においても診察費は無料で薬代一日に十五銭均一で試料できる条件となっている。釜山内の三万四千余窮民はもちろん一般家庭からも多くの利用を望む[96]」（／は改行を表す）と、一九三八年六月七日付『東亜日報』は伝えている。こうした医療事業は、和光教園の重点事業ではなかったが、釜山共生園の事業内容においては注目される事業として取り上げられていた。

一方、一九〇一年に設立された開城学堂は、設立当初は朝鮮有志者による後援も受けて運営され、一九二〇年、開城学堂商業学校と改名し、一九三五年三月まで経営された。朝鮮有志者の手から離れて浄土宗教育資団に移管されたのは一九一二年のことである。韓国併合以後の動向を吉川文太郎『朝鮮の宗教』から簡略に整理してみると、「内地仏教家が朝鮮人に対して中等程度の教育機関を施設して居るものは極めて稀で、或は開城学堂が唯一のものかも知れない。同校は浄土宗の経営であるが必ずしも宗教に囚はれず地方の情勢に順応して商業教育を以て子弟の薫陶に努めて居る」と、一九二〇年代の状況を語っている。

そして「校長松尾真善は明治三十七年の夏に同校の教務主任として就任し、四十五年の五月より校長となつたので既に十数年の間子弟の教導に努め、漸次各方面に改善を加へ、目下は八名の職員と百五十六人の生徒とを有し、一箇年約六千円の経常費を要して居る」と伝えている。また、同校の卒業生の進路については、「創業以来既に一万を越えて居るが、生徒の中には浄土宗経営の社会事業に従事し、或は僧侶として生活して居る者も若干ある」という。[97]浄土宗経営の社会事業というのは、京城に設立された「和光教園」のことを指すと思われるが、卒業生が「開城学堂商業学校」の教師になる場合もあって、それにより問題が発生したようである。

上記の事情がわかる新聞記事の一例を挙げると、「開城学堂商業学校学生三百名は結束し、一〇月二九日に左の如く三つの条件を学校側に請求し、同盟休学を行う一一月一〇日までにその請求に応じられない場合、直ちに同盟休学を実施することを主張」するが、その請求条件は「校長が常々学校に不在するため諸般事務に渋滞が多くなるという理由で今後は校長が誠心に学校に出勤すること、教師熊隈と馬鐘弼は資格不足で他の教師と交換すること、本校卒業生がすぐ本校教師になる制度を閉止すること」であった。[98]学校側に対する不満が大半であるが、こうした要求は、第二章で検討した真宗大谷派の「向上会館」との類似性がみられる。「開城学堂商業学校」の場合、教師の資格、そして校長の怠慢な態度への不満などであるが、向上会館の産業部生徒と同様に、これは「日常的抵抗の範疇」に入るものであろう。

こうした浄土宗の社会事業は、「和光教園」が設立されるとともに植民地朝鮮における社会事業として本格化する。以下、「和光教園」について検討することにしたい。

2　和光教園の設立背景

まず、和光教園の設立背景を概観しておこう。和光教園は一九一三年、浄土宗鮮人教会の道場として出発したものである。

和光教園所在地たる観水洞一〇二番地は大正二年三月に、従来学校に用ゐられて居た校舎一棟と共に買い取って浄土宗鮮人教会の道場とし、併せて仏教青年会を組織して、日語教習の夜学校を経営し、中途より少年教会をも開いて大正九年の秋まで継続して来たのである。此の教会は本町の開教院で維持し、同院在住のものが交代して鮮人側の事業に当つて居た。別に社稷洞に出張所を設けて鮮人側の婦人会を経営してゐた。昨年十月これを和光教園と改称して各種の社会教化の事業先導の機関とし、従来の鮮人教会等の教化事業を存続すると共に、別に計画した新事業に着手したのである。而して別に標榜はして居ないけれど教園の全体は浄土宗開教院の現在住職である久家慈光氏が発起計画して、同院社会科の施設としてゐる。(99)

ここから、浄土宗の和光教園は、一九二〇年以前までは、布教に重点を置いた布教施設として運営されていたことがわかる。そして、一九二〇年の「和光教園」への改称とともに、「別に計画した新事業に着手」してからは、近代的システムとしての社会事業に変化することとなる。それは、和光教園の事業内容が「布教」中心から「社会事業」中心へと変化、言い換えれば布教方法において社会性を帯びるようになったことを意味する。まず社会事業として着手したのは、「宿泊所」事業であったが、これは、渡辺海旭がドイツからの帰国後、日本国内の社会事業として「労働者保護」に注目したことと同じ文脈から理解されよう。だが、植民地朝鮮における労働者保護、貧困層の深刻さは、日本本国とは異なる次元の問題として植民地社会に台頭していたことも、注意する必要がある。(100)

ここで、さらに具体的に和光教園の実施目的に迫るため、『和光教園社会事業要覧』から「和光教園の使命」(101)と記された部分を抜粋し、その意義を考えてみることとする。まず、第一の使命として掲げられたのは、和光教園は「仏教の根本精神に則つて社会を浄化して個人を完成する「浄仏国土、成就衆生」の大業に微衰を尽さんと欲」するというものであった。ここでは、社会の「浄化」による「個人」の完成が「浄仏国土、成就衆生」に至る道であるといっており、仏教的精神に基づいた宗教的実践であったことが窺える。

また第二の使命については、「和光教園は我が建国の精神に基づき、開けざるを拓き、廃れたるを興し、和せざるものに和あらしめ、光りなきものに光りあらしめ、君民一家、四方一化の綱常で三千年来の皇化拡大の大業に献芹の赤志を挺で丶、先づ百悪の因つて来る生活の窘窮を打破し、展開して相倚り、相扶け、同胞の真生共存を完ふせなければならぬ。自国民の暗黒面を他国民の救済に委ねてはならぬ。偶々あつたとしても、それは過渡期で止むを得なかつたので、一たび自覚すればこんな恥を続けたくない。「社会事業に国境なし」と云ふが、それは施行する立場にあるもの丶云ふことで、甘受すべきものでない。新同胞の一切は我等が荷負せなければならぬ、社会万般の病患当に是れより甚しからんとする時、幾多の博施賑恤救済の機関設けられんとする時、この基礎的信念を謬まつた百の施設、千の経営何にするものぞ。寧ろなきに爾かず。和光教園は徳充的一大家族主義の国是を奉じて新同胞の教化道場たる一片の意気と自身とに立つ」ものであるとしている。

このような和光教園の使命は、「文明」の先導者である日本人が未開拓地の朝鮮にその「文明」を伝播、開拓するための使命を尽くす役割を果たすということであり、和光教園は「新同胞」の朝鮮人を教化する「道場」としてその役割を担うべきものだという意図も、如実にあらわれている。

第三の使命は、「和光教園はこの純平たる精神の結晶として、将た社会事業に於ける多少の知見と経験とに鑑みて隣保事業と称する総合的、組織的計画を試み、都市貧困生活の上に一道の和光を点じ、細民生活の改善、児童の積極的保護、労働者地位の向上、民族同化の栄進、社会教化の進行を期し、経済の充実と相俟つて実際上之が遂行の歩武を進めんと欲するのである」と記されている。これらは、日本国内で実施された浄土宗の社会事業の実施目的とほぼ同じである。つまり、「浄土宗労働共済会」の設立目的にみられる「労働者保護」および彼らの生活状態の改善を図るという事業が、そのまま朝鮮に移植されたのだ。

結局、和光教園の使命には、朝鮮人に文明を伝達する「日本人＝文明人」としての姿勢が内包されており、そこに仏教精神を表明しつつ、植民地という社会的背景から要求される様々な社会問題に対処しようとする動きがあったといえる。付け加えていうなら、日本国内における「日本仏教」のナショナル・アイデンティティは植民地朝鮮へ移行されることとなるが、それは「日本」という国家を代弁するものとなって、「日本仏教＝日本」といった公式が成立することとなってしまう。さらに、和光教園という衣を纏った浄土宗の使命というのは、「文明」の先導者であり、「文明」を伝播、開拓する役割をもつことであった。その場合、必要なものは「文明」としての社会事業であるが、同時に仏教精神に基づく「慈善」が表面的に浮上することとなる。しかしここでいう慈善とは、真宗大谷派の「向上会館」からも窺えるように、植民地権力と深く絡みあう近代的な「慈善」であるといえるだろう。

さて、真宗大谷派の「向上会館」の設立に大きく影響した三・一運動は、和光教園の設立背景にも影響を及ぼしていた。

斯かる宿積の悃誠と努力も、滔々たる生活の疲労と、人心の荒頽とは抑止すべくもなく、時勢の変化や驚くべきもので、貧寠枯渇、殆んど生色を見なかつた京城細民にも、欧州大戦の影響は、一方に独立騒擾を勃発し、一方に貧富の懸隔を自覚せしめ、矯激の風鮮地の山野に満ち、文政の治下、怨苦餓鬼蠢々として国歩真に重大の時に向つた。この現前の世態に鑑み、浄土宗は大正九年六月、朝鮮の民情に精通せる久家慈光氏を起して朝鮮開教区長に命じ、開教院住職たらしめた。久家氏熟ら時代の要求と細民の情状とを査察し、これが緊急適切に福利増進を計るもの、これ実に隣保事業であらねばならぬと、茲に本園設立の計画を樹立し、これが資金を親交ある特志家福永政治郎翁に依嘱し、これが設立を従来精神幸福事業を営んだ有縁の地である観水町を選び、二百六十坪の敷地と七十坪二階建一棟と附属建物を充て、更に鐘路通り三丁目にある総督府所管の敷地九十八坪と建物とを借入れ、これが経営のすべてを現在本園主事荻野順導氏に委任し現在の和光教園が生れたのである。(102)

この資料からは、先に言及した和光教園の使命と比べると、その動機として三・一運動の直接的影響が読み取れる。それとともに、浄土宗関係者の中で中心的に携わった人物として、久家慈光と荻野順導が挙げられている。設立者久家慈光は、「現在（一九二一年―筆者）本町開教院の住職であり、浄土宗朝鮮布教の総監の任にある。氏は昔一個の青年時代に東京の宗教大学の門からすぐに朝鮮へ渡つて鮮語研究生となり傍日語教授の事業に携つて居たが間も無く米国に渡航すること、なつた。氏が布哇島から帰つて再び京城の地を踏んだのは一昨年であつた。京城に来た氏は疾くから鮮人布教に従事し、併せて此方面の社会事業を計画したが、何しろ身一つの多忙の事故自分で従事することが出来ず」[103]、適任者を物色中であったが、一九二〇年、荻野順導を迎えることになったという。

そして、和光教園の代表者となった荻野順導については、「久家氏の同窓学友であつて永く東京に在住し、社会各施設事業を研究した後、東京市から委託せられて不良少年の感化事業に携つてゐた人である。氏は朝鮮の現状を聞いて、黙するに忍びず、自己の家庭を携げ東京の事業を他に委して渡鮮せられた熱心家である。教園が設立されることも氏の来鮮に依つて実現され、氏の社会事業に関する薀蓄はその渡鮮と同時に教園の事業となつて実現された」[104]と記されている。以上のことからみれば、設立者の久家慈光は、最初から社会事業に関わりがあったというよりも、朝鮮事情に詳しい人物として和光教園に携わることとなり、それに対し、荻野順導は社会事業に詳しい人物として和光教園に関わることとなったということがわかる。そのこともあり、実質的運営は荻野順導によって行われたという[105]。

このような浄土宗の「和光教園」の設立は、いうまでもなく朝鮮総督府との接触からはじまっていた。創立当時、「大正九年十月事業概要の計画を進むるに当り総督府をはじめ各官長社会課の有司民間斯道の先輩を歴訪して高見を仰ぐと共に、下層鮮人の実情調査」[106]とあるように、事業は朝鮮総督府の支援とともに計画されたのである。前掲の資料にあるように、一九二〇年四月、朝鮮総督府所管の鐘路三丁目二七番地の九八坪と建物の無料貸与をはじめ、一九二六年一一月には、朝鮮総督府の観水洞一二〇番地の計三三七坪を無料貸与された。加えてさらに朝鮮総督府旧庁舎の一部の二階建て八九坪を譲与され、なおかつ、一九二二年の紀元節にあたり、和光教園には皇室・宮内省より金五〇〇円の奨励金が下賜され、これを記念するため根本中堂として建坪三五坪の小公会堂を建築し、朝鮮総督斎藤実より「恩賜記念館」の名をもらったとしている(107)。

このような和光教園に対する創立初期からの朝鮮総督府による支援は、朝鮮総督府の社会秩序に対する不安の深刻さ、それに起因する和光教園の活動への期待感や関心度が反映されている異例の措置であることが指摘できる(108)。一九二〇年一〇月の事業計画から一九二〇年一二月の運営開始まで、準備期間はわずか二ヵ月しかない。このような短期間で設立が可能となったのは、その背景に、三・一運動以降の植民地社会の秩序安定という朝鮮総督府の政策的側面が相当大きく影響を与えていたのではないかと思われる。つまり、浄土宗の「布教」中心から「社会事業」中心への重点の転換には、朝鮮総督府の意図が大きく関与していたのである。

以上のことを踏まえると、和光教園の設立背景として次のようなことがいえる。朝鮮人の三・一運動に表出した「朝鮮」的なナショナリズムという植民地的「近代性」への対案として、朝鮮総督府には、植民地支配を安定化・正当化する合理的装置が求められた。つまり、朝鮮人の「救済」という名分で、植民地社会の統合や秩序の維持が同時に解決できる「社会教化事業」が必要であったのである。この需要を充たすものとして期待されたのが日本仏教であり、浄土宗の和光教園は植民地権力に便乗して「布教」の場から「社会事業」の場へと、素早く対処したといえる。植民地という特殊な状況に置かれた社会事業であったからこそ、植民地的近代性が際立つ社会事業となったと指摘できるだろう。日本国内における日本仏教の近代化過程にみられる浄土宗内部の反省・覚醒をもとにした宗教的社会実践は、日本国内の事業内容を反映しながらも植民地朝鮮においては植民地的近代性を深く刻印した形で再創出され、それが具体化されたのが和光教園であったのである。

3　和光教園の事業内容

以上の和光教園の設立背景を踏まえて、次に、植民地朝鮮における和光教園の具体的な活動について概観する。先述したように和光教園の事業内容は、日本本国における浄土宗の社会事業の特色をそのまま採用したことが、特徴としていえよう。重点が置かれたのは、生活の改善、衛生思想の普及、家庭の豊和、経済思想の鼓吹などであり、その他普通倫理道徳にまで及んでいた。(109) いうまでもなく、植民地という特殊状況下においては、こうした社会事業は、浄土宗教団内部からの動きというより、朝鮮総督府からの様々な支援と政策的意図を踏まえた社会事業として開始された。

社会事業機関として設立されてまもなく、和光教園では「労働宿泊所」「和光学園」「医療部」事業が開始された。初期段階から「労働」「教育」「衛生」に重点を置いていたことがわかる。ではまず、当初の「労働宿泊所」状況を、以下の資料から確認しておこう。

宿賃は看板に偽りなく一夜一人金五銭で（但し独身の労働者に限る）ある。然し乍ら無職の浪人で口を求めて来る者も一日五六人位はあるから、之等は京城府其の他と算し、内一名は総督府の雇員となり現に同所へ宿泊して毎夜簿記学校に通つてゐる。此他舞ひ込んで来る浮浪者には極力労働の神聖を説き、同所備付の担軍《チゲ》を貸与して毎日四五人は出稼ぎにやらせるのである。宿料は固より前金であるが夫れでも懐都合により翌日払ひを哀願する者があるから之等はなるべく大目に見てゐる。次に路倒しなどは曽て無く入浴は二日目に一回で勿論料金を徴収せず頭髪の手入にはバリカンを貸与して自由に散髪させて居る。将来は月に一度位慰安会を催す考へでゐるが目下の娯楽物としては将棋盤が与へてあるだけである。夏は木影や石の上でも一夜の夢は結べるから当分宿泊者の激増は来すまい併し寒気の肌に迫る頃になつたら塒を求めて来る無職者の群は殆ど無数に上る[110]

和光教園「労働宿泊所」は、独身の労働者を含め、無職者をその対象として設立された。一夜五銭を納めることとなっているが、これは、日本本国の「浄土宗労働共済会」で実施された宿泊料金と同じ水準である。そして、宿泊者に要求されたのは、労働・衛生の生活化であり、そして慰安会を通じた教化事業が同時に行われていたようである。

また、和光教園事業の中で「和光学園」という教育事業は、一九二一年に開設されて以来、相当な成果をあげることとなるが、それは、他の事業とは異なって「学校」という空間は、強要されるという側面よりも、朝鮮人自らの「教育」への欲望が大きく作用していたためで、貧民層対象の和光教園の教育事業もこのような側面と結びついていたといえる。こうして、同年九月には三八七名（内女子一二〇名）の生徒を収容することとなる。その対象は、「窮困者のため又は学齢を逸した者の為に施設されたもので普通補習の二部に分たれ上は三十九歳の老生徒から下は九歳の少年生徒まで」となっており、「就中前期生徒の内に夫婦一組親子一組あるのは驚異に値する」ほど、老若男女を問わず、教員八名によって教育が実施されていた[111]。「医療部」の事業は、当初朝鮮人対象に実施されていたが、まもなく閉鎖されることとなる。事業の対象が日本人になっていったことも、その一つの原因として作用したと考えられる[112]。

こうして実施された和光教園の社会事業は、一九二一年には「医療部」、一九二二年には「職業紹介部」「人事相談部」「食事部」「理髪部」「廉売部」、一九二三年には「救護部」、一九二四年には「浴場部」「授産部」、一九二六年度には「洗濯部」など、次々と開設された。このように、和光教園の事業は、一九三五年には、全一二部二一種目の「朝鮮唯一の総合的社会事業」[113]へと拡張されることとなる。

和光教園の社会事業の重点が、先述したように「教育」「労働」「衛生」と「教化」にあったことは、表7からも窺える。このことからは、和光教園の社会事業が、まさに近代化過程の中で必要とされる文明的要素を備えた「近代的」空間として形成されたものであったことがわかるだろう。逆にいうと、この社会事業に関わった朝鮮人にとっては、「近代」を体験する装置としての役割があったともいえる。そして植民地という状況を踏まえると、「教化」という社会事業装置は、複雑な意味合いを内包している。つまり、植民地性の「同化」政策の表出、日本仏教の宗教的色彩として「布教」の意味を両ながらに含むものであったということである。日本仏教の社会事業は、「教化」に基づく宗教的活動（布教）と植民地社会の安定、この二つの立場に立って成立したものであった。こうした植民地の近代化過渡期において単純に区別できない「教化」事業を推進したのが、植民地における日本仏教団体による社会事業であったといえる。

以上で述べてきた和光教園の事業内容を重点ごとに大まかに区分すると、次の通り四つに分けられる。

①「教育」――学園部・保育部（子供対象）
②「労働」――宿泊部・紹介部・相談部・救護部・授産部・廉売部（大人対象）
③「衛生」――理髪部・浴場部・食事部（子供・大人対象）
④「教化」――教化部（子供・大人対象）

表7　和光教園事業各部の成績概況（一九三五年）

部名	種目	昭和十年度保護人員	同延人員	摘要
学園部	和光普通学校	（男）552 （女）378	658 444	不就学児童保護六ヶ年ノ初等教育ヲ施ス
	和光普通学校簡易部	（男）14 （女）25	14 25	貧困児童保護二ヶ年ノ初等教育ヲ施ス。無月謝
	東大門書堂	（男）187 （女）71	233 106	貧困児童及不就学児童ニ四ヶ年ノ初等教育ヲ施ス
保育部	和光幼稚園	（男）31 （女）31	36 41	近隣ノ幼児保育ニ当リ幼稚園式ノ訓練ヲナス
	慈光幼稚園	（男）34 （女）24	47 35	近隣ノ托児保護ニ当リ托児式ノ保護ヲナス
教化部	和光教会	（本園）1,500 （東大門）980	1,500 980	年人教育ノ定期及臨時講演仏教法話
	和光日曜学校	（本園）1,106 （東大門）339	5,797 4,668	少年少女ノ教化ノ日曜学校 日曜毎ニ開催ス
	和光青年団	（男）17	204	青年訓練ノタメ青年団ヲ組織シ京城連合青年団ニ加盟ス
	和光女子青年団	（女）60	365	女子青年ノ訓練ニ毎月一同修養会開催
宿泊部	労働宿泊所	（男）4,048	27,144	自由労働者ノ保護ニ任ジ宿泊ノ便宜ヲ与フ　一泊五銭
	女子宿泊所	（女）3,898	11,631	婦女ノ保護ニ任ジ宿泊ノ便宜ヲ与フ　一泊五銭
紹介部	一般紹介	（男）1,441 （女）4,921	1,441 4,921	無職及失業者ノ保護ニ任ジ無料職業紹介ヲナス
	日傭紹介	（男）3,591 （女）518	3,591 518	上同日傭就職人員
相談部	人事相談所	（男）401 （女）182	463 197	人事一般ノ相談ニ応ズ生活上ノ相談多シ
救護部	一時救護所	（男）3,805 （女）521	4,947 640	一時窮迫事情者ニ一食一泊ノ救護ヲナス
食事部	簡易食堂	（男）8,132 （女）2,366	12,315 7,110	一食七銭　実費給食　宿泊男女ハ之レヲ利用ス
理髪部	簡易理髪所	（労働者）1,036 （生徒）1,034	12,431 12,413	衛生普及ノ趣旨ニテ簡易理髪部ヲオク子供五銭　大人一〇銭トス
浴場部	沐浴室	（男）372 （女）325	1,870 1,250	上同上趣旨ニテ無料入浴トス 宿泊人ニ入浴セシム
授産部	編物科	（男）35 （女）21	418 222	毛糸編物、靴下製作ノ授産伝習ヲナス
	洗濯科	（男）10	116	
廉売部	廉売所	（男）658 （女）444	658 444	文具ノ元価給品ヲナス学園児童之ヲ利用ス
計		43,108	119,893	

出典：荻野順導編『和光教園社会事業要覧』1936年、10～12頁から引用。

以下、その内容を表7に依拠しつつ検討していく。

3-1　学園部・保育部――「教育」

和光教園の教育事業を代表するものとしては、「開城学堂商業学校」が挙げられる。しかしこれは、朝鮮の貧民を対象に実施したというよりも一般人対象の私立学校という性格が強い。ここでは、和光教園における朝鮮貧民対象の教育事業という側面から検討を行う。

「学園部」は、一九二〇年「開設の当初無文字境にある貧困児女及労働子弟に簡易なる文字と数の観念を授けんため」[114]、おそらく、労働宿泊所に泊まる朝鮮労働者の子弟を中心に教育が実施されたと思われ、その後、学園部事業の「和光普通学校」は、一九三二年、私立学校へと改められ、一九三六年の在籍生徒数は六学級一〇六五名であり、教員は日本人九名、朝鮮人一〇名で構成されていた。[115]「保育部」は幼稚園・託児事業として運営されたが、それは、「昼間出稼ぐ細民家庭の幼児女を預かり、之が発育に須要なる教育を施すこと、し、昭和二年（一九二七年―筆者）宿泊所内に泊る連れ込みの幼児を預かる機関を設け」[116]ており、これが「保育部」事業のはじまりであった。

これらの教育事業は、和光教園に所属した朝鮮人の家族を対象に実施された側面が強いといえるが、このことは同時に、家族単位で朝鮮総督府の介入と統制が可能となったことも意味する。植民地朝鮮における子供対象の教育・保育問題への朝鮮総督府の介入は、一九二〇～三〇年代「子供の肉体的健康の重要性」が叫ばれるようになったこと関係がある。それは、深刻となった朝鮮人乳幼児死亡率に起因しており、[117]この問題は、労働者創出という文脈から、「家族」つまり「家庭の役割」の重要性へと繋がっていく。和光教園の「学園部」事業に対しても、朝鮮総督府のこうした期待が含まれていたのであろう。

では、学園部事業の「和光普通学校」の様相を、以下の新聞記事に見てみよう。

毎朝授業開始以前慈光に輝く「仏様」に賛美の経文を唱えてから、その日の勉強が始まる。奉仕の一念を培養しようと努力する教園当局者の意に応じようとするか、水筒に水を運んで校庭を掃除する生徒たちの動きは逞しくみえる（中略）現在まで卒業生は男女含め七百余名の多数を社会に進出し、卒業後にも相変わらず彼等の未来を指導していく。(118)

この文章は「和光普通学校」を紹介する新聞記事から抜粋したものであるが、実際、朝鮮人生徒がこのような様相だったかは疑問の余地があるだろう。しかし、こういった朝鮮人生徒の様相は、社会事業を実施する浄土宗側において期待される朝鮮人生徒「像」であったことは間違いないだろう。つまり、仏教精神にあふれつつ、衛生・勤勉を内面化した、浄土宗より創出される近代的な人間としての朝鮮人生徒であって、そういった指導は卒業後も続けられたのである。

3-2　宿泊部・紹介部・相談部・救護部・授産部・廉売部――「労働」

「労働」の重要性は、「教育」とともに、植民地体制において核心的装置として作用するようになる以前から、浄土宗の社会事業の実践項目として強調されたことはすでに述べた通りである。しかし、日本本国における「浄土宗労働共済会」のいう「労働者保護」は、植民地においては「労働力確保」という側面が強かったものと考えられる。「宿泊部」事業は、「大家族主義の朝鮮に都会の荒浪は、家庭を有せざる自由労働者の群れを生じ、欧州大戦後財界の変動は京城にも大影響を来たし、従来主従保護関係も解体し、市街に流浪する労働者の数多き群れを観て、之れ等労働者の保護を目的に、大正九年（一九二〇年―筆者）十二月、朝鮮人に適当なる温突の宿泊室を設け、宿泊の便宜を計ると共に、之れに関連せる食事、理髪、入浴、職業の紹介及指導開始(119)」することを皮切りに行われた。

その他、「紹介部」「相談部」「救護部」「授産部」「廉売部」は、「宿泊部」に収容された朝鮮人を、労働力として再創出するために機能していたものととらえられる。そして、その際に要請されたのが、「健康な朝鮮人」であった。「宿泊部規程」に定められている収容条件には、「傷病者、泥酔者及係員ノ言ヲ用ヒザルモノハ宿泊ヲ拒絶ス(120)」という制限があったのである。つまり、労働ができる朝鮮人に限っていたことがわかる。なお、「万一重病者、死亡者ヲ生ジタル場合ハ各官署又ハ公共済生ノ機関ニ托シテ其ノ処置ヲナス(121)」と規定されており、労働力としての条件を満たさない者は除外されていたことがわかる。また、①の「学園部」の事業と同様に家族単位として行われた試みは、「女子宿泊部」の運営や、次いで一九三五年の「母子ホーム新設」から窺える(122)。

3-3　理髪部・浴場部・食事部――「衛生」

「衛生」という重点事項は、和光教園の教育事業、労働力確保事業の全般で強調された。朝鮮人の「衛生」概念内面化は、乳児を対象とした保育事業から宿泊部における朝鮮人労働者に至るまで求められ、実施された。「衛生」は、個人の場合は自己の身体維持の手段として認識されるが、植民地体制の枠組みの中では、「二次的兵力」・「労働力」といった人的資源の重要な源泉として要請される。衛生と直結する「理髪部」「浴場部」事業の対象は前掲の**表7**からわかるように、朝鮮人労働者、生徒をその対象にしている。「食事部」においても、「当初宿泊人に随意自炊生活を営ましめたるも、各種の不都合を生じ、且つ火の用心もわるく、非衛生なるを以て自炊を禁じ、大正十一年（一九二二年―筆者）食事部を設け、実費給食の保護を図ること、せり[123]」として、衛生の側面を強調していたことがわかる。

3-4　教化部――「教化」

こうした①～③の事業は、④の「教化部」事業に集結される。『和光教園社会事業要覧』には、「隣保事業の中心として教化部は本園の最も重要なるもの、本園施設の観水洞は遠く大正二年より精神幸福事業を営みたる有縁の地にして、仏教特に浄土宗の教義を以て引続き教化指導の精神とし従来の常念仏会、定期臨時講話は勿論、成人教化には和光教会、青年会、（後青年団に改む）女子青年会、慈母会、少年教化には和光日曜学校を開催し、近年唱導せらる、社会教化、心田開発運動と呼応して一段の活気を呈し、朝鮮同朋の間に特色の光りを発揮しつ、あり[124]」と記されている。

最も重要な事業であるといいつつ、教化事業の範囲が宗教的枠組みの中の教化にとどまらず、「心田開発運動」という社会教化にも重点が置かれていたことがわかる。これについてはすでに第二章で、「向上会館」の「宗教部」における朝鮮僧侶を中心とした「日曜講話」と関連して述べてきたが、浄土宗のこのような教化事業は「教化部」としての事業だけではなく、和光教園の事業全体で確認することができる。延べ人数からみて「教化部」の多くを負っている「和光日曜学校」の規則には、宗教科、修身科、趣味科の三つの科が設けられているが（第四条）、「和光教園学園部ノ教員ハ本校教師タルノ業務ヲ有ス」（第一〇条）と定められているように、「学園部」の教師は、教化部事業の実務も同時に行っていたことがわかる[125]。そして、「宿泊部規程」での奨励事項は「毎日収益ノ幾分ヲ貯金セシム、毎夕、仏前ニ礼拝セシム、相当ノ蓄財ヲ得テ独立生計ヲ樹立トスル者ニハ種々ノ相談ニ当リ便宜ヲ与フ」[126]となっている。

また、宿泊者に対する待遇においては、無料入浴、理髪などの衛生概念を身体化させながら、「其ノ他修身、訓話、娯楽、慰安ノ催シヲナス」[127]などの教化事業が同時に実施されたのである。つまり、和光教園における「教化部」事業は、すべての和光教園の社会事業システムの中に包含されている核心的な役割を担っていたことが理解できよう。これが、他団体と異なる宗教団体の実施する社会事業の特徴といえるのはいうまでもない。

日本本国における浄土宗の「労働共済会」についてはすでに第一章で述べてきたが、その浄土宗の布教方法に注目する必要もある。たとえば、慰安会、祝祭日の利用を通じた宗教的訓練について、第一章の第三節でも触れた「労働の尊重貯蓄の奨励を促すことによつて、何時か教化の効果が現れて取扱上にも非常な成績を挙げ得る」という実務者の語りは、植民地という特殊的状況であれ、適用された可能性が高かったといってもいいだろう。

しかしながら、こうした「教化」活動が、「宗教的教化」であったか、植民地体制に応じた同化政策の性格が強い「社会教化」であったかについては一概に区分して把握できないが、ここにこそ、植民地における日本仏教の社会事業の有する特徴がより明確になるのである。

一方、教化活動と関連し、浄土宗の機関誌である『浄土教報』にみる「和光教園」の様相からは、事業発展と布教活動が同時並行していた様子がみてとれる。たとえば、「京城に在る和光教園は現朝鮮開教区監督久家慈光氏の主唱に依り信徒故福永政治郎氏の出資を得、事務担当には東京浅草区花川戸九品等住職荻野順導氏が之に当り大正九年十月創設以来、同地観水町一〇一番地に在つて庶民の救済保護指導等社会事業として余す所なく、活躍を続けて居たが、その間宮内省或は総督府の御下賜金補助金あつて、その活躍目覚しく朝鮮開教に在つて我宗教線拡張にも大なる使命を果たしつゝある」[128]という記事を見出すことができる。ただし、一九四一年の「京城和光教園の寒行」という次の文章からは、少なくとも京城の朝鮮人が「和光教園」をみる視線は、日本仏教という宗教的側面が強かったことが感じ取れる。

京城開教院社会事業部和光教園では例年の通り大寒中、塞念仏托鉢修業をなし来つて居るが、今年は第二十回目の寒行を一月二十日の大寒の入りより零下十四度の酷寒を衝いて決行して居る。二十年来の歴史をもつ教園の寒行は今ではなくてはならぬ京城に於ての年中行事の一つとなり一般大衆より待望に府民から感激されて居る。[129]

ここからは、朝鮮人が「和光教園」をいかに宗教的空間としてとらえていたかがわかるだろう。その後、『浄土教報』で報じられる和光教園の姿は、戦時体制に入ると同時に、和光教園のすべてのシステムを教化事業に注力し、寒行を通じた「皇軍慰問」への傾斜などが記述されている。そして一九四三年、「京城和光教園の法人事業報告書」[130]を最後に、その後の様相は確認ができなくなる。

3-5　「土幕民」移住事業

「土幕民」登場の背景と朝鮮総督府の「土幕民」移住政策については、第二章で「向上会館」の「土幕民」移住政策を説明する際に若干触れたが、「和光教園」においても同じく、「土幕民」移住事業を展開している。

宗祖降誕八百年記念を迎え、和光教園の荻野順導主事は、「土幕民」対策として五年計画で、和光教園と同様の総合的隣保事業を創設し、「土幕民」教化事業を推進する方針を朝鮮総督府と協議したが、その経緯について『浄土教報』は以下のように報じている。

土幕民は京城に於ける一群定住ルンペン群で今日まで市民生活の上に暗い影をゑがゐて来た特種不浪階級であるが、これが救済は今日迄再参再四試みられたにも拘はらずいつも失敗に帰した癌腫となつてゐたものである。然し茲に宗祖降誕八百年を記念してこれが徹底的救済を発願した荻野順導主事は総督府を始め各官職側と協議を遂げ、左記五ヶ年計画にて府外阿峴里七番地の一、二、三面有地六町四反八畝を買収し、此処を土幕民の安住地として提供し毎年三百家族を移住せしめた京城市より土幕民の影を一掃すると共に該移住地の中央に本部と同様の総合的済貧の隣保事業を創設して彼らの生活改善、職業指導、内職奨励、職業紹介、児童の積極的保護、衛生機関の設備、教導労作の模範設置、部落教化の振興に邁進し諸設備を教化と供進主義を以て此の記念事業の万全を期し理想的郷土法然村を建設する計画で大綱は次の如くである。[131]

ここでいう「土幕民」対策事業として立てられた五ヵ年計画は、以下の通りである。

〈昭和六年度〉

1．敷地六千坪を買収し京中裏山土幕民百四十戸人口六百二十を移住せしめ、事務室及教室を建築し同部落児童に普通教育を施す

2．公衆浴場と簡易理髪所を建築す

3．児童遊園設備舎宅を建築す

4. 共同水道を敷設す
〈昭和七年度〉
1. 府内に散在せる土幕民約三百戸五百名を移住せしむ
2. 授産場の建築
3. 托児所の建築
4. 消費組合の組織
〈昭和八年度〉
1. 敷地一万五千坪を買収し府内散在せる土幕民約四百戸約一千六百五十名を移住せしむ
2. 第二校舎を建築す
3. 水道敷設、道路下水整理
4. 家畜共同試作
〈昭和九年度〉
1. 府内に散在せる土幕民三百戸約一千二百五十名を移住せしむ
2. 医療機関の設備
〈昭和十年度〉
1. 府内に散在せる土幕民約一千四百戸約四百五十人を移住せしむ
2. 講堂兼小会堂建築
3. 部落共同の基金充実

4．各部の連絡と統一

また、一九三六年、和光教園が朝鮮総督宇垣一成に対して行った「土幕居住者移転事業ニ対スル国庫補助申請ノ件」の文面には、「昭和六年ノ冬十二月松月洞ニ住ム百四十戸ノ土幕民ハ官有地所用ノ故以テ立退ヲ命セラレタルモ行ク処ナキヲ理由ニ頑トシテ応セズ　総督府ヨリ京畿道及京城府ニ於テ土幕民処置問題考究中ニテコレラ動機ニ一般京城府内外ニ散在セル其ノ当時一、五三八戸、人口五、〇九三名ノ移転収容並ニ保護方法ニ就テ当時ノ府尹井上清氏ヨリ本園ニ委嘱アリ(132)」とあり、真宗大谷派の向上会館と同じく「土幕民」対策について朝鮮総督府から依頼されていたことがわかる。こうして開始した和光教園の「土幕民」対策は、阿峴町をはじめ、貞陸町、弘済町の三ヵ所で運営されることとなった。

一九三六年時点で和光教園阿峴町分園が実施していた「土幕民」対策は、表8のようなものである。住居空間の確保が本来の目的であるがゆえに「住宅部」の事業がより強調されているが、その他は和光教園における事業とほぼ同じような内容で構成されている。

ところで、京城府工営部長の長郷衛二は「土幕民と其処置に就いて」において、「和光教園」のような宗教団体による「土幕民」対策を以下のように評価している。

後者は（向上会館・和光教園―筆者）土幕民の処置が目的であつて、風致計画委員会も設けられて協議せられ、一つの社会事業として計画された為に其経営が教化団体に委任され補助金も交付され、収容すべき土地も貸付せられた。従つて土幕民を一定の個処に集結し、教化指導する事には成功したけれども、都市計画的の考慮が

表8　阿峴町分園隣保事業

部名	種目	昭和十年度保護人員	同延人員	摘要
住宅部	宅地貸付	(本年度収容員数) 94	(男) 190 (女) 186	前年度迄収容戸数八五二戸ト合計九百五十七戸トナル
学園部	学術講習会	(男) 596 (女) 203	(男) 775 (女) 303	不就学児童ニ四ヶ年ノ初等教育ヲ授ク十一学級
	夜学部	(男) 78 (女) 52	(男) 78 (女) 52	昼間労働ヲスルモノニ学校ヲナス。二学級
授産部	縫刺科	(女) 44	528	靴下縫上、柔道衣ノ縫刺内職ヲ授ク
	煉炭科	(男) 12	138	男子ノ失業者ニ煉炭製作ノ内職ヲ授ク
教化部	聚楽郷友会	950	950	生活改善自治民風作与ノ各会
	和光矯風会	752	1,305	矯風、納税、他ノ町里トノ連絡事業
	和光婦女会	560	2,405	部落婦人ノ啓蒙教化講習講演映画教化常会
	和光日曜学校	(男) 775 (女) 303	(男) 7,560 (女) 3,240	日曜毎ニ仏教主義ノ教化ヲ行フ
救恤部	医療部	37	231	高麗病院ト特約シテ施療患者トス其ノ薬代ハ本園ニオイテ負担ス
	施薬部	105	105	知事配布ノ施薬及分園出資ノ常備薬ヲ施与ス
	施米部	37	37	極貧者ニ歳末越年ノ施米ヲ行フ
紹介部	職業紹介	(男) 330 (女) 189	(男) 330 (女) 189	無職者失業者ニ無料職業紹介ヲナス
理髪部	簡易理髪		(労) 2,288 (子) 3,297	(衛生思想普及ノタメ簡易理髪所ヲナス) 大人十銭子供五銭
給水部	水道給水			井戸十二個ヨリ不足ノ飲料水ニ水道使用量一ヶ年二七八二粁供給
計八部	一五種類	5,023	24,267	

出典：荻野順導編『和光教園社会事業要覧』1936年10月10日、46～47頁から引用。
注：各部人員を合計すると、「昭和十年度保護人員」は「5,117」、「同延人員」は「24,187」となり、表記載の合計数とは一致しないが、表内の数字はすべて出典ママである。

払はれなかつた為に、阿峴町、弘済町、敦岩町、収容地の如き、誠に雑然たる部落が、山頂山腹に集団されるに至つた。(133)

つまり、「和光教園」の阿峴町「土幕民」対策は、総督府からの補助金や土地の貸付を受け、教化事業としての成果はあったものの、「都市計画」上においては問題を抱えるものと認識されている。これに続き、今後の対策案として長郷は以下のように述べている。

如何なる善政を行つても、生存競争の白日下斯くの如き窮民を根絶する事は至難であろう。故に之に対しては、社会事業として絶へざる救済教化を必要とする。望ましくは一定の地域に収容して之を救済し、授産、教化を施して更生の機会を与ふべきである。斯くの如き、救済教化機関は、都市自体が直接これを行ふよりは、既述の和光教園・向上会館其他熱意のある各種教化団体に委任経営せしめ、都市は之等団体と連絡し、之を助成し、之を授助し、之を監督指導するのが最も好いではないかと思ふのである。(134)

長郷の議論は、貧民層を生み出す社会・経済構造に対して根本的な対策を講じるのではなく、彼らを「救済教化」し「更生」させることに主眼を置いていることは明らかである。そして、その「救済教化」の役割を期待されたのが、宗教団体であった。この点からは、植民地における貧困層問題の解決において、宗教団体による社会事業への期待がいかなるものであったかが明確になってくる。公的機関による事業よりも、宗教団体による「土幕民」の「更生」の可能性に期待を寄せていたということは、別の言い方をすれば、朝鮮総督府の「土幕民」対策の一環に宗教団体の社会事業が組み込まれたということになるだろう。
「向上会館」や「和光教園」によって行われた「土幕民」移住政策は、都市景観上ふさわしくない「土幕民」をみえない郊外に移動させる役割を担ったものであり、そこに日本仏教が有する「教化」力によって「更生」することを朝鮮総督府は期待していた。そしてそれは、朝鮮総督府の責任を「回避」しようとするものでもある。つまり、宗教団体が実施することによって、朝鮮総督府という植民地権力が行えば必然的に付きまとう「抑圧」「統制」といったイメージを、「慈善」に基づいた宗教的実践というイメージへと転換しうる可能性にも期待したとも考えられよう。

すでに真宗大谷派「向上会館」の事例から窺えたように、ここでいう「慈善」とは、近代以前の慈善とは異なる。近代国家になって国家と強く結びつく形で再概念化された「日本的慈善」は、再び植民地空間へ移殖され、植民地社会にふさわしい姿としての概念化が再度試みられる。こういった過程において必要となるのが日本仏教の「慈善」であり、植民国家は、日本仏教の社会事業をツールとして植民地社会を整備していく。このように、植民地空間における「慈善」というものは、その相手が植民地民、さらに植民地の貧民であればこそ、植民地権力の思惑に孕まれた「植民地的慈善」としてよりはっきりと表出されるのであろう。

こうした植民地朝鮮に発生した特殊貧民である「土幕民」に対する政策は、日本仏教の教団内部からの「共生」「報恩」という宗教的理念が先にあって開始されたのではなく、いうまでもなく、「向上会館」や「和光教園」のように朝鮮総督府の依頼が出発点であったことはすでに述べてきた通りである。和光教園の実践行為は、植民地体制に対応した「共生」「報恩」であり、それは「植民地的慈善」と呼びうるものであって、植民地朝鮮における日本仏教の「慈善」とは、まさにこうした植民地「近代性」を内包するものであったのである。

4　新聞紙上に登場する「和光教園」

植民地朝鮮における浄土宗の「和光教園」の実態を確認する作業にあたり、実施主体側からの資料のみでは、その実態が正しく評価できないという限界性も指摘せねばなるまい。かといって、実際の朝鮮人の動向を把握するのは、資料的限界といった困難をともなう。そこで最後に、『東亜日報』『朝鮮日報』などの新聞報道に依拠しつつ、そこから読み取れる受容者側からみた「和光教園」の実態を明らかにすることを試みたい(135)。

表9・10は、両新聞の和光教園に関する記事の内容を簡単にまとめたものである。

表9　和光教園に関する記事（『朝鮮日報』一九二一～一九三九年）

	日付	内容
1	一九二一年一月一日	浄土宗の大事業。図書室、労働宿泊所など新設
2	一九二一年一月二五日	和光教園の開学
3	一九二四年一一月一九日	同盟休学関連（和光普校）
4	一九二四年一一月二〇日	同盟休学関連（和光普校）
5	一九二九年四月一九日	幼稚園は普校の入学準備処ではない（和光幼稚園黄温順　談）
6	一九三二年一月二六日	和光教園　火災
7	一九三二年二月八日	和光教園放火と判明
8	一九三三年五月三〇日	和光幼稚園

9	一九三三年一〇月八日	和光教園土幕民五百戸移住完了
10	一九三三年一二月一〇日	土幕民子弟のため阿峴学校設置
11	一九三四年二月九日	和光幼稚園（募金活動様相）
12	一九三四年二月二六日	社稷公園で自殺未遂の少年、和光園に収容中
13	一九三四年五月一六日	土幕民学園部学校増設
14	一九三四年八月二二日	和光幼稚園（募金活動様相）
15	一九三四年九月一五日	和光幼稚園（募金活動様相）
16	一九三六年四月二一日	幼稚園巡礼記（和光幼稚園）
17	一九三六年六月二三日	和光普通学校（紹介）
18	一九三七年三月一二日	社会事業補助費　無基準支出は不当。和光教園など常任委員長報告
19	一九三七年四月二七日	和光幼稚園
20	一九三九年二月二四日	和光小学校（二学級増設）
21	一九三九年三月一六日	和光教園など労働集合所「発疹チフス」流行

表10　和光教園に関する記事（『東亜日報』一九二一～一九四〇年）

	日付	内容
1	一九二一年四月一六日	可憐な人夫の死　共同宿泊所で一人客死
2	一九二一年五月九日	和光教園実費診療所開始
3	一九二二年一月一七日	和光教園主催で労働者慰安会開催

4	一九二二年八月二一日	関公と仏像の紛争（和光教園敷地を巡る朝鮮人との紛争）
5	一九二三年九月一〇日	三教員の同盟辞職　校長の待遇がとても冷酷で
6	一九二三年一二月一日	和光教園創立二周年記念
7	一九二三年一二月二七日	嘉尚な学生（和光学校の学生が一〇ウォンを拾って警察に）
8	一九二四年五月六日	和光教園理事が労働者を乱打出血
9	一九二七年二月二日	和光教園の施恵
10	一九二七年四月二一日	和光教園バザー
11	一九二九年三月二九日	和光教園会計　奨忠壇で自殺
12	一九二九年六月七日	和光紹介所五月中統計
13	一九三一年四月一四日	和光教園で婦人宿泊所新設
14	一九三一年一一月二一日	和光教園の女子宿泊所二十一日落成式
15	一九三二年一月二六日	和光教園焼失（唯一の労働宿泊所）
16	一九三三年四月二九日	盗む金品なくて焼却
17	一九三三年四月二九日	和光教園の業績、三月中に三百七十八名
18	一九三三年五月一八日	年々増加する和光教園の業績
19	一九三三年六月一八日	日益好成績の和光教園の業績
20	一九三三年九月三〇日	阿峴住宅地　五十戸移住　和光教園で経営
21	一九三四年二月三日	極貧者に施米
22	一九三四年三月六日	無料宿客動態

23	一九三四年七月五日	労働宿泊所　宿客が三千（一九三四年一一月八日、一九三五年一月一一日記事からも労働宿泊者増加趨勢）
24	一九三四年一一月一六日	五十余名園児たちの楽園　和光幼稚園を訪れて
25	一九三五年三月二三日	和光普校学芸会
26	一九三五年一一月一五日	和光教園　表彰
27	一九三六年七月八日	府当局が冷静と、喧しい四百土幕民　和光教園等私設機関に放任し
28	一九三八年九月二日	憲兵隊突然出動　和光教阿峴分園主任を検挙
29	一九三九年八月一六日	佳木斯和光学校も新築拡張を図る
30	一九四〇年一月二四日	災地の後家部隊　和光宿泊所から遂出　天然痘発生を口実で六〇余名が追い出されて

『朝鮮日報』における和光教園の記事は、教育事業関連（和光普通学校／幼稚園）が一四件で、和光幼稚園と学校の活動、とくに幼稚園の募金活動が主な内容となっており、和光普通学校の同盟休学の記事が二件を占めている。その他の記事は、火災事件、「土幕民」関連、労働宿泊所の伝染病などである。つまり、『朝鮮日報』からみた和光教園の様相は、貧民子供対象の教育事業に重点を置き、とくに幼稚園教育に相当力を入れていたことが把握できよう。

次に、『東亜日報』からみた和光教園の様相を窺ってみよう。『東亜日報』における和光教園は、事業業績関連（増築・救済活動）一〇件、労働宿泊所関連八件、教育事業関連五件、「土幕民」関連二件、その他（自殺・火災・横領など）五件となっている。『東亜日報』における和光教園は、『朝鮮日報』よりその内容が幅広く取り扱われており、年々発展していく和光教園の社会事業の様相がはっきりみてとれる。学校事業面に関しては『朝鮮日報』より報道されていないが、和光教園における朝鮮人の様相や、社会事業における職員の横領事件など、日常における和光教園の様相が少なからず読み取れる。

以下では両新聞の記事に基づき、浄土宗の社会事業が植民地という特殊な状況下でいかに実施され、そして朝鮮人にはどのように受け止められたか、また、そこから読み取れる日本仏教の「近代性」に注目し、論じることとする。まずは、『朝鮮日報』からみていこう（（　）内の数字は表9・表10の数字を示している）。

昨年秋日本から中村玄哲という教員が赴任して四学年主任教師となった。彼の乱暴な言辞は、いつも虐待される特殊な家庭の子女たちには身にしみるものであった。たとえば、朝鮮人の子供に悪口を言ったり、公然と叱ったり、他の学級までいって色々文句をいったり、それが常々あった。ある日三年生たちがちょっと騒いだことで、四年生の学級からやってきて「朝鮮の子供たちは汚いということを知らない、しかも三学年の生徒は一番悪い」と不愉快な話を散々いった。そこで、三年の生徒たちは昨日一八日、中村玄哲教師を辞職させないと退学するという要求を校長に提出した。（『朝鮮日報』―3「日人教師の侮辱で和光普通学校三年生の同盟休学」）

こうした内容は、「四年生も盟休――和光普校紛糾より拡大され」（『朝鮮日報』―4）にも続くこととなるが、社会事業の動機において述べられていた宗教的実践とは縁遠い実際の現場の様相がみてとれよう。この教員の態度は、宗教者としてではなく支配する側としてのそれであったことが窺える。次は『東亜日報』からの記事である。

その日その日チゲの仕事をしながらかろうじて生活している和光教園の労働者李石祖（四二歳）は、毎日五銭ずつ宿泊費を支払って暮らしていくのがせいぜいであった。しかも病気の体で毎日労働をしていた。仕事を終えてその日和光教園の寄宿舎で休みをとっているうち一人で寂しく亡くなったのである。京城府では行旅死亡人として引き継いで埋葬するという。

（『東亜日報』―1「可憐な人夫の死　共同宿泊所で一人で客死」）

和光学校の教師金永煥、崔右鏞、邊落河三氏は、学校校長荻野氏に不満をもって辞職した。学校側では一月給料三五ウォンという経済上の問題から辞職したと語っている。しかし、辞職した教員側からは、二三年前浄土宗開城商業学堂を卒業し、浄土宗経営の和光学校に就職したが、泊るところもないし、給料は安くて朝晩食事も出来ないのが毎日であった。昨年冬は教室の二階で泊りながら生活していた。このような事情を今年和光学校学監の江上に話して、ようやく労働者宿泊所の部屋一つを借りることができて修理を行っていたが、荻野校長はこれにも不満を示し、泊まれなくなった。以前からずっと朝鮮人は度が過ぎるなど侮辱されてきたが、今回は耐えられず、辞職を決心したとしている。

（『東亜日報』―5「三教員の同盟辞職　校長の待遇がとても冷酷で和光学校先生三人　同盟辞職」）

五月四日朝市内鐘路和光教園労働者宿泊所にいる理事松本三朗は、宿泊中の労働者張益洙が仕事せずに遊んでいることをみて、杖で頭を乱打し血が流れる怪我をさせた。直ちに張益洙は警察署に通報し、所管鐘路署では目下事実の真相を調査中である。

（『東亜日報』―8「和光教園理事が労働者を乱打出血　鐘路署で事実調査中」）

二三日朝、ふと見ると災地からきた可憐な後家部隊のような七、八名が子弟をおんぶして本社を訪れてきた。

その事情を聞いてみると「和光教園に一日一〇銭を払って宿泊していたが、宿泊中の人のなかで天然痘患者が発生し、一緒に宿泊していた六〇名を全部一日中監禁した後一斉に追い出した。全員種痘注射をしてもらったにも関わらず、そのまま追い出されたのである。仕方がなく男性の宿泊所で一晩泊まってもらったが、ろくに眠れず和光宿泊所から出た」。和光教園の社会科主任早川氏は、「彼女等のなかには罹災民ではなく長く無料で泊っている女性もいる。警察府衛生科では彼女等を診察して天然痘の伝染の恐れがないことは証明されたが、取り扱えないからこのような措置に至った」と話している。全員衰弱した女性の体でこれから街頭をさまようといった状況におかれた。

（『東亜日報』—30「災地の後家部隊　和光宿泊所から遂出　天然痘発生を口実に六〇余名が追い出されて」）

上記の新聞記事から確認したいのは、和光教園における被支配者の朝鮮人（客体）が支配者の日本人から受ける屈辱あるいは抑圧がいかなるものであったか、という側面ではない。これは、日常生活の範疇から見出せる和光教園に携わる実際の日本人（主体）の姿、そのものである。上記の内容からみた場合、植民地権力と必ずしも無関係であるとは断言できないが、ここで注目したいのは、植民地権力という側面よりも、日本帝国を背負った宗主国の者の姿がいかに日本仏教の慈善事業の施設である「和光教園」に投影されたかという点である。

無論、このような宗教団体の社会事業の実態は、日本国内においても確認できるだろう。しかしながら、「朝鮮の子供たちは汚いということを知らない」という表現からもわかるように、その空間が植民地であるからこそ、植民地民（客体）に対する支配者（主体）としての立場がより強く表出される。つまり、植民地朝鮮において、日本仏教が社会事業を朝鮮人対象に実施するということは、宗教とは別の問題として、植民地権力を背負った宗主国の人間からみてとれる「差別」「支配」という「植民地的近代性」も同時に表出されるということを意味するのである。それが「宗教」「慈善」「救済」のイメージをもつ社会事業施設の「和光教園」に投影され表出されたのである。

しかしながら、次の点も排除できないだろう。たとえば、もともと社会事業に携わっており、それが動機で朝鮮に渡り和光教園を運営することになった荻野順導の設立初期の姿勢をみると、「本園創立の最初に設けられたものは学園部、教化部、宿泊部であるが、創立当初は何から手を着けてよいか皆目見当が立たず、敷地が二百五十坪ばかりあつたのでそこに滑り代、ブランコなどを設備して家の中から眺めてをると、近所の子供等が集まつてきて朝から晩まで遊び戯れてをる。見掛けるところどれも学校に通つてをるらしく思われない。そこで私は学校をやつて見やうと思ふが、お前達はいらんかといふと、皆がやつて下さいと希望する。そこで大正九年の十月に学園部を置き、さうして朝から晩まで遊んでゐる子供等であるから文房具も支給し、月謝も取らず最初は八十人位でやつていったが、段々希望者が出て百名以上に達したので、翌年四月の新学期からは二学期に分けたのである[136]」と、まさに個人的な「善意」に基づいていたと、当時の状況を語っている。

しかしながら、ほぼ同時期の『東亜日報』―5の記事においては、いわゆる「慈善」的姿勢はあまりにも後景に退いている。この両側面をどのように解釈するかは難しいが、そこには「植民地」という場が大きく関わっていただろうことは想像に難くない。そして松本三朗、中村玄哲布教使らの行為も同様にとらえることができよう。

一方、ここでは詳しく述べられてはいないが、極貧者を対象とする施恵活動や、募金活動などは、宗教的実践としての活動とみてもいいだろう。つまり、「善意」と「差別」が共存して行われたのが植民地朝鮮における日本仏教の社会事業の活動であり、これは「植民地的慈善」に基づく日本仏教の実践であったといえるだろう。

いずれにせよ、植民地朝鮮における浄土宗の「和光教園」は、朝鮮の貧困層対象として総合的社会事業を実施したが、朝鮮人から彼らをみた場合、「宗教者」を名乗りつつ「支配者」として社会事業を行っている姿が上記の新聞記事から読み取れたと思う。

おわりに

以上、本章では、朝鮮における浄土宗の朝鮮布教と社会事業の実態や、そしてそこから読み取れる日本仏教と朝鮮（仏教）の近代性について論を進めてきた。浄土宗の朝鮮布教の状況を、宗教概念化の過程という観点からとらえてみると、〈キリスト教―植民地―日本仏教―他の宗教的なもの〉といった重層的な宗教概念が複雑に交じり合う、曖昧な段階で浄土宗の朝鮮布教は開始されたといえよう。朝鮮人にとって浄土宗という宗教は、韓国併合による植民地支配と不可分のものとして認識されており、浄土宗という宗教自体の魅力よりも自分たちにとっていかに有利なものとなりうるのかという文脈で受け入れられていたということであろう。

また、朝鮮総督府の政策や浄土宗の動向からみてとれるのは、日本国内と異なる宗教事情や政策によって、植民地朝鮮における日本仏教は、やむを得ず相異なる活動を行わざるを得ない現実に直面したということである。日本仏教の近代性は、こういった日本国内や植民地という外部の観点を同時に射程に入れてとらえる時、より明確にあらわれてくるのである。

朝鮮における浄土宗の初期教育事業については、「開城学堂」「明進学校」を中心として検討してきたが、それは「近代」を受容しようとする朝鮮人にとっては、浄土宗の意図は別にして、「近代的」教育受容のために有効なものとして受け止められたといえよう。つまり、日本仏教を意識しない近代的教育を受け入れたのである。一方、仏教という共通基盤に基づき、朝鮮仏教は近代的教育という新しい文物を通して朝鮮仏教の「近代化」を目指す、浄土宗にとっては、近代的教育を媒介に朝鮮仏教を包摂しようとする、仏教の帝国的一面が働いていたといえる。つまり、お互いに異なる「近代化」を目指していたのである。

浄土宗の植民地朝鮮における社会事業について「和光教園」を中心に検討を行ってきたが、それは日本国内における浄土宗の社会事業の影響を多大に受けつつ、朝鮮総督府からの依頼により着手されたという点は真宗大谷派の「向上会館」と同様であった。朝鮮総督府の肝煎りによってスタートした「和光教園」は、「教育」「労働」「衛生」「教化」に重点を置きながら、「土幕民」移住事業にも加担することとなる。こうした浄土宗の植民地朝鮮における社会事業は、宗教的な「慈善」を前提として実施されることとなるが、ここでいう「慈善」とは受け手側の朝鮮人に対する「差別観」、つまり支配者という立場を内包した植民地的「慈善」と呼びうるものであったであろう。さらに「教化」事業においても、宗教的な教化と植民地体制に基づく教化は分離したものではなく、共存するもの――植民地体制下における宗教的教化――であった。

このことは当事者自身も、「支配」を日本仏教が当然担うべき宗教的「教化」として認識しており、その認識こそ、植民地的近代がもたらしたものであるといえる。和光教園の事業内容は日本本国の「慈善」事業に基づいて運営されたが、それは植民地空間において再構築された「慈善」であり、「教化」というべきものである。また、日本仏教団体の社会事業には、朝鮮総督府がその責任を「回避」し、朝鮮総督府による「抑圧」「統制」というイメージから、仏教団体が「慈善」に基づいて行う宗教的実践へとそのイメージを転換させることも期待されていた可能性があったかもしれない。もちろん、ここでいう「慈善」なるものは、植民地体制にふさわしい近代的性質をすでに孕んだ「慈善」であることはいうまでもない。

最後に、本章では詳述できなかったが、逆にいうと日本本国での「慈善」自体もそうした「慈善という名の支配」であったという可能性も想定できよう。しかし、植民地という空間であるからこそ、その権力性がより明示的に現出されたのであり、「善意」と「差別」が共存する形をとって、植民地朝鮮における日本仏教の「慈善」はあらわれてきたのである。

註

(1) 中西直樹『植民地朝鮮と日本仏教』(三人社、二〇一三年)、一三六頁。
(2) 「浄土宗海外開教のあゆみ」編集委員会編『浄土宗海外開教のあゆみ』(浄土宗開教振興協会、一九九〇年三月一日)、二〇頁。
(3) 鷲見定信「浄土宗の台湾布教——明治期を通して」(『仏教文化研究』第三〇号、一九八五年)、一〇一頁。
(4) 註(3)鷲見前掲論文「浄土宗の台湾布教」、一〇一〜一〇二頁参照。
(5) 『浄土教報』第三三一号、一八九八年四月一五日、議案第一〇号の項を参照のこと。
(6) 『浄土教報』第三三二号、一八九八年四月二五日、議案第一五号の項を参照のこと。
(7) 「台湾朝鮮及布哇の布教」(『浄土教報』第三三三号、一八九八年五月五日)。
(8) 『浄土教報』第三三二号、一八九八年四月二五日、議案第一五号の項を参照のこと。
(9) 「朝鮮僧の来朝」(一八九八年二月五日付『浄土教報』)、「留学の韓僧」(一八九八年二月一五日付『浄土教報』)、「韓国布教一斑」(一八九九年七月二三日付『教学報知』)、註(1)中西前掲書『植民地朝鮮と日本仏教』、一二八頁参照。
(10) 小島勝・木場明志『アジアの開教と教育』(法藏館、一九九二年)、一八頁。
(11) 註(2)「浄土宗海外開教のあゆみ」編集委員会編前掲書『浄土宗海外開教のあゆみ』、三六頁。
(12) 「一宗事業」とは浄土宗全体として取り組まれる事業のことであり、事業展開は浄土宗の公的予算を使って実施された。

(13)　紫田玄鳳『浄土宗開教要覧』（浄土宗務所教学部、一九二九年）、三三頁。
(14)　松金公正「日本植民地初期台湾における浄土宗布教方針の策定過程（下）」（『宇都宮大学国際学部研究会論集』第一四号、二〇〇二年）、一〇六頁。
(15)　稲葉継雄『旧韓末「日語学校」の研究』（九州大学出版会、一九九七年）、二一七～二一九頁。
(16)　「中央福音伝道館」（黄玹著・朴尚得訳『梅泉野録――近代朝鮮誌・韓末人間群像』〈国書刊行会、一九九〇年〉）、六六一頁。
(17)　本書第一章第一節や第二章第一節を参照。
(18)　「日本人と仏教」（註(16)黄著・朴訳前掲書『梅泉野録』）、四二一～四二三頁。
(19)　中西直樹も同様の指摘をしている。朝鮮人信者が浄土宗に接近することは、宗教的意図というより、現地官憲から自らの生命と財産を守るため、日本政府の後ろ盾を期待して浄土宗教会に集まったものであると述べている（註(1)中西前掲書『植民地朝鮮と日本仏教』、一三〇頁）。
(20)　成周鉉「一九一〇年代日本仏教의 朝鮮布教活動」（『韓国文明学会』第五巻第二号、二〇〇四年）、八二頁。
(21)　工藤英勝「日本仏教の朝鮮布教――総督府統計資料にもとづいて」（『宗教研究』第三二九号、一九九九年）、二三九～二四〇頁。
(22)　註(21)工藤前掲論文「日本仏教の朝鮮布教」、二三九～二四〇頁。
(23)　その後宣布された「布教規則」（一九一五年八月一六日、総督府令第八三号）では、宗教を神道・仏教・キリスト教と定め、各教団の布教管理者を選定、解任権を掌握することで、あらゆる教団の朝鮮支部のトップの人事は朝鮮総督府に左右され、また「宗教類似ノ団体ト認ムルモノ」もその適用を受けることとなった。そして「神社寺院規則」（一九一五年八月一六日、総督府令第八二号）においては、朝鮮内に神社や寺院を設立する際の基準が定められた。植民地朝鮮における宗教法令・政策については、韓皙曦『日本の朝鮮支配と宗教政策』（未來社、一九八八年）、平山洋「朝鮮総督府の宗教政策」（源了円・玉懸博之共編『国家と宗教――日本思想史論集』思文閣出版、一九九二年）、川瀬貴也「植民地期朝鮮における宗教をめぐる「眼差し」――宗教政策・植民地布教・学知」（東京大学大学院人文社会系研究科博士学位論文、二〇〇五年）などを参照。
(24)　「朝鮮問題」（『浄土教報』第九三三号、一九一〇年一二月五日）。

(25)「朝鮮開教の一大発展」(『浄土教報』第九七〇号、一九一一年八月二八日)。
(26)黄州教会所は「明治三十九年一月に、平壌教会所の神林週道、大谷清教が毎月出張布教し、同四四年八月に本堂、庫裡を建てて教会所を開設した。同年九月に中村定俊が在留開教使に任命され、その後初代主任となった。大正五年には赴任した森徹冏は菜果園を経営して本堂、庫裡を改修し、また朝鮮人の布教に専心し、光明教会を組織した。大正七年には会員は二〇〇〇余名であった」と紹介されている(註(2)「浄土宗海外開教のあゆみ」編集委員会編前掲書『浄土宗海外開教のあゆみ』、一〇五頁)。
(27)吉川文太郎『朝鮮の宗教』(朝鮮印刷刊行、森書店発売、一九二一年)、二六〇頁。
(28)註(2)「浄土宗海外開教のあゆみ」編集委員会編前掲書『浄土宗海外開教のあゆみ』、一〇五頁。
(29)註(27)吉川前掲書『朝鮮の宗教』、二六〇頁。
(30)註(27)吉川前掲書『朝鮮の宗教』、二六一頁。
(31)註(27)吉川前掲書『朝鮮の宗教』、二六一頁。
(32)註(27)吉川前掲書『朝鮮の宗教』、二六一～二六二頁。
(33)註(27)吉川前掲書『朝鮮の宗教』、二六二～二六三頁。
(34)註(27)吉川前掲書『朝鮮の宗教』、二六三頁。
(35)総務局島田良彦「朝鮮開教区の寺院制について」(『浄土教報』一九一七年一月一日)。
(36)総務局島田良彦「朝鮮開教区の寺院制について」(註(35)前掲)。
(37)総務局島田良彦「朝鮮開教区の寺院制について」(註(35)前掲)。
(38)こうした日本本国/植民地での布教状況の相違については、制度的側面も含めて、さらなる調査を行う予定である。
(39)「学校、社会」〈一九〇六年〉(註(16)黄著・朴訳前掲書『梅泉野録』)、四九六～四九七頁。
(40)オ・ションチョル『植民地初等教育の形成』(教育科学社、二〇〇〇年)、一九頁。
(41)一九〇二年一一月『実験教授指針』に「平壌にも二百人程の学齢児童がある之も浄土宗の僧侶が教育の任に当て居る」(『実験教授指針』第一巻第一一号、一九〇二年一一月八日、彙報「韓国に於ける教育事業」)、一九〇三年二月の『教育広報』に「平壌も日本人が二百人ばかり居りますが、是も学校が不完全で、教員としては浄土宗の坊さんと、役所の教員にやらして居るだけで甚だ困つて居る訳であります」（『教育広報』第二六八号、一九〇三年二月一五日、時論「朝鮮に於ける本邦居留民の教育」とあり、ここから推測している。稲葉継雄「旧韓国における居留邦人の教育」（『九州大学大学院教育学研究紀要』第三号、二〇〇〇年）、二二二頁参照。

(42) 馬山公立尋常高等小学校の沿革を、「明治三十六年浄土宗布教使三隅田持門氏内地人児童数名を教養せしに初ま《ママ》り、明治三十七年居留民会は校舎を新築し六月馬山公立小学校と改称開校す、明治三十九年十月在外指定学校の認可を得、明治四十五年四月馬山公立尋常高等小学校と改称し今日に至る」（西村緑也編『朝鮮教育大観』〈朝鮮教育大観社、一九三二年〉「慶尚南道」、八頁）と記している。註(41)稲葉前掲論文「旧韓国における居留邦人の教育」、二二二頁参照。

(43) 註(41)稲葉前掲論文「旧韓国における居留邦人の教育」、二二一頁。

(44) ここで稲葉は、「日語学校」という一群を、従来いわれてきた、韓国近代教育草創期の学校体系である「官公立学校」「民族系私立学校」「キリスト教系私立学校」に加え、学校体系の一環として「日語学校」の可能性を提示し、宗教団体に限らず、韓国の設立主体別における五一校の日語学校を挙げて説明している。註(15)稲葉前掲書『旧韓末「日語学校」の研究』、緒言より。

(45) 註(15)稲葉前掲書『旧韓末「日語学校」の研究』、二三二頁。

(46) 「大邱日語速成夜学校」（『浄土教報』第六八二号、一九〇六年二月一二日）。

(47) 「大邱日語速成夜学校」（註(46)前掲）。

(48) 「速成日語夜学校」（『浄土教報』第六八四号、一九〇六年二月二六日）。

(49) 黄海道教育会編『黄海道郷土誌』（帝国地方行政学会朝鮮本部、一九三七年）、二四〇～二四一頁。

(50) 「雑報記事」（『大韓毎日新報』一九〇六年一一月一四日〈註(15)稲葉前掲書『旧韓末「日語学校」の研究』、二二六頁から再引用〉）。

(51) 註(15)稲葉前掲書『旧韓末「日語学校」の研究』、二二六頁。

(52) 『皇城新聞』一九〇六年五月二六日（註(15)稲葉前掲書『旧韓末「日語学校」の研究』、二二七頁から再引用）。

(53) 韓国政府記録保存所（国家記録院所蔵文書）「郡山日本語学校」（『布教所ニ関スル綴』一九〇六年一月～一九〇八年一二月地方部）。

(54) 「水原華城学堂」(『浄土教報』第五〇〇号、一九〇二年八月一七日)。
(55) 註(13)紫田前掲書『浄土宗開教要覧』、四三頁。
(56) 註(2)「浄土宗海外開教のあゆみ」編集委員会編前掲書『浄土宗海外開教のあゆみ』、九一頁。
(57) 「韓国開城学堂」(『浄土教報』第四八二号、一九〇二年四月一三日)。
(58) 『朝鮮詩報』の掲載記事は、広安真随『浄土宗開教誌』(浄土宗伝道会、一九〇三年)、八二~八三頁から再引用。『浄土教報』は、第四八二号、一九〇二年四月一三日の「韓国開城学堂」より確認できる。
(59) 「開城学堂の近状を演へて闔宗の輿論に訴ふ」(『浄土教報』第五三八号、一九〇三年五月一〇日)。
(60) 「開城学堂の近状を演へて闔宗の輿論に訴ふ」(註(59)前掲)。
(61) 稲葉継雄は、当時の日本語の意味合いは、韓国近代化のための有効な手段として、つまり、日本語を学ぶことは、日本語に翻訳された西洋近代の知識を学ぶことにほかならないと指摘している(註(15)稲葉前掲書『旧韓末「日語学校」の研究』、三頁)。
(62) 韓国政府保存書類(国家記録院所蔵文書)「開城学堂(浄土宗)」(『布教所ニ関スル綴』一九〇六年一月~一九〇八年一二月地方部)。
(63) 青柳南冥『朝鮮宗教史』(朝鮮研究会、一九一一年)、一三九~一四〇頁。
(64) 南都泳「旧韓末의 明進学校——最初의 近代式仏教学校」(『歴史学報』第九〇号、一九八一年)参照。
(65) 註(64)南前掲論文「旧韓末의 明進学校」、一二六~一三五頁。
(66) 金淳碩「統監府時期 仏教界의 明進学校設立과 運営」(『韓国独立運動史研究』第二一号、二〇〇三年)。
(67) 金光植「明進学校의 建学精神과 近代 民族仏教観의 形成」(『仏教学報』第四五輯、二〇〇六年)。
(68) 金光植「洪月初의 夢:그의 教育観에 나타난 民族仏教」(『韓国民族文化研究』第二九輯、二〇〇九年)。
(69) ハン・ドンミン「大韓帝国期 日本浄土宗의 浸透와 仏教界의 対応」(『韓国独立運動史研究』第三四輯、二〇〇九年)。
(70) 広安真随編『浄土宗韓国開教誌』(浄土宗伝道会、一九〇三年)、三一~三二頁。
(71) 韓国政府記録保存所(国家記録院所蔵文書)「在韓国浄土宗現況」(『宗教ニ関スル雑件綴』一九〇六年~一九〇九年)。

(72) 韓国政府記録保存所（国家記録院所蔵文書）「請願書」（『宗教ニ関スル雑件綴』一九〇六年～一九〇九年）。

(73) 元興寺の創設時期についてはいくつかの説があり、一八九九年、一九〇二年、一九〇六年説がある。韓国で多くの研究者が支持している一八九九年説は、高橋亨『李朝仏教』（宝文館、一九二九年）によるものである。一九〇二年説は李能和『朝鮮仏教通史』（新文館、一九一八年）、一九〇六年説は、黄玹の前掲書『梅野泉録』（註(16)前掲）からである。本書では、一八九九年説によった。

(74) 一八九八年に再び入城禁止令が布かれたが実効性を挙げなかった理由については、「時有郊祀之礼、幸圜丘団。滴有一開運寺僧、従布帳隙、探頭仰瞻、巧与天眼、通。上問臣僚、〝彼何人斯？〟由是、警務使即発厳令。申禁僧尼入城。不久是令、又自解弛。時、亦人民皆行断髪、白是、僧俗衣冠、遂相混矣」（李能和著・李秉斗訳注『朝鮮仏教通史――近代編』〈ヘアン、二〇〇三年〉、七六頁参照）。大韓帝国の仏教政策への意図を、朝鮮仏教を制度化しようとする試みであり、朝鮮仏教の近代的制度の始まりとしてとらえている。また、キリスト教、日本仏教の活発な布教活動に対する危機意識、朝鮮仏教界が発展できる基盤を国家（大韓帝国）が直接主導したことを指摘している（ピョ・チャンジン「旧韓末 日本仏教의 思想的浸透와 朝鮮仏教界의 動向」〈『外大史学』第一二号、二〇〇〇年〉、三二一～三二九頁）。当時の韓国仏教の記述については、大韓仏教振興院編『韓国仏教総覧』（大韓仏教振興院、一九九三年）、金光植『韓国近代仏教史研究』（民族社、一九九六年）、仏教史学会編『近代韓国仏教史論』（民族社、一九八八年）などを参照。

(75) 註(64)南前掲論文「旧韓末의 明進学校」、九七頁。

(76) ハン・ドンミン「近代仏教界의 変化와 奉先寺 住持洪月初」（『中央史論』第一八号、二〇〇三年）参照。

(77) 仏教研究会僧侶等請願内部書において、李寶潭は「本僧等参会於（日本）浄土宗　已為経年」といい、すでに浄土宗との関わりを意味している（註(74)李能和著・李秉斗訳注前掲書『朝鮮仏教通史』、七六頁参照）。

(78) 註(74)李能和著・李秉斗訳注前掲書『朝鮮仏教通史』、一二〇頁。

(79) 「内部許可（同年二月十九日）（所願既云　研究学問　開発教育　務図慈悲　修善　如或籍教生弊　随其現発当有相当処理事」と記されている（註(74)李能和著・李秉斗訳注前掲書『朝鮮仏教通史』、七八頁）。

(80) 註(64)南前掲論文「旧韓末의 明進学校」、一〇三頁。

(81) 校名は、「元興」と「明進」の二つの主張に分かれた。「元興」を主張した人物は李寶潭、陳震應などであるが、

それは、韓国仏教の偉大なる学者であり指導者であった元暁の思想を復興して仏教の近代化に寄与するという意味で、元暁の「元」と復興の「興」の字にちなんで「元興」とする主張である。「明進」を主張した人物は洪月初、金抱應などであり、当時の新知識を受け入れようとする教育の一般的目標が『大学』の「大学之道　在明明徳　在親民　在止於至善」という精神と、仏教の「精進」の意を受け継いだ新文化の「明進」、開明にあるということから、『大学』から「明」、仏典から「進」をとって「明進」を主張したものである。註(64)南前掲論文「旧韓末의明進学校」、一〇三～一〇四頁。

(82) 註(74)李能和著・李秉斗訳注前掲書『朝鮮仏教通史』、七九頁。

(83) 東国大学校七十年史刊行委員会『東大七十年史』「第四章学制（明進学校学制）」（東国大学校出版部、一九七六年）、二七七～二七九頁。

(84) 『東大七十年史』「第四章学制（明進学校学制）」（註(83)前掲）、二七七～二七九頁。

(85) 註(64)南前掲論文「旧韓末의 明進学校」、一一七頁。

(86) 註(63)青柳前掲書『朝鮮宗教史』、一三九～一四〇頁。

(87) 「韓国の明新学校」（『浄土教報』第八四二号、一九〇九年三月八日）。

(88) 「韓国明新学校の近況」（『浄土教報』第八六三号、一九〇九年八月二日）。

(89) 「何弊不生」（『皇城新聞』一九〇七年六月一五日）、「僧訴僧斂」（『皇城新聞』一九〇七年五月二〇日）。

(90) 広瀬卓爾「「近現代における日本仏教海外布教研究」の課題」（『仏教大学綜合研究所紀要』第八号、二〇〇一年）、一六五頁。

(91) ここでの論議は、拙稿「開港期 朝鮮 日本仏教 宗教活動에 関한 研究」（『比較日本学』第二九輯、二〇一三年）を参考。

(92) 本書第二章第一節の「1　近代宗教概念をめぐる両国の宗教事情」を参照。

(93) 「京城地方僧侶集会状況報告」（文書番号：憲機第九二六号、明治四二年五月三日）。

(94) 設立者の太田秀山は、一九一四年にハワイへ浄土宗布教使として渡り、その後東京第五中学校で教鞭をとった人物である。朝鮮に渡ったのは一九二一年一二月のことで、まもなく朝鮮布教使に任命され、釜山共生会に全力を注ぐなど、釜山における社会教化事業の中心メンバーとして活躍した人物である。『朝鮮人事興信録』（朝鮮人事興信

録編纂部、一九三五年）、八四頁、森川清人編『朝鮮総督府始政二十五周年記念表彰者名鑑』表彰者名鑑刊行会、九一九頁、一〇三三頁（いずれも韓国国史編纂委員会〈http://db.history.go.kr〉から抜粋し作成）。
(95) 註(2)「浄土宗海外開教のあゆみ」編集委員会編前掲書『浄土宗海外開教のあゆみ』、九六～九八頁。
(96) 「細窮民に無料診療料――釜山府内三万四千窮民にうれしい知らせ、休診中の釜山共生医院復活」（『東亜日報』一九三八年六月七日）。
(97) 註(27)吉川前掲書『朝鮮の宗教』、二六八～二六九頁。
(98) 「開城学堂商校生盟休　三つの条件を提出し即時」（『東亜日報』一九二三年一一月二日）。
(99) 江上秀静「浄土宗和光教園の隣保事業」（『朝鮮』社会教化事業七七号、一九二一年六月）、二四一頁。
(100) 農耕中心社会であった韓国の前近代における貧困問題は、天変地異を原因とするものが大部分を占めていた。つまり、貧困は常に社会に内在していたものであり、それは、個々人の問題として認識されたのではなく、その責任は王の為政、または村社会の共同的責任として認識されていた。ところが、近代社会に入ってからの貧困問題は、村、親戚、家族からも分離された個々人の問題として認識され、その責任も最下層に転落した貧民、つまり「浮浪者」に帰せられるようになる。このような状況は、植民地朝鮮に入ってからはより深刻となる。
(101) 和光教園出版部編『和光教園社会事業要覧』（一九二七年四月二一日）、四～五頁。
(102) 註(101)和光教園出版部編前掲書『和光教園社会事業要覧』、二～三頁。
(103) 註(99)江上前掲論文「浄土宗和光教園の隣保事業」、二四四頁。
(104) 註(99)江上前掲論文「浄土宗和光教園の隣保事業」、二四四頁。
(105) 註(99)江上前掲論文「浄土宗和光教園の隣保事業」、二四四頁。
(106) 註(101)和光教園出版部編前掲書『和光教園社会事業要覧』、六頁。
(107) 註(101)和光教園出版部編前掲書『和光教園社会事業要覧』、二～八頁。
(108) 尹晸郁『植民地朝鮮における社会事業政策』（大阪経済法科大学出版部、一九九六年）、一六六頁。
(109) 和光教園の事業内容の重点は「宗教的色彩の檀信徒の出入を基にして、老人会、婦人会、青年会、児童会を区別して例時布教伝道宗教信念の向上に努める傍、生活の改善、衛生思想の普及、家庭の豊和、経済思想の鼓吹、その他普通倫理道徳の事に汎及して同胞の教化に当つて居る」ことであった（註(99)江上前掲論文「浄土宗和光教園の隣保事業」、一二四二頁)。

(110) 註(27)吉川前掲書『朝鮮の宗教』、一二七〇〜一二七二頁。

(111) 註(27)吉川前掲書『朝鮮の宗教』、一二七〇〜一二七二頁。

(112) 「園庭の医療部は六月一日の創業に係はる。同部は元本町署の小山医師が好意を以て奇数日毎に出張し、一般患者の脈を取つてゐるが創業後、日は浅くも一日十二三人の患者は来る。何しろ薬代だけの実費であり、且親切丁寧に取扱はれるので一般来診者の気受けがよく現に患者の半数が内地人であるのを見ても消息がわかるし所謂慈善医院の様な証明書其の他の手続きがいらぬから容易く誰でも診察が乞はれるからでもあらう」ということから、日本人対象へと変化したことが窺える(註(27)吉川前掲書『朝鮮の宗教』、一二七〇〜一二七二頁)。

(113) 荻野順導「隠れたる朝鮮の大事業忍苦力行より成れる社会事業(和光教園)」(『朝鮮社会事業』第五巻第五号、一九二七年)、三八頁。

(114) 荻野順導編『和光教園社会事業要覧』(一九三六年一〇月一〇日)、一二頁。なお、本書は註(101)和光教園出版部編前掲編書と同名であるが、編者・出版年月日が異なる別の書籍である。

(115) 註(114)荻野編前掲書『和光教園社会事業要覧』、一二頁。

(116) 註(114)荻野編前掲書『和光教園社会事業要覧』、一二頁。

(117) 一九二〇〜三〇年代の植民地朝鮮における児童関連事業は、大きく二つの軸で実施された。それは朝鮮総督府の後援下による朝鮮社会事業協会主幹の児童愛護運動と各種母子福祉活動を通じて朝鮮の母親に育児法を啓蒙しようとした欧米キリスト教系の医療宣教事業であったが、朝鮮の母親たちが反応したのは後者の方が相当大きかったとみられる(金・ヘギョン「日帝下児女養育과 어린이期의 形成——一九二〇〜三〇年代家族談論을 中心으로」〈金晋均・鄭根埴『近代主体와 植民地規律権力』文化科学社、一九九七年〉、二四〇頁)。

(118) 「慈光の神護の下日復日躍進する校運——貧客家庭学童の唯一学園」(『朝鮮日報』一九三六年六月二三日)。

(119) 註(114)荻野編前掲書『和光教園社会事業要覧』、一七〜一八頁。

(120) 註(114)荻野編前掲書『和光教園社会事業要覧』、一〇三頁。

(121) 註(114)荻野編前掲書『和光教園社会事業要覧』、一〇四頁。

(122) 註(114)荻野編前掲書『和光教園社会事業要覧』、一八頁。

(123) 註(114)荻野編前掲書『和光教園社会事業要覧』、三〇頁。
(124) 註(114)荻野編前掲書『和光教園社会事業要覧』、一五頁。
(125) 註(114)荻野編前掲書『和光教園社会事業要覧』、一〇二～一〇三頁。
(126) 註(114)荻野編前掲書『和光教園社会事業要覧』、一〇三頁。
(127) 註(114)荻野編前掲書『和光教園社会事業要覧』、一〇四頁。
(128) 「和光教園の発展」(『浄土教報』第二二二六号、一九三八年五月二二日)。
(129) 「京城和光教園の寒行」(『浄土教報』第二三五二号、一九四一年二月九日)。
(130) 「京城和光教園の法人事業報告書」(『浄土教報』第二四四八号、一九四三年六月一日)。
(131) 「降誕記念に京城の和光教園が千五百戸の「法然村」を建設――土幕民の楽土を作る荻野順導氏」(『浄土教報』第一九四二号、一九三二年四月一七日)。
(132) 韓国政府記録保存所(国家記録院所蔵文書)「昭和十一年度　私設社会事業団体国庫補助社会課」。
(133) 長郷衛二「土幕民と其処置に就いて(二)」(『同朋愛』第一七巻、二月号、一九三九年二月)、一二頁。
(134) 註(133)長郷前掲論文「土幕民と其処置に就いて(二)」、一六頁。
(135) その他、『朝鮮中央日報』『中外日報』『時代日報』『毎日新報』などに和光教園関連記事が少し確認できるが、内容重複の記事が多いため本項では省略する。
(136) 荻野順導「物神両面の救済を目的として」(『朝鮮社会事業』第七巻第六号、一九二九年)、三二～三三頁。

結章

植民地朝鮮における日本仏教の社会事業から日本仏教の「近代」を問う

本書では、韓国の〈親日―抗日〉という言説と韓国の「近代」史をとらえるため、植民地という〈場〉で行われた日本仏教の社会事業を題材に、日本仏教の「近代性」について論じた。つまり、日本仏教、とくに真宗大谷派と浄土宗の植民地朝鮮における社会事業に注目し、日本仏教と朝鮮仏教（朝鮮人）との間で確認できる近代化過程がいかなる連環関係の中から表出されるかを明らかにしようとした。まず、本書の内容からまとめてみよう。

一八七六年の日朝修好条規締結からはじまった朝鮮における日本人居留民の登場は、様々な社会的基盤を要請することとなった。そこに教育事業として参入したのが、真宗大谷派の布教使であった。ここから、真宗大谷派の朝鮮における社会事業は開始されることとなる。実施する側、そしてその対象も日本人であったものの、いずれにせよ「近代」的な社会的基盤が朝鮮に形成されたのである。これが、日本仏教の朝鮮における最初の「近代」的活動と呼びうるものであろう。

これら日本人居留民対象の教育施設は、幼稚園、小学校、中学校、高等女学校などが設立されるなど、近代的教育体系を整備するものであった。これは、日本人居留民にとって教育基盤の形成が相当に必要であったこと、朝鮮における真宗大谷派の信者の割合は日本人が多かったことに起因するものであった。また、社会基盤の構築という「近代」的宗教としての真宗大谷派の活動は、朝鮮においては他宗派より早く着手されたといえる。近代化されていなかった朝鮮であったからこそ、真宗大谷派の教育事業・社会事業をともなう近代化は、現地の要求に応じてさらに促されたのである。

一方、朝鮮人を対象とする真宗大谷派の同時期の社会事業は、日本人居留民を対象としたものが朝鮮の各地域において実施されたのに比して、ごく一部の地域に限って実施された。つまり、初期段階の朝鮮人に対する教育事業は、布教活動の一環としての「特殊布教」の性格が強かったといえる。奥村円心によって設けられた「韓語学舎」がそれであり、その主たる対象は朝鮮僧侶であった。その後、日本人居留民独自の基盤づくりがある程度定着化したことと、日清戦争の勝利という政治的背景により浮上したのが、「日語学校」という教育事業であった。真宗大谷派による釜山の「草梁学院」の設立は一八九五年であるが、こうした教育事業は、文明の言語としての「日本語」、そして近代文明の産物としての「教育」へ関心をもつ朝鮮人の要望と一致した側面があったといえる。この時期の朝鮮は、どうやら真宗大谷派という「宗教」に対する魅力より、「近代」「文明」というものに強く魅力を感じていたといえる。

ただし、奥村五百子によって設立された「光州実業学校」は、「お国のため」という守田佳子の表現からも窺えるように、奥村五百子の国家主義的傾向がそのまま実業学校の設立に反映されていたことは否定できない。だが、故郷唐津での開発事業に相当手腕を発揮したことから、朝鮮においても養蚕や農業という実業に注目した開発事業は、日清戦争の勝利という日本にとって有利な政治的背景、そして朝鮮という〈場〉で事業展開をしたことによって、近代化の過渡期における日本帝国の植民地進出が表面化したケースであったと考えられる。海外において日本仏教が「近代化」していく過程がまさに、「日本帝国」という近代性を帯びつつ進行した近代的社会事業の「萌芽」といってもよいだろう。

こうした真宗大谷派の動向に対し、浄土宗の朝鮮における社会事業の特徴は、当初からその対象を朝鮮人としたことである。日本人居留民を対象とする教育事業も行われたものの、それはいくつかの地域に限って限定的に実施されたものであった。いわば朝鮮人対象の教育事業に一時的にあやかったものである。したがって、「開城学堂」「明進学校」のような、朝鮮人対象の教育事業にかなりの重点を置いて実施されることとなる。一九〇一年設立の「開城学堂」は、浄土宗によって運営されたものの、そこには多くの朝鮮人有志者も関わっていた。こうした背景には、朝鮮政府（大韓帝国）により近代的教育制度が導入され、朝鮮人の中に近代的教育への自覚が芽生えはじめていたことが挙げられよう。

つまり、朝鮮における浄土宗の教育空間とは、朝鮮人側の要望と浄土宗側の思惑が一致して創出された空間であったともいえる。これを浄土宗側からみれば、朝鮮における布教活動の手段として「近代的」教育を実施したという側面がより強いだろう。しかし、朝鮮人側からみれば、上述の真宗大谷派の「日語学校」と同じく、日本・日本宗教への包摂ではなく、「近代」「文明」を身につけたいという欲求により受容された側面が強かったといえるだろう。

一方、朝鮮仏教と深い関わりのある「明進学校」が設立されたのは、一九〇六年のことである。一八九五年の、日蓮宗の佐野前励による「僧侶都城出入り禁止令」解禁という画期的出来事は、朝鮮僧侶が長い間禁じられてきた朝鮮の首都（漢陽―現在のソウル）への出入りが可能となったことを意味し、これは、当時の朝鮮仏教界における「崇儒抑仏」という苦しい状況から脱する契機として働いた。これにともなう朝鮮政府の朝鮮仏教に対する国家統制は、その近代化への動きを後押しした。こうした中で登場した、浄土宗の近代的仏教学校の設立は、朝鮮仏教界にとって、なによりも魅力的な提案であったのである。「明進学校」の設立をめぐる浄土宗の動向は、当時の朝鮮政府によって建てられた元興寺設立時から大きな関わりをもつこととなるが、それは、朝鮮仏教そのものに熱い視線を注ぐものであった。

後でも述べるが、このような、朝鮮仏教と日本仏教の絡み合う関係を、一国史的な観点からではなく、「仏教Buddhism」という宗教概念化を念頭に置いた「帝国史」な観点から本書では論じた。もちろん、浄土宗が認識する、仏教という宗教のもつ共通的な性質を巧みに利用しつつ朝鮮仏教を包摂しようとする日本帝国の欲望が、浄土宗を通してみえはじめたともいえよう。朝鮮仏教、日本仏教としての浄土宗は、「仏教」という共通基盤の上で、相異なる「近代化」をお互いに深く絡み合う形で経験したのである。

一九一〇年の韓国併合以後の日本仏教による社会事業の動向は、朝鮮総督府による社会事業政策にともない、近代的システムとしてさらなる組織化が図られていく。それを代表する社会事業機関は、真宗大谷派の「向上会館」、浄土宗の「和光教園」である。それらは、植民地の内的要因としては三・一運動の勃発、外的要因としては日本国内における日本仏教の社会事業の「近代化」が進展したことによって推進された。植民地朝鮮における日本仏教の本格的な社会事業は、三・一運動によって動揺した植民地支配を安定化・正当化する合理的装置として、朝鮮総督府からの要請を背負ってスタートした側面が強かったのである。

さて、真宗大谷派によって一九二二年に設立された「向上会館」は、「産業部」「宗教部」「修学部」を主な事業内容として運営された。一九二七年になると「産業部」は廃止され、代わりに「授産部」が設けられることとなる。やがて、一九三六年になると、「向上会館」の事業内容は大きく「社会事業部」と「修学部」とに分けられた。「社会事業部」には、従来の授産部と「土幕民」移住事業が含まれ、「修学部」では「向上技芸学校」「向上実業学校」が経営されていたが、こうした「向上会館」の社会事業は、植民地朝鮮の社会背景を反映しつつ変化を余儀なくされていった。「向上会館」の設立趣旨からも窺えるように、仏教精神を強調する近代的宗教としての「慈善」事業を標榜したものの、実際に社会事業を実施する段階では、常に朝鮮総督府の関与があったのである。こういった朝鮮総督府との関わりをもつ「向上会館」という〈場〉は、朝鮮人にとっては「宗教の空間」であり、「労働の空間」であり、「教育の空間」でもあるなど、近代的空間として提供された。そして、この空間において朝鮮人生徒は、「日常的抵抗」「ナショナリズム的な抵抗」「植民地公共性」を表出するとともに、近代的主体として朝鮮人「像」を形成していったことも確認することができた。

一方、一九三六年、「土幕民」という、植民地支配によって新たに創出された貧民層を対象とする移住事業が実施された。この時期になると、「皇民化政策」を根幹とする教化的側面がより強く表面化し、すでに「向上会館」もこうした事業に着手していた。いうまでもなく、新たな社会的問題として大きく浮上した「土幕民」を「片付ける」任務が、総督府から「向上会館」に与えられたのである。ここには、問題解決の当事者であるはずの朝鮮総督府が、その責任を「転嫁」あるいは「回避」しようとする意図が読み取れる。このような背景をもって実施された「土幕民」移住事業も、「慈善」を強調しつつ多岐にわたる事業が計画されたが、実際にはそのほとんどが実施されず、唯一「大谷学校」のみが運営された程度であった。

他方、浄土宗の植民地朝鮮における社会事業は、一九二〇年に設立された「和光教園」が代表的なもので、それは日本国内において設立された「浄土宗労働共済会」の事業内容を移植して設立されたものである。日本国内の「浄土宗労働共済会」は、渡辺海旭個人の海外における経験を活かして、近代的宗教としての社会問題に対する関心を強調しつつ展開された社会的実践であったといえる。それに対して、植民地朝鮮における「和光教園」の社会事業は、三・一運動という植民地朝鮮の社会背景が大きく反映され、朝鮮総督府からの働きかけによってスタートした。

「和光教園」では、「教育」「労働」「衛生」「教化」に重点を置いた「学園部」「保育部」「宿泊部」「紹介部」「相談部」「救護部」「授産部」「廉売部」「理髪部」「浴場部」「食事部」「教化部」の事業が実施されたが、これらすべてが家族単位で行われたことが確認できる。そして、「和光教園」の社会事業は、労働者保護に重点を置いて実施されたのであるが、すべてにおいて、「教化部」における事業内容を関わらせて構成されていた。これは、宗教団体が実施する社会事業の特徴であることはいうまでもないが、「教化部」で実施された教化事業には、宗教の枠を超えた、「心田開発運動」といった「皇民化政策」のための社会教化事業の性格も内包されていたのである。つまり、一口に「教化」といっても、宗教的教化なのか、植民地体制に対応するための教化なのか、その境界は判然としない。その曖昧性こそが植民地体制下の「宗教的教化」であり、そこには日本国内の国家イデオロギーとは異なる、帝国主義により惹起される「優越」「文明」を背負った「支配者」の姿勢が窺えるだろう。

また、「和光教園」も「向上会館」と同様に「土幕民」移住事業にも着手することとなるが、そこでは「和光教園」において行われていたほとんどの事業内容が適用された。先述したように、朝鮮総督府が日本仏教団体の「土幕民」移住事業に期待したのは、植民地都市の中核からの「土幕民」の排除であったことはもちろんのこと、日本仏教の「慈善」「教化」の力を利用して彼らを「更生」させ、植民地体制にふさわしい「近代的」人間となるよう再生産することにあった。

結局、こうした和光教園の朝鮮貧困層を対象とした社会事業も、植民地体制に再創出された「慈善」、いうなれば、「慈善という名の支配」を内面化した形で実施されたのである。現実の事業展開の面からみると、植民地朝鮮における日本仏教の社会事業の組織化は朝鮮総督府によるものではあったが、「和光教園」は、日本国内における社会事業の「近代化」、つまり組織化がすでに整っていた段階であり、それを移植する形で運営されたものであった。とはいえ、日本国内で構築された近代天皇制を軸とする「日本型社会事業」は、植民地という〈場〉において、「向上会館」「和光教園」のように、再び概念化の過程を経て、植民地体制にふさわしい「慈善」――つまり、日本帝国が創出した植民地システムに朝鮮人がうまく適応できる装置としての慈善――へと変容し、植民地的「社会事業」として再構築されることを念頭に置く必要があるだろう。そして、ここには、「宗教」「仏教」という枠を超えるもの、すなわち「支配者」としての姿もあらわれてくるのである。たとえば、宗教者としての信仰的実践が、受け手側からすると、「日本帝国」という支配者としての差別を内包したものに映ってみえてくる。

以上、朝鮮における日本仏教の社会事業についてまとめてみたが、そこからは、「近代」への羨望を巧みに取り込んだ「抑圧」「差別」という植民地空間の近代性が、日本仏教の社会事業全般に内包されていたことが確認できた。日本の仏教者らは、植民地体制にふさわしく再創出された政治的な「慈善」「教化」を、「宗教」の立場からの「慈善」「教化」として、無意識のうちに実践したのである。その無意識の裏にある権力、そこに、植民地朝鮮における日本仏教ならではの「近代」がみえてくるだろう。

植民地朝鮮における日本仏教の「近代」から韓国「近代史」を読む

では、こうした日本仏教の社会事業からみてとれる日本仏教や朝鮮仏教・朝鮮人の近代性について、どのように評価できるだろうか。

「近代仏教」として日本仏教を語るため、本書で着目したのは、「宗教」の概念化の問題であった。「宗教」、「仏教」という概念がどのように成立し、またその概念化が外部や内部へ向けて、どのように分節化するかに注目することで、そこから「日本仏教」「朝鮮仏教」という概念の問題について考察した。これら概念化の過程の中で惹き起こされる「暴力性」、いうなれば、朝鮮仏教・朝鮮人を対象に実施された日本仏教の社会事業にあらわれる「日本帝国」という支配者の姿は、他者であった朝鮮仏教ないし朝鮮人を媒介しなくてはあらわれない、日本仏教の近代化過程の一つであった。

ところが、近代「日本仏教」をめぐる日本国内の研究は、こうした主体と他者の問題において、〈西洋―東洋（日本）〉という関係のみに注目して、「近代仏教」としての日本仏教の姿を導き出そうとする傾向にあり、そこに限界がある。すでに本書で言及しているが、日本仏教の近代化は、西洋と出会う時は苦しい「東洋」の姿としてあらわれ、日本以外の東洋（植民地）と出会う時は、西洋の姿をした別の「東洋」という、二つの近代の衣を纏っていた。つまるところ、日本仏教の近代化過程は、こうした二つに分裂した近代を視野に入れて追究しなければならないのである。

このような視点に立って、本書では日本の「近代仏教」をめぐる先行研究の言説を参考にしつつ、日本と朝鮮の「宗教」・「仏教」の概念化の問題も視野に入れ、植民地朝鮮における日本仏教の「社会事業」の活動から日本仏教の「近代性」を解き明かした。さらに、日本仏教と複雑に絡み合う朝鮮人と朝鮮仏教との関わりにも注目し、「帝国史」的な観点に立って、韓国における〈親日―抗日〉という言説への接近も試みた。

では、ここで、本書で論じてきた日本仏教の「近代性」や朝鮮人・朝鮮仏教との重なり合う近代的な特質について、本書の重要なキーワードとなる「文明」「慈善」「宗教概念」「親日―抗日」「帝国史」「植民地的近代」という視座を用いて整理してみたい。まず、日本仏教の社会事業に関わった朝鮮人の動向から確認できる、日本仏教・朝鮮人の近代化に注目してみよう。「文明的」な宗教としての日本仏教、「文明」を代弁するものとして日本仏教を認識した朝鮮人の立場はいかなるものであったか。

一八七七年から開始された日本仏教の朝鮮布教は、布教方針として、教育に重点を置いて社会事業を実施した。奥村円心による釜山別院の存在は、当時の朝鮮人（朝鮮僧侶）においては「文明」としてとらえられたといえよう。そして外国語としての「日本語」、近代的教育制度を整えた「学校」とは、いまだ「近代」へ向けて過渡期の状態にあった朝鮮社会においては、必要とされた「もの」「場」であったし、そこにおける日本仏教の役割は相当なものであった。そして、閉塞的状況下にあった当時の朝鮮仏教界において、「僧侶都城出入り禁止令」の解禁は、近代化への道が開かれる大きな契機となり、それ以後、近代式仏教教育制度が提供されたことも忘れてはならない。こうした日本仏教の「文明的」な役割は、韓国併合以後も「向上会館」「和光教園」といった近代的システムの場で提供された。いわゆる、〈日本仏教＝文明〉という等式は、一八七七年に日本仏教と出会ったその時点から朝鮮人が強く意識するものとなり、それは韓国併合以降も「宗主国」と「近代文明」というものが結びつく中で、善かれ悪しかれ朝鮮人の中には内在していたのである。

しかしながら、こうした日本仏教の文明的な役割の反面、以下で述べるように、宗教的な側面の裏に、「日本帝国」の日本仏教という姿が同時に共存していたことも忘れてはいけない。植民地という特殊状況下においては、帝国主義／植民地主義的な近代性は宗教を問わず当然確認しうるが、従来の研究においては、日本仏教の植民地朝鮮における布教活動は、日本帝国の戦争協力の側面から問われてきた。本書の研究対象である、社会事業を媒介とする植民地朝鮮における日本仏教の活動からも、勿論そのような側面は確認できる。

具体的には、韓国併合以前からの奥村五百子による「実業学校」や、「明進学校」を通して朝鮮仏教界を掌握しようとする日本仏教の動向に、「日本帝国」の心性が表出されていたとみることができる。植民地朝鮮における日本仏教の社会事業は、形式としては日本国内の仏教の社会事業をそのまま移入したものであったものの、常に植民地権力からの依頼・協力をその基礎に据えて着手することとなる。そこで与えられた役割は、朝鮮人を「片付けて」「教化」する作業であったが、教化面においては、「宗教的教化」と皇民化政策を目標とする「社会的教化」とが、分かちがたく結びついたものであったといえよう。植民地朝鮮における日本仏教の真の役割は、ここに集約されていたといってもいいだろう。こうした日本仏教の「文明」は、日本仏教の社会事業として登場し、その際に前面にあらわれたのは、「慈善」「慈悲」という仏教の教えに基づく行為であった。以下、植民地朝鮮における社会事業の「慈善」に焦点を当てて述べてみよう。すなわち、それは、日本仏教の社会的実践として行われた「社会事業」、つまり、慈善の「近代化」に注目するということである。

日本国内における日本仏教の慈善事業・感化救済事業から社会事業への近代化過程までの変化は、勿論、ドイツの「社会事業」からの影響も否めない。つまり、個人的な自己完結の形で存在していた仏教的慈善が、社会問題の形成という状況に応じて「利他観」や「同朋観」としての慈善思想へと変化がもたらされるようになる。こうした慈善思想の社会的な変化にともない、日本仏教の社会事業も組織化・社会化といった「近代化」が図られる。しかし当時の日本仏教は、廃仏毀釈のような苦しい状況から脱却するため、日本政府が必要とする「仏教」にならざるを得なかった。それは日本仏教の社会事業にも大きく影響を及ぼし、近代天皇制に基づく国家思想や国民道徳の啓発と涵養を促す中で、「日本型社会事業」は構築されていく。言い換えれば、中西直樹が指摘した、天皇と国民をオヤコ関係とみなす「家族国家」観に基づく「日本型社会事業」が作られたのである。(1)「慈善」「救済」といっても、これは、国家との関わりが薄かった宗教者一人で実施していた「慈善」「救済」とは異なる、「日本仏教」あるいは「帝国仏教」(2)による近代的な「慈善」「救済」であったのである。

このような過程を経て、日本独自のものとして概念化された近代的な「慈善」は、植民地という空間へ移植されると、植民地体制にふさわしい植民地的「慈善」として再概念化される。いわば、「向上会館」「和光教園」における朝鮮人との同化・協力・抵抗といった拮抗関係の中から、「宗主国」の宗教者というより強い暴力性を内在する「慈善」が発露されていくのである。植民地空間における日本仏教の近代的な特質は、植民地体制にふさわしい「慈善」「救済」を施す空間であったからこそ、鮮明に表出されたのであり、その場合、先立つのはどうやら、「仏教」という宗教の普遍的な、純粋的なものと呼びうる宗教者の姿であった。しかし、こうした日本仏教の「普遍性」こそ、植民地的な暴力の本質として刻まれていたことに留意すべきであろう。(3)無論、日本仏教者のこのような近代性の表出に、朝鮮仏教・朝鮮人が深く絡んでいたことは当然であろう。日本仏教の社会事業が、朝鮮仏教・朝鮮人の近代化の過程に深く関わったということも、本書で指摘した通りである。

さて、植民地朝鮮における日本仏教の「慈善」「社会事業」の概念化とともに、さらに問わなければならないのは、宗教の概念化の問題である。これは、日本仏教・朝鮮仏教の近代的な側面について、社会事業を媒介として考える重要な端緒となりうる。言い換えれば、「帝国史」的な観点から読み取れる日本仏教・朝鮮仏教のナショナリズムを確認できる作業となりうるともいえるだろう。

本書でも触れたが、「帝国史」的な観点とは、トランス・ナショナルヒストリー（trans-national history）の立場に立って、一国史的な観点をとらず、宗主国あるいは植民地という境界の概念を有していない全体を指すという意味をもっており、時間的・空間的な概念を用いて「帝国」「植民地」をとらえようとする動きである。換言すれば、従来、植民地をめぐる議論でポジティブな意味とされてきた「近代化」や、ネガティブな意味とされてきた「植民地主義」のいずれかを取り出すのではなく、ないしは、韓国社会でよく使われている〈親日―抗日〉という枠組みから離れて、より広い範囲で〈帝国―植民地〉を追究する議論である。

このような観点から、植民地朝鮮において表出される日本仏教の近代的な特質について、本書では、主に「明進学校」をめぐる朝鮮仏教界と浄土宗の動向を中心に考察した。そこではとくに、「明進学校」の設立時期である一九〇六年時点における、両国の「仏教 Buddhism」という宗教概念の受容問題について検討を行った。

浄土宗は、西洋の宗教概念化過程と近代天皇制を軸とする日本的な宗教概念化の過程を経て、「日本仏教」というナショナル・アイデンティティを有して朝鮮へ渡ってくる。しかし、当時の朝鮮仏教界は、本書で論じたように、朝鮮仏教の「固有精神」と呼ばれるナショナル・アイデンティティをもつ「朝鮮仏教」の概念が定着していない時期であった。むしろ、近代的な姿の「日本仏教」から先進的なシステムを学び、苦難の朝鮮仏教界に活気を与えようとする希求が強い、とても切実な状況であった。ちなみに、「朝鮮仏教」という用語そのものが確認されるのは、一八九四年のことで、日本仏教という自己認識をあらわす用語は一八八〇年代から使われた。この点を念頭に置くなら、「明進学校」の設立時期の一九〇六年という時期は、韓国歴史学界でしばしばいわれてきたような、朝鮮仏教をめぐる〈親日―抗日〉の構図は成立し得ない時期であったことがわかる。つまり、「親日仏教」というレッテルは、「朝鮮仏教」という自己認識がない状況では成り立ち得ないのである。朝鮮仏教という自己認識さえもてなかった時期に、浄土宗は、日本帝国を背負って植民地となる朝鮮に「明進学校」を設立したのである。

加えて、韓国歴史学界の主な言説である〈親日―抗日〉の構図について考えると、当時、浄土宗の「明進学校」

に関わった朝鮮仏教者ら、とくに洪月初という人物に関して、先行研究でもっぱら「親日派」と評価されてきたことについてあらためて再評価する必要がある。つまり、朝鮮仏教という概念さえ定着していない当時の状況では、朝鮮仏教における〈親日―抗日〉の構図、さらに「親日派」の意味は成立し得るはずがないのである。近代の朝鮮仏教における「親日」「親日仏教」「倭色仏教」といった諸概念は、いうまでもなく、近代以後の韓国人研究者によって定着した概念である。にもかかわらず、まるで当時の日本仏教と関係した朝鮮仏教（者）はすべて「親日派（仏教者）」であるかのように、一般的に扱われている。だが、洪月初は当時、「日本仏教」が西洋の影響を受けて概念化したように、この時期、「日本仏教」による「朝鮮仏教」の概念化作業を、それも「日本仏教」を超えて、朝鮮というナショナル・アイデンティティを有する「朝鮮仏教」として、再生させることを試みたのではないか。

以上のように、植民地空間における日本仏教・朝鮮仏教の近代化過程は、〈主体（支配者）―客体（被支配者）〉の拮抗関係による「超越」「転覆」「横領」というものが予想される、「帝国史」的な観点から考えなければならない。それによって、日本仏教・朝鮮仏教の近代「像」は浮かび上がることとなる。韓国の近代史も、こうした日本――日本宗教にせよ、日本人にせよ――との連環関係の中から把握すべきであり、このような近代のとらえ方こそ、韓国の「近代史」を読む重要な尺度になる。本書では、こうした関係の中で惹き起こされる近代的な特質を、「植民地的近代」としている。「植民地的近代」とは、本書で明らかにしてきたように、植民地という〈場〉において、植民地と宗主国が緊密な関係をもちつつ、そこに存在する交錯・拮抗関係などの多様な近代化過程に注目することである。そこには当然ながら、緊密な関係をもつ両者が複雑に絡み合いながら共存することで、「矛盾」が惹き起こされる。こうした同時性の矛盾、その対象が日本仏教であれ、朝鮮人・朝鮮仏教であれ、その近代化過程を、本書では「植民地的近代」ととらえることとした。

「文明」を伝達する媒体としての日本仏教には、「優越」あるいは「支配」がすでに内在されており、そこで実施される社会事業は、今日イメージするような「普遍的」「社会的」宗教としての日本仏教の近代性というよりも、日本帝国・植民地主義的な傾向が強い日本仏教の「近代性」が確認しうる。仏教精神に基づき設立された「向上会館」「和光教園」は、朝鮮貧民層を対象に、多岐にわたる社会事業を実施することがその設立目的であったが、実務者においては、こうした近代的環境を提供すると同時に、朝鮮人「差別」からくる「抑圧」「人権無視」が行われるという、目指されていたはずの救済からは理解しがたい「植民地的近代性」が発露されるのである。

こうした背景には、実施主体が、日本仏教の初期布教段階における活動を「侵略」と認識できず、むしろ近代的行為と認識してスタートした面や、韓国併合以降の社会事業面においても、植民地体制下で要請された「慈善」「教化」を意識せずに行った面などがあり、これらの要素が、日本仏教の近代性との衝突が惹き起こす様々な「矛盾」を現出させたのである。

無論、朝鮮人・朝鮮仏教の場合も、日本仏教や日本人に対して「抵抗」する姿をみせる一方、場合によっては「同化」「転向」「協力」、ないしは「日本」というものを「横領」する姿が確認できる。それが、日本というものを通路として経験する朝鮮人の近代的な「主体」形成までの過程でもあるが、これもやはり、「日本仏教」「日本人」を媒介しなければ不可能な、韓国の近代史の流れであったことは当然であろう。要するに、朝鮮における日本仏教の宗教的「教化」「慈善」という布教活動・社会事業活動は、日本帝国と植民地朝鮮の関係を前提とせずにはあり得ないものであったし、さらに、朝鮮人の近代主体の形成、朝鮮仏教の近代への動きも、植民地朝鮮における日本仏教・日本人を媒介としなければ不可能なことであったのである。そして、「植民地的近代」は、こうした相互の緊密な関係の中で表出されたといえる。

こうした緊密な拮抗関係は、国家間レベルや植民地権力レベルの問題のみならず、それを背景とした当該期の人々――日本人・朝鮮人――の間に存在する権力構造にも刻み込まれていた。つまりそれは、布教・社会事業を実施する側が意識した「近代性」、朝鮮人の側が認識した「近代性」が交差する様々な場に作動する「暴力性」のことを意味する。このような「暴力性」こそ、植民地という〈場〉が提供した日本仏教の「近代」、朝鮮仏教（朝鮮人）の「近代」、つまり「帝国史」的な観点に基づく「植民地的近代」の形成の根幹となりうるものである。

さて、本書でも若干触れてはいるが、ここで、「植民地公共性」の問題についても言及する必要があるだろう。(4)そもそも「社会事業」について論じるには、「公共性」を含む「公共性」の問題をまず念頭に置かなければならない。しかし、本書では、真宗大谷派の「向上会館」の朝鮮人生徒の動向に絞って「植民地公共性」を論じる程度で、本書の全般にわたる深い議論までは行き届かなかった。今後の研究課題とも関係する「公共性」の問題を、他者との関連性とも結びつけて、若干の考察を加えてみたい。

これまでみてきたように、多少立場によって異なるだろうが、植民地朝鮮における日本人や朝鮮人は、主体と他者を繰り返しつつ、深く関係しながら、亀裂やねじれをもたらす形で共存していた。ここで、私的なものと認められた「宗教（仏教）」が「公共領域」へ参入し、宗教者個人レベルで行われた「慈善」行為が、「公共領域」、正確にいうと植民地の「公共領域」へと加わることとなる。こうした「日本仏教」「慈善」という媒介項を通して、日本仏教は「日本仏教」という自己アイデンティティを獲得し、朝鮮仏教は日本仏教をフィルターとして「朝鮮仏教」という自己アイデンティティを確保していった。

これに関係する日本人、朝鮮人の主体形成の過程も確認し得るが、このような形成過程に注目することは、複数の主体によっていかに「植民地公共性」が成り立つのかという問題解明の糸口を提供してくれると思われる。しかしながら、本書は、こうした植民地朝鮮における「公共性」の主体形成の問題に関する徹底的な議論までは言及できなかったという限界をもつ。〈宗教―社会事業―主体〉をめぐる「植民地公共性」については、さらなる研究を蓄積し、今後の研究課題として取り組んでいかねばならない。こうした作業こそ、今日の日韓の歴史認識、日本人・韓国人のナショナリティ、主体形成の問題に接近する重要な手がかりになりうると考える。

最後になるが、本書の問題意識は、日韓両国の異なる「近代」歴史認識から出発している。これを解明するため、韓国社会にすでに定着している〈親日―抗日〉構図に注目し、さらに、この問題を究明するため、植民地朝鮮における日本仏教の社会事業に焦点を当てたが、本書の狙いは、韓国の「近代史」をどのようにとらえるか、従来と異なる見方を提示することであった。一九四五年以降に成り立った〈親日―抗日〉の言説は、まるで韓国併合以前から存在していたかのように、人々は今日も何も疑いもせず、依然として韓国社会に刻み込まれて使われている。こうした二項対立的な歴史のとらえ方をしていては、日韓両国の自国に有利な「ナショナリズム」はさらに強くなり、両国の歴史問題はいつも「円満」な解決にとどまってしまう。たとえば、二〇一五年一二月二八日の日韓外相会談で取り上げられた「従軍慰安婦」問題の事例からもわかるように、「謝ればよい」といった日本政府の謝罪のやり方は、他者である「従軍慰安婦」の眼差しからは見つめようとしない、日本国家に有利な「謝罪」のみが強調されていた。ここでさらに肝心なところは、韓国政府は、日本にとっては強い憤りを覚える「旧植民地」の立場をとり、「従軍慰安婦」の当事者にとっては、韓国政府に有利な「国家権力」を振る舞う存在となる、いわゆる二重の顔をしている「韓国」の姿であったことである。その結果、「従軍慰安婦」問題は、当事者の立場とは全く無関係の、日韓両国にとって好都合な「不可逆的」な最後の合意になってしまったのである。当事者をおいてけぼりにした両国に有利なナショナリズムに立脚した解決であったといえよう。
本書の主な論旨である、〈植民地朝鮮における日本仏教の社会事業を通して、韓国の「近代史」を読む〉ということには、多少、論理の飛躍を感じるかもしれない。しかし、こうした少しずらした歴史の見方こそ、長い間、韓国社会に構築されてきた〈親日—抗日〉の壁を突破するための受け皿として働き得ると考えている。さらに、こうした見方こそ、韓国人や日本人のアイデンティティの問題を細かく再確認する作業ともなるだろう。韓国と日本の「近代史」は、互いに緊密な関係を有しつつ影響を受けながら構築されてきたことを、現在の我々は忘却しているのである。

このように、他者との関係性として日韓関係をとらえることは、各国のアイデンティティ論を超えて複数性の公共性論へと、そして日本・韓国という二項対立的な主体論を超え出る視点を提供していくことだろう。本書で述べているように、日本仏教の普遍主義という自己満足的な営みから表出する「教化」や「アイデンティティ」の問題、その境界を曖昧化する文明と暴力の問題、慈善と差別の交差する空間の問題などは、「日本人」が「韓国人」に謝ればよいといった簡単な二項対立的な図式では説明できないのである。朝鮮人の場合も、朝鮮人が自ら進んで教化されたがる空間の過酷さ、日本に併合され、朝鮮人は日本人であるとされているにもかかわらず——なりたいと思っているにもかかわらず——そこで拒絶される空間が描き出されることの問題は、二項対立的な主体論では説明できないのである。このような他者不在の歴史認識の「自覚」の上で、我々は、ポストコロニアルの状況下にある現在の日韓における様々な問題群に、正面から立ち向かわなければならないだろう。

註

（1）中西直樹『仏教と医療・福祉の近代史』（法藏館、二〇〇四年）、九～一〇頁。

（2）「帝国仏教」については、序章で言及した青野正明の「帝国神道」の部分を参照（青野正明『帝国神道の形成――植民地朝鮮と国家神道の論理』（岩波書店、二〇一五年））。

（3）これに関しては、磯前順一『閾の思考――他者・外部性・故郷』（法政大学出版局、二〇一三年）参照。

（4）本書における「植民地公共性」の議論は、第二章でも取り上げたように、尹海東・黃秉周編『植民地公共性――実態とメタファーの距離』（책과 함께、二〇一〇年）を主に参考とした。「宗教」と「公共性」に関する最新の議論については、次の文献が参考になる。島薗進・磯前順一『宗教と公共空間――見直される宗教の役割』（東京大学出版会、二〇一四年）、磯前順一・川村覚文編『他者論的転回――宗教と公共空間』（ナカニシヤ出版、二〇一六年）。

あとがき

本書は、二〇〇八年に、立命館大学に提出した博士論文「東アジア植民地における日本宗教の「近代」――植民地朝鮮における日本仏教の社会事業を事例として」を母体に、修正・加筆したものである。当時の問題意識としては、日本仏教の「近代性」を究明するのに、日本国内の近代国家形成および社会問題に注目して論じるという側面だけでは不十分であると考え、植民地朝鮮における日本仏教の社会事業活動に焦点を当て、博士論文としてまとめた。その後、磯前順一先生から博士論文の出版についてご提案をいただき、取り組むこととしたが、当初の問題意識のままでは、日本と韓国の読者と向き合う自信がなく、博士論文について改めて考える必要に迫られることとなった。そうして、磯前先生と研究内容について相当の意見交換をした結果、ようやくたどり着いた問題意識は、日本と韓国の近代をめぐる、異なる「歴史認識」であった。今日まで続く「靖国神社参拝」「慰安婦」「領土」などの諸問題は、いまだ解決できていないままであり、むしろ、解決しようとする姿勢すら両国ともに見受けられない。こうした姿勢の発端は、周知の通り、「宗主国―植民地」という関係が成立した近代にまで遡らなければならない。韓国の近代史は、「民族（主義）」「抗日」「独立（運動）」に覆い隠され、その他の歴史は目に入らないという仕組みが構築されてきた。日本の近代史は、「終戦の日」からも窺えるように、「戦没者の哀悼」「原爆の被害」「平和」という「被害者」の立場を強調する認識が、今日も一層高まりつつある。つまり、日韓の歴史構造は、自分たちが記憶したいところのみ強調し、それ以外のすべてのことは忘却させる仕組みとなってきたのである。同じ時空間の近代を日韓ともに経験したにもかかわらず、異なる歴史認識を有していたということが、今日の日韓の近代という「歴史認識」であった。

こうした問題意識に基づき、本書では、相異なる歴史認識を突破、脱却することを試みた。日本と韓国が忘却してきた歴史を自覚し、国境を超越するトランスナショナルな歴史的観点から両国の近代という歴史をとらえること、そのうえで、ポストコロニアル的状況下にある現在の日韓における様々な問題に、正面から向き合うことを目指した。こうした問題の解明は、今日の韓国人・日本人におけるアイデンティティの問題を再確認する作業にも繋がるものである。

とくに注目したのが、韓国社会に深く刻み込まれている〈親日―抗日〉の構図であった。韓国近代史の代表的な表象であり、今日の日韓の歴史問題をめぐる諸問題とも根深く絡み合うこの問題の解明は、韓国人のもつ近代に対する歴史認識を再確認する重要な端緒となった。だが、ここで肝心なことは、この問題は日本も無関係ではなく、共犯関係にあった点である。このような側面からみると、韓国の仏教に注目しつつ、植民地朝鮮における日本仏教の活動を研究対象とすることは、韓国仏教、韓国人、韓国の近代史を再考するにとどまらず、日本仏教、日本人、日本の近代史を同時にとらえることをも可能とする。つまり、本書は、他者の歴史を視野にいれることで、自己の歴史を理解すること、日本仏教の植民地朝鮮での活動を、韓国人の動向のなかで検討した上で、韓国仏教、韓国の近代史を読み取るということであった。またそれは、日本の近代を再確認する作業としても有効なものであったのである。

さて、本書は、冒頭で述べたように、大部分が博士論文をまとめたものであるが、のちに発表した論文の一部を

加筆訂正して加えたので、明記しておきたい。序論の韓国の研究動向を紹介した部分では、「近代朝鮮仏教の〈抗

日―親日〉言説と「日本仏教」――従来の韓国の研究動向を踏まえて」（『近代仏教』第二一号、二〇一四年）を、第

二章第三節の真宗大谷派における「向上会館」の公共性の問題については、「植民地朝鮮における日本仏教の社会

事業――「植民地公共性」を手がかりとして」（『日本近代研究』第三六号、二〇一二年）を、第三章第二節の浄土宗

における初期社会事業の明進学校の考察については、「開港期朝鮮 日本仏教의 宗教活動에 関한 研究――帝国史

的観点에서 본 日本仏教（浄土宗）의 動向」（『比較日本学』第二九号、二〇一三年）を参考とした。これらは、本

書と同様の問題意識を念頭に置いて行った研究成果である。

ここで、本書が出版に至った経緯について、改めて紹介しておきたい。先に少し触れたように、本書の出版は磯前順一先生のご提案によるものである。筆者が磯前順一先生と出会ったのは、立命館大学の指導教員であった桂島宣弘先生より、磯前先生の『近代日本の宗教言説とその系譜――宗教・国家・神道』（岩波書店、二〇〇三年）の韓国語翻訳の依頼があってからのことである。作業に取り組んでいたところ、磯前先生から筆者の博士論文を読んでみたいという要望があり、お送りすることとなったが、その後、磯前先生から出版のご提案をいただいたのである。だが、不十分なところが多くあったため、先生と話し合って、修正・加筆しながら書き直し、出版することとした。その時、磯前先生の著作の翻訳作業も同時に進めていた。翻訳作業にも相当苦労をしたが、本書にも多大な影響を与えたほど、博士論文の視点を改める重要な契機となった。磯前先生の著作の翻訳作業がなければ、本書の出版は考えられなかったと思う。博士論文を提出してから約一〇年が経過し、関連する新しい研究動向も次々と登場しており、書き直す作業に骨を折ったが、その貴重な時間がなければ、今の研究姿勢には至らなかったであろう。磯前

先生に感謝の意を申し上げるとともに、本書が先生のご指導に報いるものとなっていればと願っている。

最後になるが、本書を出版するまでお世話になった方々のお名前を記しておきたい。本書の母体である博士論文を作成する段階で、指導教員の桂島宣弘先生とともに、日本語の添削で尽力してくださった金津日出美先生、難しい資料を丁寧に検討してくださった金泰勲先生、本書になる段階で、修正・加筆した原稿の日本語の添削を丁寧にしてくれた宇都宮めぐみ氏に、感謝申し上げげたい。また、後輩である裵貴得氏や李賢京氏は、私にとって、研究するなかで大きな力となってくれた存在である。立命館大学へ留学ができたのは、韓国での指導教員である李元範先生のおかげである。先生のご指導やご協力がなければ、研究者としての今日の自分は想像もできなかっただろう。未熟な私の学問を後押ししてくださったこれらの方々に、心より感謝申し上げげたい。

そして、磯前先生の紹介により法藏館から出版することとなったが、出版スケジュールの確認のため、桂島先生とともに法藏館を訪問したことがあった。その際感じた、熱気に満ちた出版社の様相は、今も忘れない。丸山貴久氏が編集を担当してくださったが、私が日本語を母語としないため、日本語の表現や資料など、逐一確認していただいた。それにより、相当の時間、手を煩わせたことと思う。本書の価値を引き出してくださった出版社の方々にも、感謝申し上げる次第である。

最後の最後に、研究の作業を、大学の研究室から自宅に戻っても黙々と進められたのは、夫と二人の娘の応援があったからである。このことも書き加えておきたい。

二〇一八年三月

諸　点淑

人名索引

・本索引は本文中に登場する主要な人名（研究者名を含む）を採録し、50音順に配列したものである。なお、採録した人名には、一次資料等から正確な読みが確認できない人名が一部に含まれているが、適宜読みを付して配列し、可能な限り採録した。
・採録した人名は本文中に現れるものに限り、註に現れる人名については採録していない。
・西洋人名については、ファミリーネームを先に記載し、それに基づいた箇所へ配列した。

あ行

か行

さ行

た行

な行

は行

ま行

や行

ら行

わ行

諸点淑（ジェ・ジョムスク）

1973年、韓国釜山生まれ。2000年韓国東西大学校日語日文学科卒業。2004年同大学校日本地域研究科修士課程修了。2009年立命館大学大学院文学研究科日本史学専攻博士課程修了。博士（文学）。

日本学術振興会特別研究員（DC・PD）、韓国東西大学校非常勤講師を経て、2010年韓国東西大学校日本学科助教授、現在は同大学校東アジア学科副教授。

主な研究に「近代韓国〈親日—抗日〉談論：韓国仏教「親日」意味의 多様性」（『比較日本学』37、2016. 09）、「植民地朝鮮 在日仏教留学生의 動向：「朝鮮仏教団」布教留学生의 親日様相을 中心으로」（『日本研究』29、2017. 02）があり、共著『植民地朝鮮と宗教』（三人社、2013）、翻訳書『近代日本의 宗教言説과 系譜』（ノンヒョン、2016）等がある。

植民地近代という経験
――植民地朝鮮と日本近代仏教

二〇一八年六月三〇日　初版第一刷発行

著　者　諸　点淑
発行者　西村明高
発行所　株式会社　法藏館
京都市下京区正面通烏丸東入
郵便番号　六〇〇-八一五三
電話　〇七五-三四三-〇〇三〇（編集）
〇七五-三四三-五六五六（営業）

装幀者　高麗隆彦
印刷・製本　亜細亜印刷株式会社

ISBN 978-4-8318-5552-7　C3021